Parlons cham
du Vietnam

Parlons...

Collection dirigée par Michel Malherbe

Dernières parutions

Parlons mawitanongo. Le taki-taki *revisité,* Joël ROY et MAMA BOBI, 2015.
Parlons kazakh, Zura MAZHIT, 2015.
Parlons malais de Sri Lanka, Gérard ROBUCHON, 2015.
Parlons agoul, Shaban MAZANAEV, 2015.
Parlons tadjik, Michel MALHERBE, 2015.
Parlons tamoul, Élisabeth SETHUPATHY, 2015.
Parlons abkhaze, Michel MALHERBE, 2014.
Parlons maya classique, Jean-Michel HOPPAN, 2014.
Parlons xokleng / laklãnõ, Ozias ALVES Jr, 2014.
Parlons dzongkha, Georges VAN DRIEM, Françoise POMMARET, Karma TSHERING de Gaselô, 2014.
Parlons pandjabi, Muhammad AMJAD, 2014.
Parlons ouïgour, Palizhati S. YILTIZ, 2014.
Parlons dhivehi, Gérard ROBUCHON, 2013.
Parlons gujrâti, Azad MONANY, 2013.
Parlons (hmong), Jacques LEMOINE, 2013.
Parlons talian, Ozias DEODATO ALVES Jr, 2013.
Parlons hunsrüchisch, Ozias DEODATO ALVES Jr, 2013.
Parlons kabiyè, David ROBERTS, 2013.
Parlons baloutche, Michel MALHERBE, NASEEBULLAH, 2013.
Parlons douala, Valérie EWANE, 2012.
Parlons routoul, Svetlana MAKHMUDOVA, 2012.
Parlons coréen, Michel MALHERBE et Olivier TELLIER, 2012.
Parlons lak, Kamil TCHALAEV, 2012.
Parlons shor, Saodat DANIYAROVA, 2012.
Parlons bouriate. Russie-Baïkal, Galina DRUON, 2012.
Parlons shina, Karim KHAN SAKA, *2012.*
Parlons batak, Yetty ARITONANG, 2011.
Parlons kimbundu, Jean de Dieu N'SONDE, 2011.
Parlons taiwanais, Rémy GILS, 2011.
Parlons iaaï, Daniel MIROUX, 2011.

Agnès De Féo

Parlons cham du Vietnam

Préface d'Anne-Valérie Schweyer
Photographies d'Agnès De Féo et Marc Rozenblum
Cartes de Fabien Chébaut

L'Harmattan

Du même auteur, sur les Chams

Musulmans du Vietnam et du Cambodge, à paraître.
Parlons cham du Cambodge, L'Harmattan, à paraître.

FILMOGRAPHIE DOCUMENTAIRE SUR LES CHAMS :
Un islam insolite, 52 minutes, Soltis Productions, 2006.
Le royaume de la déesse, 52 minutes, Soltis Productions, 2007.
Le théâtre de la mort, rites funéraires des Chams du Vietnam, 52 minutes, Sasana Productions, 2015.
L'islam de l'Imam San, 52 minutes, Sasana Productions, 2016.
Musulmans du Mékong, 52 minutes, Sasana Productions, prochainement.

5-7, rue de l'Ecole-Polytechnique, 75005 Paris

http://www.harmattan.fr
diffusion.harmattan@wanadoo.fr
harmattan1@wanadoo.fr

ISBN : 978-2-343-08284-4
EAN : 9782343082844

À la mémoire de Gérard Moussay
et de mon père Tullio,
grands amoureux des langues

Remerciements

Dominique Nguyễn et son épouse **Sự Thị Thu Trang**, respectivement Cham bani et Chame brahmaniste, pour leur précieuse correction du lexique. **Po Dharma** pour ses cours de cham à l'Inalco. **Lộ Minh Trại** pour son enseignement du cham au Centre de langue chame de Phan Rang. **Anne-Valérie Schweyer**, historienne du Champa et titulaire de la chaire de cham à l'Inalco, pour ses encouragements constants. **Fabien Chébaut**, géographe du Champa, pour ses précisions et les cartes qu'il a réalisées dans cet ouvrage. **Amandine Lepoutre**, philologue, spécialiste des documents chams, pour sa complicité autour de Chamstudies. Qu'ils soient tous remerciés pour leur relecture scrupuleuse du manuscrit. Sans oublier **Guy Faure** qui a donné le premier souffle à ce travail et **Jérémy James** qui l'a patiemment suivi. Et bien sûr **Michel Malherbe** qui m'a chaleureusement accueillie dans sa fantastique collection des *Parlons*.

Pour leur précieuse expertise et relecture :
Marc Rozenblum, mon mari, témoin de l'évolution de ce projet, pour ses relectures et encouragements intarissables. **Michel Antelme**, professeur de khmer à l'Inalco, **Claire Trần Thị Liên**, historienne du Vietnam à Paris VII, **May Makhlouf**, **Brigitte Mougin** pour leur relecture attentive du manuscrit et **Christine Dussin** pour ses dernières retouches minutieuses.

Une reconnaissance toute particulière à tous ceux qui m'ont offert un refuge dans mon aventure chame :
Khang pour son hospitalité dans la demeure familiale de son épouse au village emblématique de Hữu Đức, Ninh Thuận ; **Phạm Hoàng Hà** pour notre formidable aventure dans les villages chams du Ninh Thuận et du Bình Thuận à l'automne 2005 ; **San Dara** qui, en plus d'être un hôte dévoué à Siem Reap, fut un compagnon de route infatigable à la recherche des villages chams du Cambodge ; **Xavier d'Abzac** dans sa somptueuse maison de Phnom Penh ; **Jean-Michel Filippi** pour son soutien bienveillant à Kep au Cambodge, et **Françoise Alexandre** dans sa grande demeure de Toulouse où a été mise en forme la version finale de ce livre.

Enfin je remercie tous les Chams qui m'ont donné de leur temps, n'ont pas ménagé leur peine pour me renseigner et m'aider dans mes recherches durant toutes ces années. Car cette étude sur le cham et les Chams est le fruit d'aventures humaines, une formidable histoire de rencontre, d'enquête, d'échange et d'amitié.

Préface

Derrière ce titre se cache un manuel d'introduction à la culture *cam** contemporaine, nourri de publications des anciens chercheurs et d'une passionnante expérience vécue dans les villages *cam* du Vietnam. Il permet d'appréhender tous les particularismes qui rendent la culture *cam* si intrigante et attachante à la fois.

Il s'agit d'un livre qui relate l'expérience d'une sociologue passionnée au contact des villageois *cam*. Agnès De Féo a appris à les connaître, à les comprendre et elle nous offre aujourd'hui ses connaissances et sa riche documentation.

Un beau cadeau, à vrai dire, qui tient à la fois du documentaire ethnologique et de l'étude lexicologique. En choisissant une présentation dynamique et accessible, on peut accéder facilement à la culture actuelle, tant les mots donnent à voir et les illustrations donnent à comprendre.

La partition du livre en six chapitres permet d'aborder les principales questions qu'on se pose lorsqu'on approche les *Cam* vivant encore dans vingt-trois villages du Sud du Vietnam. Si la présentation historique est brève, c'est pour introduire le voyageur dans la profondeur historique de l'ethnie *cam*, sans pour autant le laisser s'y perdre. Si la description de la langue présente les bases de l'écriture, sans entrer dans une description grammaticale ou philologique, c'est pour permettre au lecteur d'être en mesure de déchiffrer rapidement ses premiers mots.

Les deux lexiques (cham-français et français-cham) qui occupent la moitié du livre donnent un accès direct à la culture actuelle. L'éta-

* L'auteure du livre transcrit le caractère ꨌ par *ch*. Dans cette préface, le choix de translittérer ce caractère par *c* est motivé par la volonté d'éviter toute confusion avec ꨍ translittéré en *ch*. Mais cham ou *cam*, on parle bien de la même chose.

blissement de ces lexiques, centrés sur le vocabulaire contemporain, a subi de nombreuses corrections et beaucoup de remaniements par rapport aux seuls dictionnaires connus à ce jour (Aymonier-Cabaton publié en 1906 et Moussay en 1971). C'est par le vocabulaire et le lexique que l'on trouve un accès privilégié et direct au vécu, aux pratiques et aux valeurs des *Cam*.

Lorsqu'on aborde l'originalité des pratiques religieuses, tant chez les brahmanistes que chez les bani (musulmans), on comprend combien les racines et les liens aux ancêtres transcendent toutes les autres formes de croyances. Parler de la matrilinéarité des *Cam* représente un pari audacieux, tant ces pratiques matrilocales font encore couler d'encre dans l'environnement patrilocal vietnamien. Mais l'auteure arrive à informer son lecteur sans l'influencer. Enfin, dans le dernier chapitre, traitant des rites funéraires, se trouve l'essence même du particularisme *cam*.

À mon avis, c'est par le tressage de ses différentes sources qu'Agnès De Féo a su si bien éclairer sa documentation : elle cite abondamment les écrits de chercheurs français du début du XXe siècle (Aymonier, Durand…) qui ont décrit de nombreuses cérémonies *cam* et avaient commencé à traduire les manuscrits ; elle laisse la parole aux contemporains pour la description de leur quotidien ; elle propose des explications sur le terrain. J'ai trouvé l'écriture de cette partition à trois voix très originale et son enrichissement par les photographies prises sur le terrain en fait une source documentaire unique.

Aujourd'hui, il existe peu de livres disponibles sur les *Cam*. La publication de ce volume avec ses nombreuses illustrations aux légendes descriptives est un pas important pour aller à la rencontre des *Cam* d'aujourd'hui en toute simplicité.

Ce livre donne à lire dans un langage clair et accessible l'originalité des descendants du *Campa* ancien. Il donne à voir leurs croyances et pratiques, accompagnées de nombreux commentaires. Je le perçois un peu comme une continuité du *Vietnam ancien*, où j'avais voulu décrire l'histoire, l'art et l'archéologie des temps anciens pour des lecteurs curieux et non spécialistes. Le *Parlons cham* est écrit pour des gens désireux de partir à la découverte des *Cam* actuels du Vietnam. J'ai espoir qu'il suscitera la curiosité de ses lecteurs en leur donnant envie d'aller à la rencontre de cette ethnie passionnante.

Anne-Valérie Schweyer
Chercheure au CASE-CNRS

Avant propos

Issue d'une culture méditerranéenne, j'ai toujours rêvé de sociétés matrilinéaires où les filles sont préférées aux garçons, où leur naissance est davantage désirée car elle conditionne la pérennité familiale. Un vieux rêve d'enfance devenu réalité en 2001 avec les Chams rencontrés à Phan Rang au Vietnam. Outre leur système familial dépassant toutes mes espérances, j'étais séduite par leur architecture de briques rouges. Je retrouvais l'Inde au beau milieu du Vietnam et jusque dans le paysage. Les dunes de sable et les cactus refoulaient les vertes rizières irriguées le long de la route menant au spectaculaire village cham de Cuah Patih (Thành Tín). Dans ce contexte insolite, des hommes en turbans blancs sertis de passementerie rouge passaient comme une page d'histoire anachronique au milieu des klaxons du Vietnam moderne.

Les survivants du Champa, ancien royaume indianisé qui occupait la moitié sud du Vietnam actuel, continuent de témoigner de cette présence hindoue dans un pays confucéen et bouddhique : la déesse tient tête au système patriarcal vietnamien où les fœtus féminins sont sacrifiés au profit de l'héritier mâle par des avortements sélectifs. Les Chams représentent aujourd'hui une minuscule poche de résistance matrilinéaire entre les villes de Phan Rang, Phan Rí et Phan Thiết totalisant une vingtaine de villages dans la province du Ninh Thuận et une quinzaine dans celle du Bình Thuận.

À partir de 2002, j'ai commencé à travailler sur les Chams de la diaspora qui s'approchent du demi-million, lors d'une étude de six mois en Asie du Sud-Est. Les Chams du Cambodge, de Malaisie, de Thaïlande et du Laos sont musulmans de rite chafiite. Certains adhèrent même à des courants littéralistes incitant les femmes à porter le voile intégral. Comment donc un peuple matrilinéaire, où le clan maternel conserve tous les biens, a-t-il pu adopter un système réputé être juridiquement du côté des hommes ? Ce paradoxe apparent pourrait démentir certains clichés sur l'islam, à moins de compren-

dre l'islam chez les Chams comme une libération masculine du pouvoir féminin. L'un des derniers peuples matrilinéaires de la planète garde jalousement ses énigmes pour lesquelles j'ai consacré quinze ans à voyager dans les villages chams du Vietnam, du Cambodge, de Thaïlande et de Malaisie à photographier, filmer, enregistrer, capter les signes de cette culture unique, matrilinéaire et en partie musulmane.

Ce livre n'a pas l'ambition d'être une étude linguistique du cham mais une initiation à la langue permettant de pratiquer au quotidien et de mieux appréhender une civilisation en sursis dont la résistance aux tentatives d'acculturation est exceptionnelle. Connus depuis toujours pour leur sorcellerie redoutable, les Chams n'en sont pas moins de charmants personnages accrochés au pouvoir de leur alphabet magique. Certes le nombre de locuteurs est infime mais la langue est passionnante et les Chams particulièrement attachants. Des centaines de manuscrits chams restent inexploités et ne demandent qu'à se révéler à qui voudra les déchiffrer.

Gérard Moussay a été un compagnon de route de ce livre. Le lexique en fin de volume est tiré de son dictionnaire paru en 1971 au Vietnam lorsqu'il était missionnaire à Phan Rang. Il est le fondateur du premier centre culturel cham de Phan Rang qu'il a dirigé de 1968 jusqu'à son départ du pays en 1975. Son apport à la langue chame est inestimable et son dictionnaire une mine d'informations notamment pour le vocabulaire des rites religieux et des pratiques magiques qui auraient pourtant dû rebuter le prêtre catholique qu'il était.

Il avait fait abstraction de sa mission pour se consacrer à une population dont il connaissait par avance le rejet du baptême. Sa mémoire est toujours vive dans les villages chams autour de Phan Rang. Les plus anciens se souviennent de ce prêtre atypique qui maniait Shiva, la déesse et les génies maléfiques sans la réserve qu'on aurait pu attendre de sa fonction sacerdotale. Il est le digne continuateur des recherches entreprises sur les Chams par les Missions étrangères de Paris au début du xxe siècle, notamment par Eugène-Marie Durand, bien loin des obscurs prêtres de la même institution trois siècles auparavant, tel le père Mahot qui réduisait les Chams brahmanistes à des adorateurs du ciel et l'islam à une « maudite secte ». Puisse le présent ouvrage rendre hommage à cet érudit du cham.

Introduction

Le cham est essentiellement parlé dans le sud du Vietnam et au Cambodge par les Chams, minorité ethnique originaire de la moitié sud du Vietnam actuel. Le cham a également survécu dans la diaspora chame, en Malaisie, Indonésie, Thaïlande et Laos.
Au Vietnam, les Chams figurent parmi les cinquante-trois ethnies minoritaires du pays, la quinzième en nombre de locuteurs. Tandis qu'au Cambodge, pays moins multiethnique, ils représentent la première minorité nationale. Les Chams sont aujourd'hui plus nombreux au Cambodge qu'au Vietnam où certains ont trouvé refuge à partir du XVe siècle. Ils avoisinent le demi-million de personnes contre 150 000 au Vietnam.

Une langue du groupe chamique
Le cham est une langue de la famille linguistique austronésienne autrefois appelée malayo-polynésienne. La famille austronésienne est considérée comme la plus importante du monde, regroupant plus de mille deux cents langues correspondant à 20 % des langues de la planète. C'est aussi l'une des familles dont la dispersion géographique est la plus vaste avec pour particularité d'être majoritairement localisée dans des îles : de Madagascar à Taiwan et de l'île de Hainan à la Nouvelle-Zélande et la Polynésie, en passant par les Philippines, l'archipel indonésien et la presqu'île de Malaisie.
Le cham constitue la petite exception continentale comme le sous-groupe chamique auquel il appartient et qui rassemble le raglaï, le jaraï, le radhé (édhé), le churu, langues parlées par les ethnies minoritaires éponymes peuplant le centre-sud du Vietnam actuel, la région dite des hauts-plateaux, territoire de l'ancien royaume du Champa. Car le Champa n'était pas seulement le territoire des Chams mais

comprenait aussi les Raglaïs, Jaraïs, Rhadés, Churus, parlant des langues proches du cham. Ces quelques langues austronésiennes sont largement minoritaires dans l'ancienne péninsule indochinoise dominée par les langues des familles autroasiatique et tai-kadai, telles que le vietnamien, le khmer, le thaï, le lao, langues officielles parlées par des millions de locuteurs, ainsi que le sedang, bahnar, sré et ma, langues môn-khmères usitées par d'autres minorités des hauts-plateaux qui composaient aussi les populations de l'ancien Champa.

La diaspora chame

Fuyant les attaques vietnamiennes sur le Champa qui débutent à la fin du Xe siècle, une partie des Chams se réfugie d'abord sur l'île de Hainan, puis au Cambodge voisin notamment à partir du XVe siècle. La dernière vague migratoire des Chams date de 1975, après la victoire du Nord Vietnam sur le Sud et la prise de Phnom Penh par les Khmers rouges. De nombreux Chams, à l'instar des Vietnamiens du sud, fuient dans des embarcations de fortune pour se réfugier sur la côte est de la Malaisie continentale, notamment dans les États du Kelantan et du Terengganu, ainsi que dans le sud de la Thaïlande. Certains rejoindront ensuite la côte ouest des États-Unis et l'Europe occidentale. Les Chams sont aujourd'hui un peuple vivant majoritairement en diaspora et continuant de parler une langue qui a subi des modifications au contact des langues avec lesquelles ils cohabitent.

Deux dialectes chams

La langue chame se divise en deux parlers : le cham oriental en usage au sud-est du Vietnam et le cham occidental parlé au Cambodge et dans l'extrême sud-ouest du Vietnam proche de la frontière cambodgienne. Il est d'usage de parler de deux dialectes car ces deux variantes du cham sont difficilement intercompréhensibles du fait des emprunts lexicaux au vietnamien et au khmer, ainsi que des différences de prononciation et d'écriture. Depuis une quinzaine d'années, alors que les frontières sont rouvertes, les échanges entre les deux communautés se multiplient mais se heurtent à des difficultés de compréhension. Aucune tentative de rapprochement n'a abouti.

Une écriture héritée de l'Inde

L'alphabet cham, *akhar thrah* en cham moderne, est l'un des alphabets d'origine indienne qui ont fleuri en Asie lors des premiers siècles de notre ère, tels les alphabets khmer et môn en Asie du Sud-Est continentale, lesquels donneront ensuite naissance aux alphabets thaï, lao et birman. Ces alphabets sont toujours en usage. En Asie du Sud-Est insulaire, plusieurs langues ont également été transcrites dans des écritures d'origine indienne, telles le javanais, le balinais et le tagalog, avant d'être officiellement latinisées au début du XXe siècle. Tous ces alphabets sont des variantes de l'écriture brāhmī, à l'instar du hindi, du panjabi ou du tibétain, dite encore écriture pallava car elle s'est développée dans le sud de l'Inde durant la dynastie Pallava entre les IIIe et Ve siècles. Ces écritures sont la marque de l'indianisation du Sud-Est asiatique dans les premiers siècles de notre ère, traces encore visibles dans la religion, les arts et la toponymie. Elles visaient à transcrire les textes sanskrits et les langues vernaculaires. Elles se sont différenciées les unes des autres pour présenter des graphies originales après le VIIIe siècle. Les lettres obéissent au même système de classement que le sanskrit : un syllabaire classé dans un ordre phonologique logique qui rend leur apprentissage relativement aisé.

Résistance à la latinisation

Durant la période coloniale, le cham n'a pas adopté l'alphabet latin contrairement aux langues austronésiennes de la région, le malais, l'indonésien, le philippin, ainsi que les autres langues du groupe chamique parlées par les minorités jaraï, raglaï et radhé, langues orales latinisées par les missionnaires catholiques. Sans parler du vietnamien, langue officielle du Vietnam romanisée en *quốc ngữ*.

Il n'existe toujours pas de système standard de transcription latine du cham malgré plusieurs tentatives depuis la fin du XIXe siècle. Les Chams ont toujours été réfractaires à la latinisation de leur langue, réagissant négativement aux tentatives des linguistes dans les années 1970 auxquels ils opposaient leur attachement aux lettres chames, supports de tous les rituels et formules magiques. L'*akhar thrah* reste pour les Chams une écriture sacrée.

Aujourd'hui, de nouvelles tentatives de transcription latine voient le jour afin de permettre une meilleure alphabétisation des Chams dans leur langue ainsi qu'un accès direct à internet et aux médias sociaux sans passer par le vietnamien ou par l'anglais. Pour Marc Brunelle, linguiste canadien spécialiste du cham, les leaders chams se trouvent aujourd'hui devant un choix crucial s'ils veulent augmenter l'alphabétisation de leur population : soit reléguer l'*akhar thrah* au rang de symbole et latiniser la langue, soit se lancer dans une réforme de l'ancienne écriture (2009:43).

Un peuple aux deux pays et deux écritures

L'*akhar thrah* a subi des modifications graphiques en passant au Cambodge. Il a surtout été progressivement abandonné par les Chams devenus musulmans qui lui ont préféré l'écriture arabe (jawi). Le contact des Malais, qui peuplaient déjà le Cambodge à leur arrivée au XVe siècle, a poussé les Chams dans la voie de l'islamisation, y compris dans l'écriture. À l'instar des Malais avant l'adoption des lettres latines au XXe siècle, les Chams du Cambodge utilisent l'alphabet jawi, correspondant à l'alphabet arabe avec l'ajout de quelques caractères supplémentaires. Le jawi est aujourd'hui l'écriture en usage chez les Chams du Cambodge et dans l'extrême sud du Vietnam, même si peu de locuteurs semblent capables de le lire. Les Chams du Cambodge sont majoritairement malayophones et de plus en plus arabophones à mesure que les jeunes reçoivent un enseignement religieux dans les universités du Golfe persique. Le jawi ne fait l'objet que de rares publications. La dernière en date, pourtant de taille, est une somptueuse traduction du Coran publiée en 2009 sur laquelle ont travaillé des spécialistes à Phnom Penh.
Au Cambodge, seule une petite communauté chame hétérodoxe, qui ne prie que le vendredi, conserve l'ancien alphabet cham, sensiblement différent de celui du Vietnam. Ces Chams sont regroupés dans vingt-six villages des provinces de Kompong Chhnang, Pursat et Battambang, correspondant au centre du pays. Que ce soit avec l'alphabet cham ou jawi, les Chams résistent toujours à la latinisation de leur alphabet.

Mise en valeur du cham

Le cham fait l'objet d'études linguistiques depuis la fin du XIXe siècle. D'abord par les administrateurs français de la période coloniale, Étienne Aymonier (auteur de la première grammaire du cham en 1889) et Antoine Cabaton, puis par les prêtres des Missions étrangères de Paris, Eugène-Marie Durand et Gérard Moussay. Plus récemment, le groupe de Po Dharma, chercheur d'origine chame de l'École française d'Extrême-Orient, a lancé une publication en vietnamien, *Champaka,* consacrée aux études chames. Autre publication en vietnamien traitant de littérature chame : *Tagalau* (quinze volumes parus), fondée par Inrasara, écrivain du village de Mỹ Nghiệp (Ninh Thuận). Il y publie notamment des poèmes en écriture chame. Ces publications ont pour but de promouvoir la culture chame auprès d'un lectorat vietnamophone. Po Dharma, Gérard Moussay et Nico-

L'enseignement du cham à l'école élémentaire a débuté en 1978, dans les villages chams des provinces du Ninh Thuận et du Bình Thuận du Vietnam. La publication des manuels scolaires ainsi que le salaire des enseignants sont financés par le gouvernement vietnamien.

las Weber ont en outre lancé un projet de publication trilingue (cham, malais, français) des chefs-d'œuvre de la littérature chame. Leur équipe a fixé un système de translittération, dit « transcription du cham moderne », utilisé dans la publication de cinq volumes de littérature chame publiés conjointement par l'École française d'Extrême-Orient et le ministère de la Culture de Malaisie. Cinq volumes sont parus entre 1997 et 2007 : l'épopée *Inra Patra,* l'épopée *Dewa Mano*, l'épopée *Um Marup*, le poème *La Princesse qui venait du Kelantan* et le recueil *Dictons et proverbes.* Ces ouvrages comportent de précieux lexiques et constituent l'outil idéal pour progresser dans l'apprentissage de la langue chame.

Politique vietnamienne d'enseignement du cham

Au Vietnam, le cham est enseigné depuis 1978 dans les écoles publiques des villages chams des provinces du Ninh Thuận et du Bình Thuận. Des cours de cham sont dispensés quatre heures par semaine durant les cinq années de l'école élémentaire. Une série de cinq manuels scolaires permet aux enfants d'apprendre à maîtriser l'écriture et la langue. En 2015, la province du Ninh Thuận compte dix-huit professeurs de cham et celle du Bình Thuận treize. Tous sont rémunérés par le gouvernement vietnamien qui se charge également de l'édition des livres scolaires. Cette mesure correspond à une politique vietnamienne de mise en valeur des minorités ethniques après les avoir réprimées. Les jeunes Chams scolarisés sont donc aujourd'hui en mesure de lire et d'écrire leur langue, contrairement à leurs parents qui n'ont pas eu ce privilège et peinent à les suivre. Les détracteurs du régime communiste reprochent à ces programmes scolaires de diffuser une propagande politique en faveur du Parti et dénoncent un moyen de maintenir les Chams sous la domination vietnamienne.

Pourquoi apprendre le cham aujourd'hui ?

Du fait de son statut de langue minoritaire, le cham ne présente pas un intérêt majeur pour communiquer. Les Chams parlent tous la langue officielle du pays qu'ils habitent : vietnamien, khmer, malais, des langues beaucoup plus « rentables » à étudier au vu du nombre de leurs locuteurs.

La première motivation pour apprendre le cham est ethnographique : il permet d'avoir accès à des rites uniques encore pratiqués dans les villages chams. La lecture des manuscrits chams, religieux et littéraires, dont beaucoup n'ont jamais été traduits, constitue une raison supplémentaire pour s'intéresser à la langue chame.

Limites de l'ouvrage

Nous ne traitons dans ce livre que du cham du sud-est du Vietnam, dit cham oriental, des provinces du Ninh Thuận et du Bình Thuận. Le cham du Cambodge, sensiblement différent, fait l'objet d'un ouvrage séparé, en cours de publication.

Ce livre ne concerne pas les Chams de l'extrême sud-ouest du Vietnam, habitant la région dite du delta du Mékong, dont la langue se rapproche du cham du Cambodge pour des raisons historiques.

Convention

Nous avons adopté le système de translittération et de transcription du cham en usage à l'ÉFEO (École française d'Extrême-Orient), avec une exception. La lettre ꨌ est écrite *ca* lorsqu'il s'agit d'une translittération en italique, mais « cha » lorsque que le mot est employé de manière courante en transcription, comme cham et Champa.

La translittération *Cam cuh* par exemple se transcrit « Cham chuh » dans le texte. Utiliser la forme translittérée *cam* implique de la conserver sous sa forme invariable en tant que mot étranger. Or Champa est entré sous cette graphie dans Le Robert des noms propres. Nous considérons donc que cham est un mot français s'accordant en genre et en nombre comme tous les noms de nationalité. Laissons aux spécialistes de la langue chame, dont Gérard Moussay lui-même, ainsi qu'aux historiens et épigraphistes rigoureux, comme Anne-Valérie Schweyer dans la préface du présent ouvrage, la graphie *cam* invariable. Nous respectons bien sûr le choix des auteurs lorsqu'ils sont cités.

Sources

Cet ouvrage mêle sources anciennes, notamment études de la période coloniale, et propos contemporains collectés sur le terrain. Les sources coloniales, malgré des formules souvent dépréciatives à l'encontre de ceux qui étaient étudiés comme des indigènes, restent extrêmement riches. La juxtaposition de citations anciennes et contemporaines peut surprendre le lecteur. Elle est voulue afin de mettre en évidence la continuité de la culture chame depuis plus d'un siècle.

[illegible]

Chapitre 1
Description de la langue chame

Une langue sans grammaire ?

Le cham pourrait figurer parmi les langues les plus simples du monde : aucune flexion à l'instar des autres langues asiatiques, pas de conjugaison, de temps, de genre, de pluriel et encore moins de déclinaison, et une affixation très limitée, beaucoup plus simple qu'en malais ou en indonésien. La structure de la phrase ne présente aucune difficulté pour les Français, les mots se succèdent dans l'ordre sujet - verbe - complément. Le cham est une langue que l'on peut parler sans réfléchir à la grammaire. Qui plus est, le lexique est un petit jeu de construction ludique à partir de mots de base :

- larme se dit ꨀꨳꨩ ꨠꨓꨩ *aia mata,* eau de l'œil ;
- sourcil : ꨝꨪꨤꨭꨥ ꨠꨓꨩ *biluw mata,* poil de l'œil ;
- cheville : ꨠꨓꨩ ꨓꨆꨰ *mata takai,* œil du pied ;
- soupçonner : ꨣꨞꨩ ꨨꨓꨰ *rabha hatai,* cœur partagé ;
- satisfait : ꨝꩀ ꨨꨓꨰ *bak hatai,* cœur rempli ;
- jeunesse : ꨔꨭꩆ ꨕꩌ ꨕꨣꨩ *thun dam dara,* années de jeune homme et jeune fille ;
- pouce : ꨁꨘꨩ ꨓꨋꨪꩆ *ina tangin,* mère de la main ;
- parasol : ꨧꩃ ꨤꨪꨊꨪꩀ *sang lingik,* maison du ciel.

La composition des mots, leur ordre dans la phrase et l'ajout de mots-outils constituent la grammaire du cham. Nous n'avons pas voulu alourdir ce manuel d'une partie grammaticale, d'autant que la grammaire de Moussay est facilement disponible. La priorité a été donnée à la dimension lexicale avec un lexique modernisé et maniable.

Page de gauche : manuscrit cham magique. ꨀꨕꨠꩍ ꨧꨣꩀ *adamah sarak* (dessin magique). ꨀꨇꩉ ꨧꨣꩀ *akhar sarak* (incantation écrite).

Des apocopes de la première syllabe

Toute langue présente ses difficultés et le cham n'y fait pas exception. Si la prononciation théorique est aisée, elle l'est beaucoup moins en pratique.

Les Chams du Vietnam ont l'habitude de « manger les mots » en supprimant généralement la première syllabe. Le lexique souvent dissyllabique tend à se réduire en monosyllabique :

– tête s'écrit ꨀꨆꨯꨱꩀ *akaok* et devient ꨆꨯꨱꩀ *kaok* ;
– mois : ꨝꨪꨤꩆ *bilan* devient ꨤꩆ *lan* ;
– personne : ꨂꨣꩃ *urang* devient ꨣ *ra* ou ꨣꩃ *rang*,

d'où *ra glai*, gens de la forêt, nom d'une ethnie, les Raglaï, peuplant les terres intérieures, région dite des hauts-plateaux.

Cette apocope de première syllabe était déjà remarquée par Antoine Cabaton au début du XXe siècle, tout comme la tonalisation du cham influencé par le vietnamien. Ces deux phénomènes se sont accentués depuis 1975 quand le bilinguisme s'est imposé aux Chams avec la réunification du Vietnam. L'abréviation et la tonalisation des mots rendent difficile la compréhension d'une discussion. C'est pourquoi l'étude des manuscrits peut constituer une première approche plus abordable de la langue chame, à l'aide notamment des cinq volumes trilingues susmentionnés.

Une langue minoritaire sans fixation officielle

Autre difficulté du cham : son absence de fixation officielle. Le cham est la langue d'un peuple réduit au statut de minorité ethnique, au Vietnam comme au Cambodge. Le cham présente une prononciation et une orthographe aléatoires car celles-ci ne sont fixées par aucune institution, si l'on excepte le Centre de publication chame de Phan Rang qui publie les manuels scolaires à destination des écoles élémentaires. Les Chams disent communiquer difficilement entre les villages des provinces du Ninh Thuận et du Bình Thuận. Des voyelles flottantes et changeantes compliquent la constitution d'un lexique. Certains mots se présentent sous deux, trois voire quatre orthographes :

– bœuf s'orthographie ꨤꨟꨯꨱꨥ *lamaow* ou ꨤꨪꨟꨯꨱꨥ *limaow* ;
– ciel : ꨤꨊꨪꩀ *langik* ou ꨤꨪꨊꨪꩀ *lingik* ;
– femme : ꨆꨟꨬ *kamei* ou ꨆꨭꨟꨬ *kumei* ;
– nez : ꨀꨕꨭꩂ *adung,* ꨁꨕꨭꩂ *idung,* ꨕꨭꩂ *dung* ;
– tambour : ꨈꨗꨮꩃ *ganeng* ou ꨈꨪꨗꩃ *ginang* ;
– tendre : ꨤꨟꨮꩆ *lamen* ou ꨤꨪꨟꩆ *liman.*

Permutation des consonnes ꨌ *ca* et ꨓ *ta*, ꨔ *tha* et ꨦ *sa*, ꨤ *la* et ꨣ *ra* :

– doigt s'écrit ꨌꨗꨭꨥ *canuw* ou ꨓꨗꨭꨥ *tanuw* ;

– maison : ꨔꩆ *thang* ou ꨦꩆ *sang* ;

– mari : ꨚꨔꩆ *pathang* ou ꨚꨦꩆ *pasang* ;

– fumée : ꨀꨔꩀ *athak*, ꨀꨦꩀ *asak*, ꨔꩀ *thak* ou ꨦꩀ *sak* ;

– paradis : ꨔꨶꨯꩉ ꨤꨪꨈ *thuor liga* ou ꨦꨶꨯꩉ ꨣꨪꨈ *suor riga*.

En combinant la permutation de certaines consonnes avec la variation de la vocalisation, certains mots subissent des différences orthographiques importantes :

– oignon : ꨤꨦꨭꩆ *lasun*, ꨤꨔꨭꩆ *lathun*, ꨤꨪꨦꨭꩆ *lisun* ;

– pierre : ꨝꨓꨭꨥ *batuw*, ꨝꨪꨓꨭꨥ *bituw*, ꨚꨓꨭꨥ *patuw*.

Ces variations orthographiques du fait de la non fixation de la langue constitue une difficulté que nous avons prise en compte dans le lexique en fin de volume.

L'alphabet cham (*akhar thrah** - ꨀꨇꩉ ꨔꨴꩍ) du Vietnam***

L'écriture chame se classe comme les autres écritures dérivées du sanskrit, selon un ordre logique facile à mémoriser. La disposition de tous ces alphabets suit le principe syllabaire Ka Kha Ga Gha Nga, mettant sur une même ligne et en vis-à-vis les consonnes sourdes et sonores pour finir par les nasales, selon les différents groupes de consonnes : vélaires, palatales, dentales, labiales et semi-voyelles. Chaque consonne possède une voyelle inhérente : le a pour le cham.

La lecture du cham ne présente pas de difficulté particulière puisque toutes les lettres se prononcent sans variation, à la différence du khmer qui voit les voyelles changer de prononciation en fonction du voisinage des consonnes selon qu'elles sont fortes ou faibles.

L'alphabet cham moderne compte trente-deux consonnes, sept voyelles et six diphtongues. Quand les voyelles se joignent à des consonnes, elles sont remplacées par des signes-voyelles qui se placent devant, dessus, après ou sous la consonne. À cela s'ajoutent encore dix signes pour noter les chiffres de 0 à 9.

Maîtriser l'écriture chame est chose aisée à qui se donne la peine de s'entraîner. Certaines lettres peuvent donner l'impression de se ressembler comme ꨈ *ga*, ꨓ *ta* et ꨤ *la* ; ꨉ *gha* et ꨎ *ja* ; ꨕ *da* et ꨖ *dha* ; ꨚ *pa*, ꨨ *ha* et ꨦ *sa* ; ꨍ *cha*, ꨏ *jha* et ꨜ *pha* ; ꨔ *tha*, ꨚ *pa* et ꨦ *sa* ; ꨘ *na* et ꨙ *nda* ; ꨡ *mba* et ꨥ *wa*. Malgré cette difficulté apparente, une à deux semaines, voire un mois, suffisent à maîtriser l'*akhar trah* pour qui en a la volonté. Avec un peu de pratique, vous serez capable d'écrire en cham n'importe quelle sonorité.

Akhar thrah du Centre du Vietnam

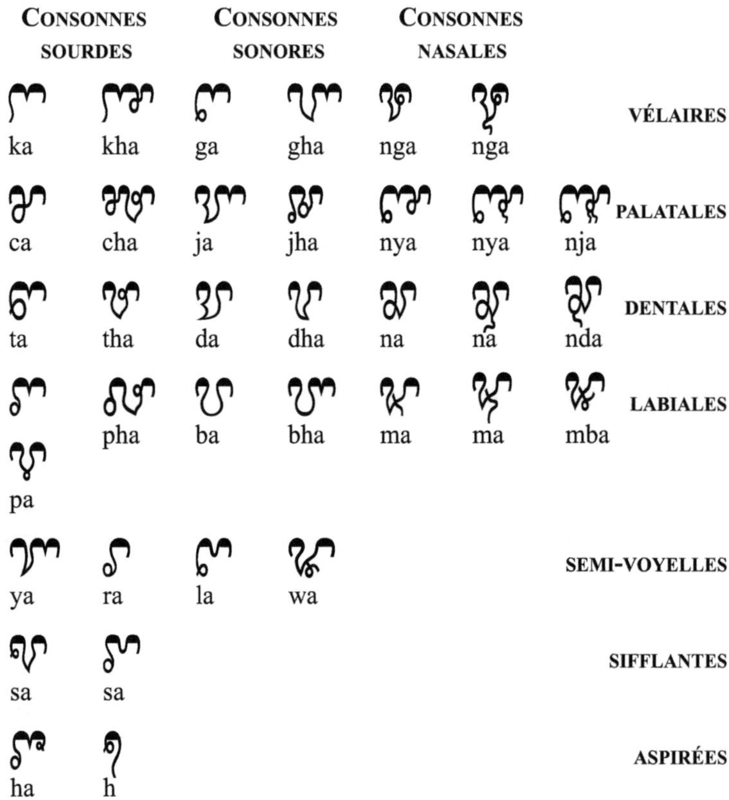

CONSONNES FINALES

La notation de certaines consonnes s'allongent en position finale. Elles sont dites consonnes mortes car elle ne portent plus de voyelle.

VOYELLES INDÉPENDANTES

a é i o u

VOYELLES EN COMPOSITION

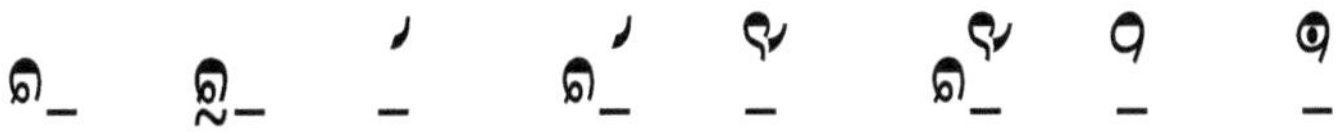

a ai é é é final é final i i final

CONSONNES EN COMPOSITION

ng(a) m(a) y(a) r(a) l(a) w(a)

CHIFFRES

0 1 2 3 4 5 6 7 8 9

Tableau récapitulatif de l'alphabet cham

CONSONNES VÉLAIRES

ꨆ	**ka**
ꩀ	**k final**
ꨇ	**kha**
ꨈ	**ga**
ꨉ	**gha**
ꨊ	**nga**
ꩂ	**ng final**
ꩃ	**ng(a) suscrit**
ꨋ	**nga**

CONSONNES PALATALES

ꨌ	**ca**
ꩄ	**c final**
ꨍ	**cha**
ꨎ	**ja**
ꨏ	**jha**
ꨐ	**nya**
ꨑ	**nya**
ꨒ	**nja**

Consonnes dentales

ꨓ	**ta**
ꩅ	**t final**
ꨔ	**tha**
ꨕ	**da**
ꨖ	**dha**
ꨘ	**na**
ꩆ	**n final**
ꨗ	**na**
ꨙ	**nda**

Consonnes labiales

ꨚ	**pa** (le grand p)
ꨛ	**pa** (le petit p)
ꩇ	**p final**
ꨜ	**pha**
ꨝ	**ba**
ꨞ	**bha**
ꨠ	**ma**
ꨟ	**ma**
–	**m(a) suscrit**
ꨡ	**mba**

SEMI-VOYELLES

ꨢ	**ya**
ꩈ	**y final**
ꨳ	**y(a) adscrit**
ꨣ	**ra**
ꩉ	**r final**
ꨴ	**r(a) prescrit**
ꨤ	**la**
ꩊ	**l final**
ꨵ	**l(a) souscrit**
ꨥ	**wa**
ꨥ	**w final**
ꨶ	**w(a) souscrit**

CONSONNES SIFFLANTES

ꨧ	**sa**
ꨦ	**sa**
ꩋ	**s final**

CONSONNE ASPIRÉE

ꨨ	**ha**
ꩍ	**h**

Voyelles

ꨀ	**a**
	a prescrit
ꨄ	**ai**
	ai prescrit
ꨃ	**e**
	é suscrit
	é final suscrit
	é prescrit et suscrit
	é final prescrit et suscrit
ꨁ	**i**
	i suscrit
	i final suscrit
ꨅ	**o**
ꨂ	**u**

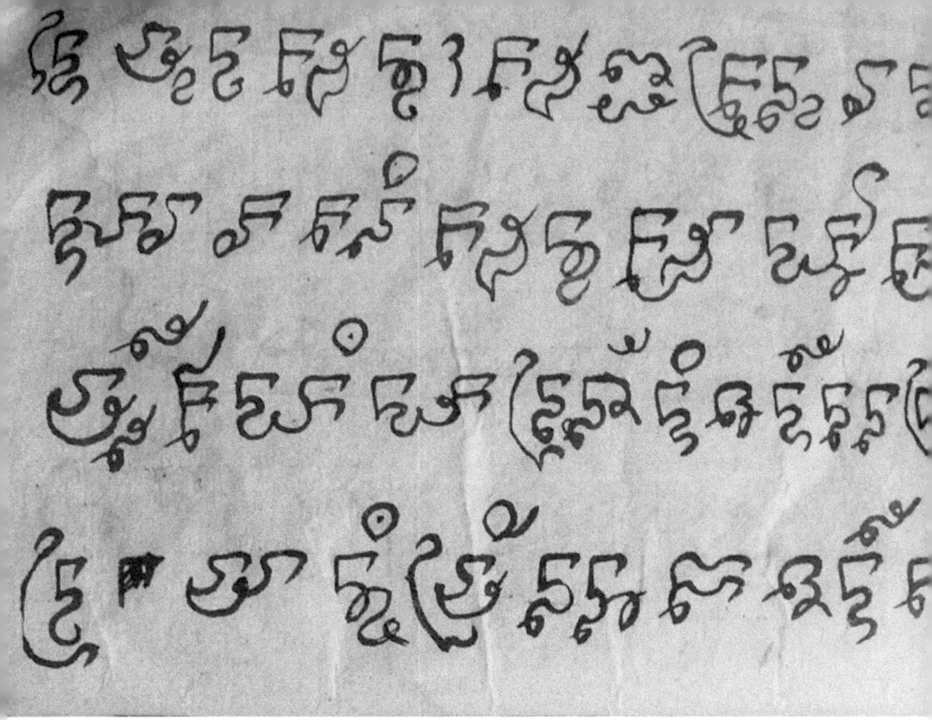

ꨀꨇꩉ ꨣꨪꩀ *akhar rik*, l'ancienne écriture chame connue aujourd'hui des seuls *pasaih*, dignitaires religieux brahmanistes, pour écrire les manuscrits religieux et certains talismans. Aymonier qualifiait l'*akhar rik* de forme « dégénérée de l'écriture lapidaire de l'ancien Champa » (1889:9).

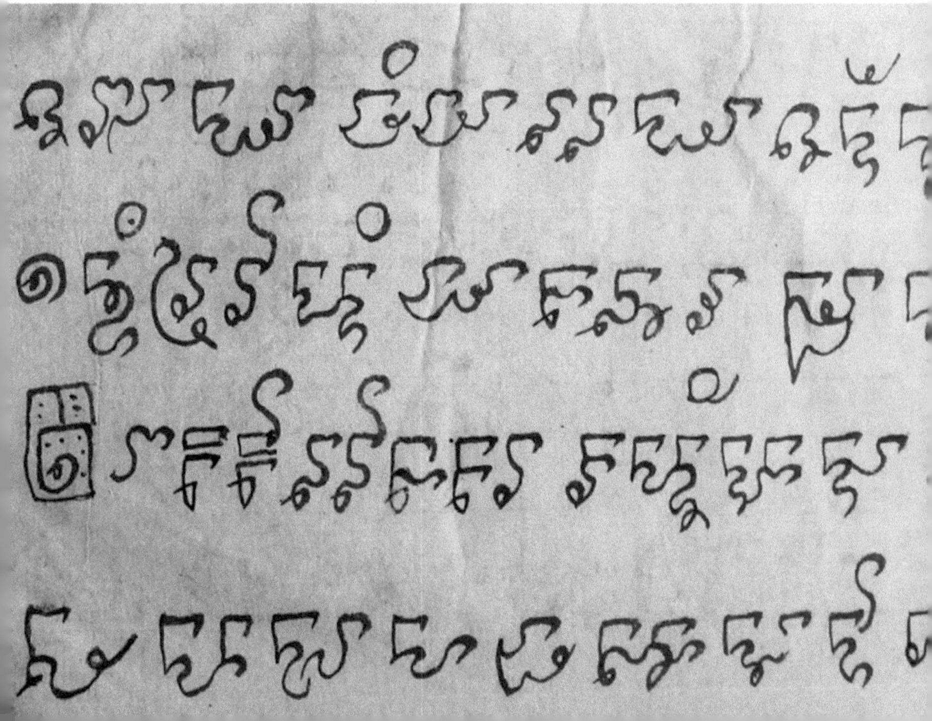

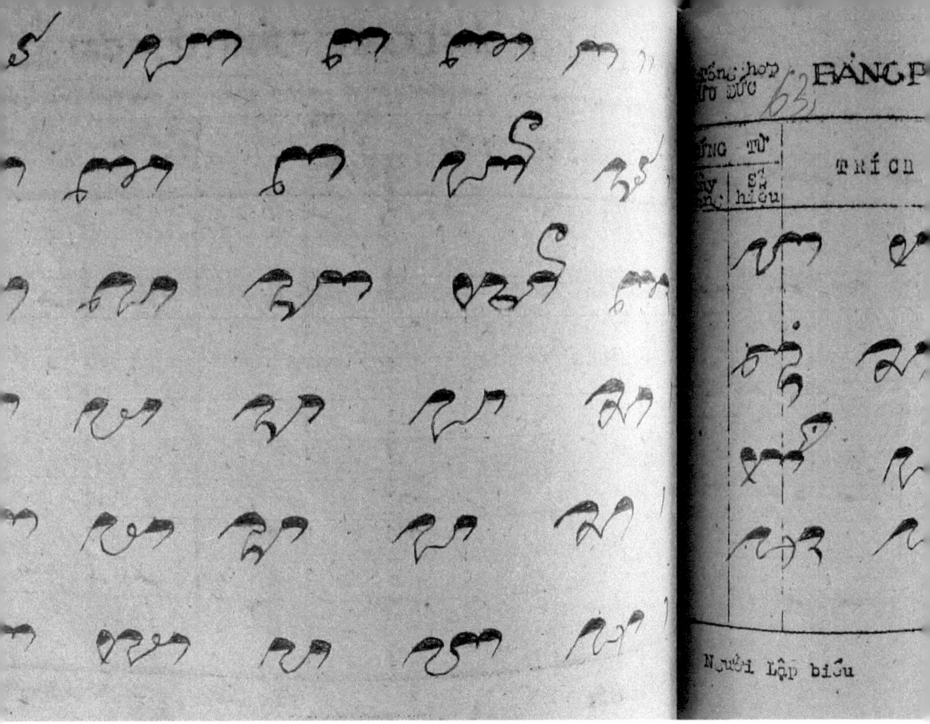

ꨀꨇꩉ ꨔꨴꩍ *akhar thrah*, alphabet cham, dans un carnet mortuaire. L'un des rites durant les funérailles consiste à ꨎꩇ ꨁꨗꨩ ꨀꨇꩉ *jap inâ akhar* (réciter à l'envers et à l'endroit l'alphabet cham).

Ci-dessous : ꨀꨇꩉ ꨧꨴꩀ *akhar srak* (écriture rapide).

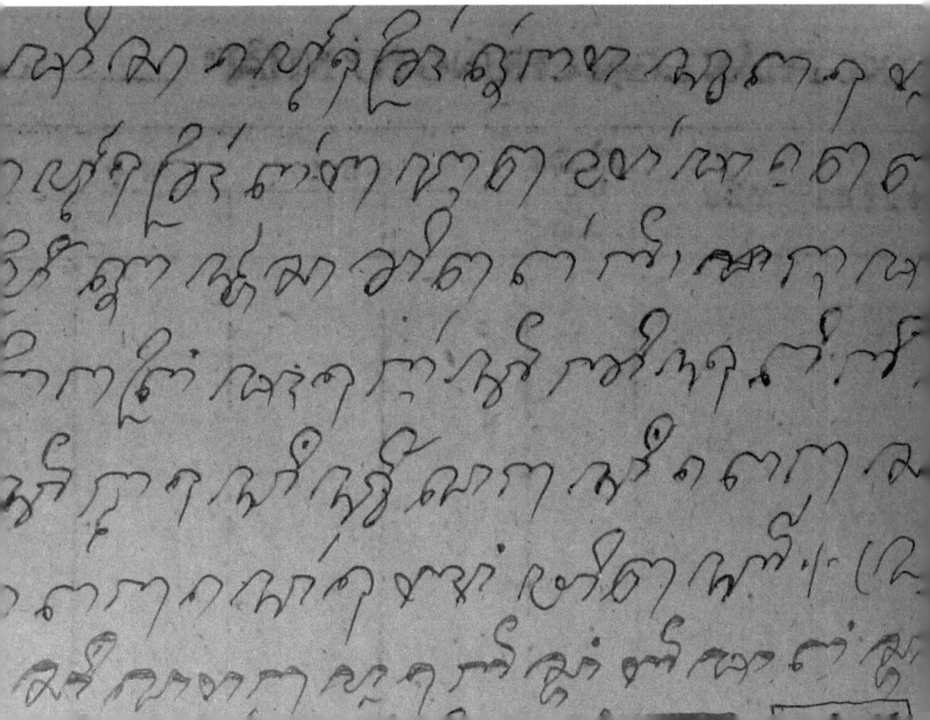

kawom tuek tuah katap akhar cam
« Secteur rédiger livre écriture cham » : Centre de publication chame.

bimong po dam
Temple de Po Dam.

sang bac hamu tanran
École de Hamu Tanran (Hữu Đức, Ninh Thuận).

ilimo palei thuen
« Culture village Thuen » : village culturel de Thuen (Hậu Sanh en vietnamien).

kut gep gakukpe. Cimetière brahmanique du nom de Gakukpe à Caklaing (Mỹ Nghiệp, Ninh Thuận).

thun 2002
Année 2002.

danaok po ina nagar
Petit temple de Po Ina Nagar à Hamu Tanran (Hữu Đức, Ninh Thuận).

« Centre de gymnastique de l'ethnie chame de la province du Ninh Thuận ».

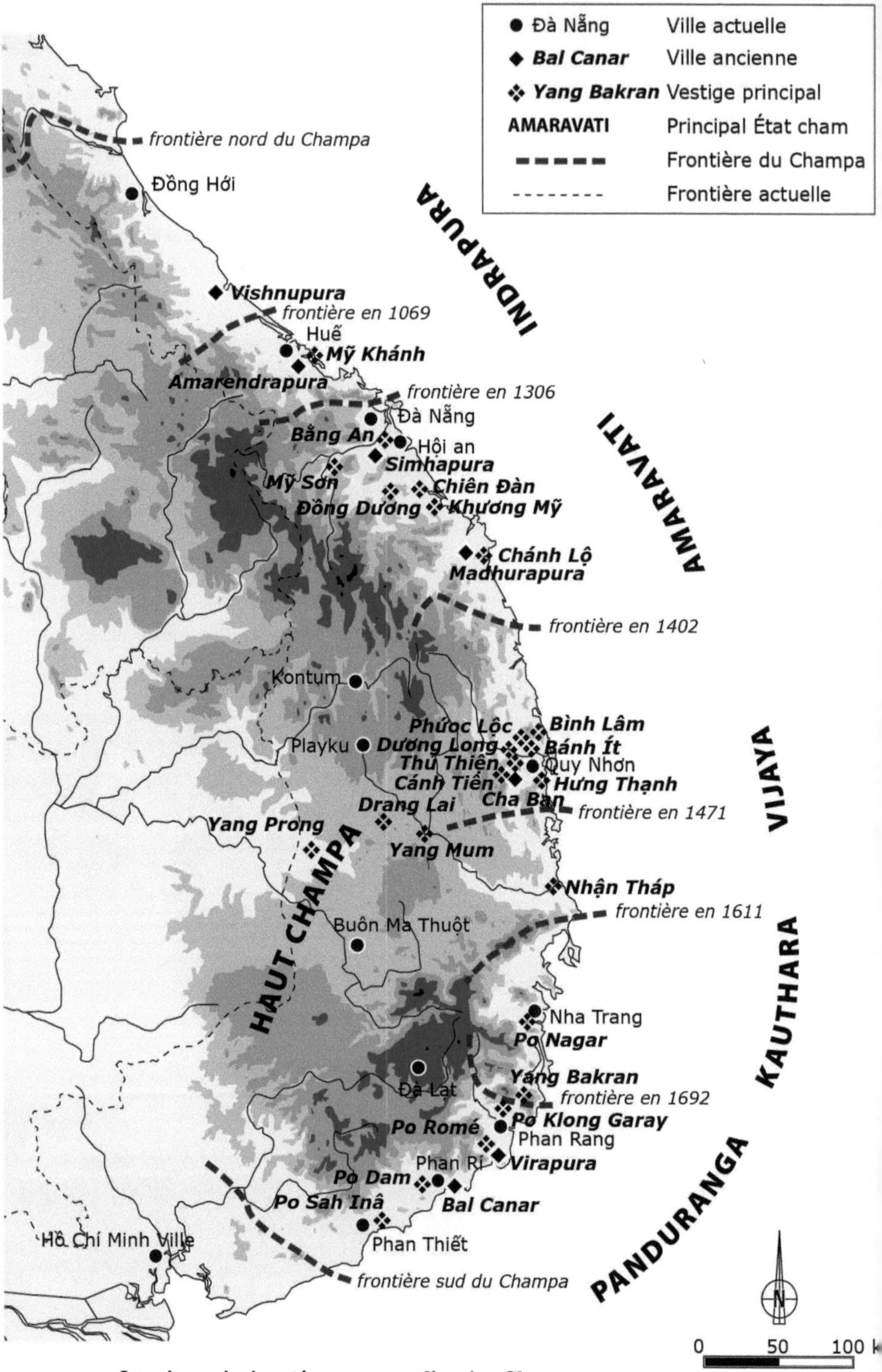

Les cinq principautés composant l'ancien Champa

Chapitre 2
Brève histoire du Champa

Les Chams habitant aujourd'hui les provinces vietnamiennes du Ninh Thuận et du Bình Thuận sont les héritiers d'un ancien royaume d'Asie du Sud-Est, le Champa. Contrairement au royaume khmer d'Angkor, le Champa n'était pas unifié mais se composait d'une fédération de principautés, dont certaines nous sont connues par les inscriptions sans qu'on puisse les situer avec précision. Du Nord au Sud : Indrapura (la région de l'actuelle ville de Huế), Amaravati (vers les provinces de Quảng Nam et Quảng Ngãi), Vijaya (province de Bình Định), Kauthara (Phú Yên et Khánh Hòa) et Panduranga (Ninh Thuận et Bình Thuận). L'ensemble de ces fédérations représentait la moitié sud du Vietnam actuel.
Les origines du Champa restent énigmatiques. Aucune source n'a encore révélé les dates de fondation du royaume. Le mot Champa n'apparaît pour la première fois qu'en 658 dans une inscription en sanskrit pour désigner un royaume du centre du Vietnam. Mais la présence des Chams dans la région est beaucoup plus ancienne. Ils auraient accosté sur les rives du Vietnam en provenance de l'île de Bornéo au cours du premier millénaire avant notre ère.

L'annexion progressive du territoire cham par les Viêts
Les frontières exactes du Champa ne peuvent être établies avec précision, hormis celle du nord avec le Đại Việt. Sa limite se situait sur le 18e parallèle, au niveau du col de Hoành Sơn, anciennement dénommé porte d'Annam. Au xe siècle, le Champa commence à subir les attaques du royaume des Viêts (Đại Việt), son voisin septentrional cherchant à étendre son territoire au sud, cinquante ans après avoir obtenu son indépendance de la Chine en 939. L'histoire du Champa

se résume alors à sa réduction progressive jusqu'à sa disparition complète en 1832, comme le dit Cœdès : « À partir du XIe siècle, malgré quelques sursauts, l'histoire du Champa ne sera plus que celle du recul de la civilisation indienne devant la civilisation chinoise » (1964:233).

Il était classique d'expliquer cette conquête du Champa par les Viêts par la « marche vers le Sud » (*nam tiến*), une descente inexorable des Viêts soumis à une pression démographique vers les territoires méridionaux. Cette marche vers le Sud aurait débuté au milieu du XIe siècle jusqu'à l'époque contemporaine.

Aujourd'hui le concept de *nam tiến* est relativisé. Les Chams ont aussi attaqué le territoire viêt. Les conflits militaires étaient réciproques et pas seulement initiés par les Viêts. Le roi cham Che Bong Nga mène plusieurs attaques contre le Đại Việt entre 1361 et 1389, année de son assassinat, avec notamment l'incendie de Thăng Long (actuelle Hanoi) en 1371, 1377 et 1382. Les Viêts percevaient les Chams comme des agresseurs, comme le relate Hippolyte Le Breton, historien de la période coloniale acquis à l'histoire vietnamienne : « Dans l'histoire du Đại Việt, les Chams apparaissent comme des pillards et des écumeurs de mer toujours prêts à envahir la nation voisine, malgré les terribles représailles que leur infligèrent souvent les gouverneurs chinois du Giao Chỉ et les souverains des dynasties nationales du Đại Việt » (1924:31-33).

Selon Michael Vickery, le concept de *nam tiến* aurait été formé par les colonialistes français pour justifier leur conquête d'un Vietnam menaçant ses voisins. Il fut ensuite repris à l'envi par les chercheurs vietnamiens. L'historien Vickery admet néanmoins l'existence du *nam tiến* à partir du XVe siècle répondant à une forte croissance démographique des populations agricoles, bloquées au nord par le puissant empire chinois (2005). L'armée viêt prendra ainsi successivement le contrôle, par des victoires militaires et des alliances, des royaumes qui constituaient la fédération du Champa.

Chronique d'une disparition progressive

La conquête du Champa commence en 983 avec l'abandon par les Chams de la principauté d'Indrapura située à la limite nord. En 1306, le roi Jaya Simhavarman, Chế Mân en vietnamien, échange en signe de pacification les deux provinces situées au nord du Col des Nuages avec la main d'une princesse vietnamienne, Huyền Trân, fille de l'empereur Trần Nhân Tông (1258-1308), troisième de la dynastie

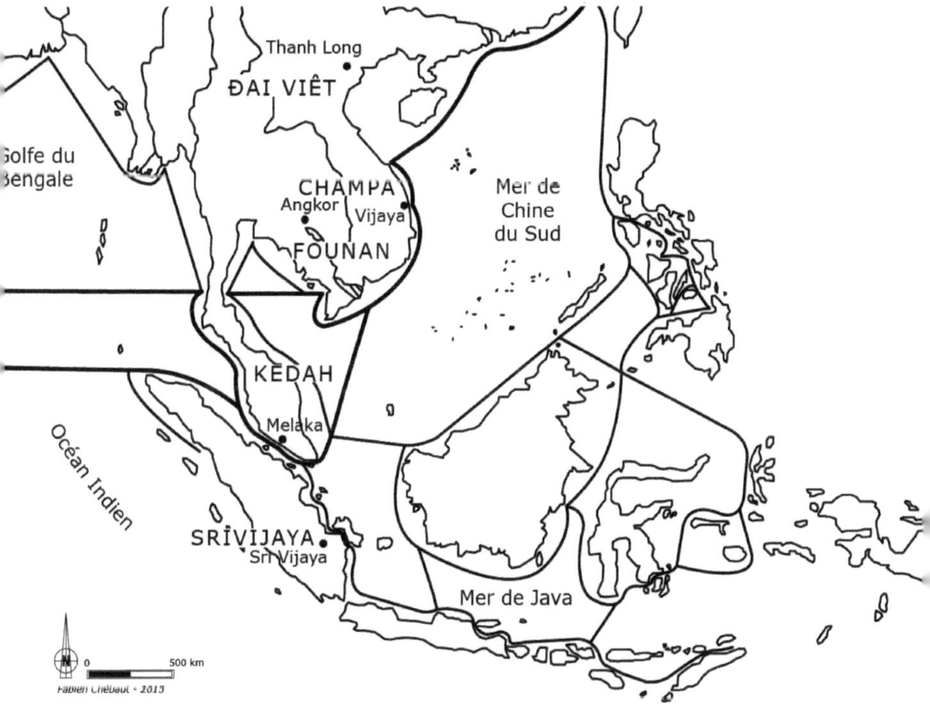

Les principales routes maritimes d'Asie du Sud-Est

---

des Trần. Ces deux provinces, Châu Ô et Châu Lý, correspondent aux actuelles provinces de Quảng Bình, Quảng Trị et Thừa Thiên-Huế. Le recul se concrétise ensuite en 1471 par la chute de Vijaya, la capitale du Nord aujourd'hui au sud de la province de Bình Định, après une écrasante victoire militaire du Đại Việt par le roi Lê Thánh Tông. Celui-ci rase Vijaya, tue 40 000 Chams et en fait prisonnier 30 000 qu'il déporte vers la capitale. La prise de Vijaya est pour beaucoup d'historiens, comme Georges Maspero et George Cœdès, le coup de grâce porté au royaume du Champa. Elle a pu être comparée à celle, contemporaine, de Constantinople par les Turcs en 1453 (Népote 1993:126). Néanmoins le Champa continue d'exister. Si le Nord est tombé, le Sud reprend l'ascendance sur les terres du Kauthara avec à sa tête le roi Bố Trì Trì. Une nouvelle cosmogonie religieuse se fonde sur un retour aux divinités locales.

En s'emparant peu à peu du Champa, le Đại Việt s'ouvre au dynamisme commercial et réalise les bénéfices de sa conquête avec le développement de certains ports comme les villes actuelles de Đà Nẵng et Hội An (respectivement Tourane et Faifo de la période coloniale). L'occupation du Champa a un but économique, les Viêts veulent contrôler cette place forte des échanges commerciaux depuis Tourane qu'ils occupent en 1570 jusqu'à Prey Nokor (future Saigon), prise aux Khmers en 1623.

En 1653, le territoire du Kauthara finit par être entièrement annexé, ce qui réduit le Champa à sa dernière principauté du Sud, le Panduranga. Lorsqu'en 1692 le roi cham Po Saut (1660-1692), petit-fils du roi Po Romé, dernier roi du Kauthara, tente de reconquérir la principauté de son grand-père, le seigneur Nguyễn lance contre lui une armée et se saisit du Panduranga. Mais devant les révoltes populaires de Chams en 1693, il annule l'annexion du Panduranga et en confie l'administration au frère du roi défait, Po Saktiraydaputih. Le Champa, sans cesser d'exister, perd son autonomie et dépend dorénavant de la loi vietnamienne. Il est également occupé par des foyers de peuplement viêt, prétextes d'ingérence dans les affaires intérieures du Champa, « un territoire parsemé d'enclaves des Nguyễn en extraterritorialité » (Po Dharma 1997:51). Cet expansionnisme proportionnel à la réduction du Champa s'est soldé par des assimilations forcées et des déportations de Chams.

En 1771, la révolte vietnamienne des Tây Sơn chasse les Nguyễn de Huế vers le delta du Mékong. Le Panduranga, dernière principauté libre des Chams, située entre les deux pays belligérants, se transforme en champ de bataille et divise les Chams entre les deux factions. Po Cei Brei, gouverneur du Panduranga investi par Tây Sơn en 1783, choisit de s'exiler au Cambodge pour y chercher de l'aide. Il atteint avec les siens le royaume voisin en 1795-1796 après un séjour dans la zone montagneuse des hauts-plateaux. Le groupe s'installe dans la région de Rokapopram au Cambodge et y reste durant seize ans avant de s'exiler à Tây Ninh en 1812 à la suite d'une invasion siamoise.

Le Panduranga bénéficie ensuite d'une nouvelle autonomie et d'une importante protection accordée par Lê Văn Duyệt, général qui aide Nguyễn Ánh (le futur empereur Gia Long) à écraser la rébellion des Tây Sơn et instituer la dynastie des Nguyễn en 1802. Mais à la mort de Gia Long en 1820, son fils Minh Mạng (1821-1840), moins bien disposé que son père à l'égard des Chams, s'empare du Panduranga et le divise en deux circonscriptions vietnamiennes. Le Champa disparaît mais pas les Chams. Ils peuplent toujours les anciennes terres du Panduranga, devenues les provinces du Ninh Thuận et du Bình Thuận, une région côtière d'à peine deux cents kilomètres de long.

Un royaume âprement convoité

Pour comprendre la volonté d'expansion de Viêts, il suffit de constater l'isolement du Đại Việt dans le golfe du Tonkin, coupé par l'île de Hainan de la grande route maritime transasiatique qui reliait la Chine au détroit de Malacca puis à l'océan Indien et au Moyen-Orient. Cette route majeure longeait les côtes du Champa, situé en position commerciale de première importance. Cette côte du Champa était un passage obligé pour les commerçants navigant entre la Chine et Malacca. Ils s'approchaient des côtes du fait des hauts-fonds marins (montagnes sous-marines) qui menaçaient, croyaient-ils, leurs embarcations. Ces hauts-fonds étaient depuis longtemps consignés dans les écrits vietnamiens, chinois et arabes. Déjà en 851, dans la *Relation de la Chine et de l'Inde*, le rédacteur arabe mettait en garde les marins contre ces « écueils dans la mer » en recommandant un « passage praticable aux navires » (Sauvaget 1948:9).

Cet emplacement stratégique a fait naître des convoitises chez les Européens, comme le rapportent les rédacteurs espagnols de la *Relation des affaires du Champa* en 1595 : « Ce site [le Champa] est vraiment la place la plus importante de toutes celles situées sur les côtes de cette mer [de Chine]. » Parmi les lieux dont la conquête était planifiée par les Espagnols et les Portugais dans les dernières années du XVIe siècle, comme Aceh, Java, le Siam, le Vietnam et la Chine, figurait le Champa.

Si le territoire est convoité, ses habitants sont fortement dépréciés. Les Chams sont décrits dans les sources européennes comme profitant de leur position géographique pour attaquer les navires. C'est ainsi que Gabriel Quiroga de San Antonio, dominicain espagnol, décrit les Chams en 1604 : « Le roi du Champa est traître aux Castilas et aux Portugais, il est pirate et perfide » (2009:58). Cette supposée activité de piraterie chez les Chams aura une longue postérité parmi les chroniqueurs européens, d'autant qu'elle devait légitimer l'occupation du Champa par les Espagnols.

En dépit de cet avantage stratégique, aucune ville du Champa n'a atteint le rang des grandes cités-États, le plus souvent portuaires, du Sud-Est asiatique, nées de la participation au commerce mondial, telles Pegu, Ayutthaya, Thăng Long (Hanoi), Malacca, Johor, Aceh, Banten, Demak, Surabaya. Le Champa s'apparente moins aux sultanats malais exclusivement tournés vers le commerce qu'aux États agricoles bâtisseurs de temples, tels Angkor et Mojopahit.

Chapitre 3
Les Chams brahmanistes

Le Champa a reçu l'influence des religions indiennes, tout comme son voisin d'Angkor, avant d'être, contrairement à ce dernier, partiellement islamisé. Les deux tiers des Chams du Ninh Thuận et du Bình Thuận professent encore aujourd'hui une religion apparentée au brahmanisme importé d'Inde. Les autres se réclament de l'islam. Mais ni les brahmanistes ni les musulmans chams ne pratiquent l'hindouisme et l'islam de manière normative ou orthodoxe.

Indianisation du Champa

La première religion des Chams de l'ancien Panduranga (actuelles provinces du Ninh Thuận et du Bình Thuận) est un brahmanisme ancien hérité de l'indianisation du Champa. Nous parlerons d'indianisation et non d'hindouisation. L'hindouisme n'a pas été la seule religion indienne importée. Le bouddhisme a connu une diffusion au Champa entre 896 et 905. Les Chams sont avec les Balinais les dernières populations du Sud-Est asiatique à pratiquer des rites hérités de l'hindouisme, qui n'ont pas été éradiqués par le bouddhisme ou l'islam comme dans les autres pays de la région (si l'on excepte quelques rituels subsistant en Thaïlande ou au Cambodge).
Ces Chams définis comme « brahmanistes » sont appelés Chams chuh (*cuh*), Chams pratiquant la crémation ; Chams *jat*, Chams purs ; ou encore Chams *kaphier* ou *akaphier* de l'arabe *kafir*, mécréant, du point de vue des Chams qui ont adopté l'islam, sans dimension péjorative en cham. En vietnamien, ils sont désignés comme *balamon*

Page de gauche : ꨝꨪꨠꨯꨱꩂ ꨚꨯ ꨆꨵꨯꩂ ꨈꨣꨰ *bimong* (temple) de Po Klong Garay à Phan Rang. Ninh Thuận, 2012.

(*ba-la-môn*, brahmaniste). Eux-mêmes se définissent rarement par un adjectif épithète mais uniquement comme Chams.

Les premiers chroniqueurs européens ont eu du mal à définir cette religion héritée de l'indianisation du Champa, se contentant le plus souvent d'en relever l'étrangeté pour mieux en dénigrer les fidèles. Ainsi en 1595, les rédacteurs de *La Relation des affaires du Champa* remarquent des « temples de gentils » et relèvent que les habitants ne peuvent ni tuer ni manger de vache, que le peuple porte les cheveux longs noués sur le dessus de la tête (Manguin 1981:258). Le dominicain espagnol Gabriel Quiroga de San Antonio décrit en 1604 le souverain cham par la religion qu'il pratique : « Il adore le soleil et, à certains jours, selon que la fête qu'on célèbre est majeure ou mineure, on immole nombre d'hommes ; il y a une fête où l'on en sacrifie six mille. » Les habitants du Champa ne sont guère épargnés par le moine espagnol : « Une nation malicieuse et de mauvais cœur. Ils sont païens, adorent le soleil et les étoiles, et les animaux de la terre », et plus loin : « Ils ont de nombreuses idoles qu'on pose sur des chars quand on les fête ; ce char est garni d'épées et les gens par dévotion s'approchent du char : les uns se placent sous les roues et se laissent couper par le milieu, les autres présentent le pied, d'autres le bras, d'autres la main. Ceux qui survivent sont béatifiés et ceux qui meurent sont déclarés saints » (2009:58).

La religion des Chams semble tellement s'éloigner de l'hindouisme pour ces observateurs européens qu'elle n'en mérite pas le nom. Les premiers chercheurs français, à la fin du XIXe et au début du XXe siècle, lui attribuent le nom de brahmanisme, se référant à la religion de l'Inde primitive de l'époque védique. Ce terme est toujours utilisé commodément pour désigner l'hétérodoxie religieuse des Chams. Pourtant la religion védique était déjà morte à l'époque de l'expansion indienne vers le Sud-Est asiatique. De plus, la statuaire des dieux indiens est la preuve que le Champa a bien reçu l'hindouisme et non le védisme, qui était une religion aniconique.

Grandeur et décadence des dieux hindous en pays cham

Les temples chams anciens témoignent indiscutablement de l'apport de l'Inde classique. Lors de son inventaire des monuments et statues chams, Louis Finot déclarait que le panthéon indien se trouvait tout entier attesté au Champa (1901). Trente plus tard, Paul Mus confirmait cette forte prégnance de l'hindouisme chez les Chams : « On pourrait maintenant écrire une histoire des religions de l'Inde en n'utilisant que des pièces chames pour l'illustrer : tous les dieux, même les divinités secondaires, y seraient représentées, ou peu s'en faut » (1933:368). Shiva est le dieu tutélaire du Champa, tout comme Vishnou celui du royaume angkorien. Cette prédominance shivaïte est visible dans les inscriptions dédiées à Shiva et aux divinités shivaïtes : quatre-vingt-douze sur un total de cent vingt-huit, contre trois pour Vishnu, cinq pour Brahma et sept pour Bouddha (Mus 1933).

Les Chams auraient pratiqué l'hindouisme jusqu'en 1471, date de leur grande défaite contre les Viêts. Mécontents de ce retournement de fortune, accusant les dieux du panthéon hindou de ne pouvoir les défendre, ils les auraient abandonnés pour leur préférer les anciennes divinités locales, les *yang*, reprenant l'espace sacré des temples et investissant la statuaire en place. Ainsi les prières et les offrandes des fidèles n'ont plus pour destinataire une divinité de l'Inde mais les rois divinisés du Champa qui constituent le panthéon religieux. Les effigies shivaïtes sont rebaptisées du nom des rois de l'histoire chame, réels ou mythiques : le roi Po Klong Garay et le roi Po Romé évincent Shiva. La déesse chame Po Nagar détrône Bhagavati, l'épouse de Shiva. Les dieux hindous se dissolvent dans la culture chame, se « chamisent » pour incarner les représentants du pouvoir royal. Un phénomène bien observé à son époque par Paul Mus : « Nos Chams adorent encore des lingas ou des idoles brahmaniques dans leurs sanctuaires à demi ruinés. Mais le dieu de chaque temple n'est pour eux qu'un ancien roi divinisé : Çiva, Umâ, Vishnu sont oubliés. À Phanrang, le dieu est le roi légendaire, Po Klaung Garai, et son nom seul est invoqué lorsqu'on se prosterne devant le linga de la tour rouge. Peut-être en alla-t-il toujours à peu près de même, le vulgaire se souciant moins de la théologie hindoue que du roi dont le temple portait le nom et qu'il venait adorer » (1931b:112).

La célèbre monture Nandin prend le nom de Kapila ou bœuf Kapil (*limaow kapil*), nom sanskrit du bœuf transportant les morts dans l'autre monde (Aymonier 1891:33 ; Cabaton 1901:111).

Aujourd'hui encore, à l'intérieur des temples toujours en activité, les Chams nomment respectivement Po Klong Garay et Kapil les statues de Shiva et Nandin dont ils ignorent le nom d'origine. Cette distance prise avec l'Inde a d'abord été sévèrement jugée par les chercheurs français sur les Chams, considérant leurs rites comme des corruptions du modèle original. Les Chams ont ainsi été largement dépréciés dans la littérature ethnographique de l'époque, accusés de ne pas être à la hauteur de la grande civilisation dont ils étaient les héritiers.

Nandin, monture de Shiva, est rebaptisé limaow kapil.
Temple de Po Romé, village Thuen (Hậu Sanh, Ninh Thuận), 2005.

Étienne Aymonier parlait de « brahmanisme très dégénéré » (1891:35). Louis Finot affirmait : « S'ils vont encore faire des offrandes aux vieux temples, ils ont perdu toute idée de la religion de leurs ancêtres : leur faible esprit n'a pas même retenu le nom des anciens dieux. Un amas confus de superstitions vulgaires, de rites irréfléchis et de formules incomprises constitue la trame grossière de leur vie religieuse » (1901:12). Deux ans plus tard, il parlait du « débile esprit des Chams de Panrang [Phan Rang], héritiers dégénérés de ce peuple turbulent et guerrier » (1903:642). Antoine Cabaton débutait son ouvrage majeur, *Nouvelles recherches sur les Chams*, par ce constat très pessimiste : « Les restes du peuple Cham sont dans un tel état de décadence que leur disparition, en dépit de tous les efforts, peut être considérée comme très prochaine » (1901:2).

Les sombres prédictions sur l'avenir des Chams ne se sont pas réalisées. Difficile de réduire ce « brahmanisme chamisé » à une disparition prochaine, il est aujourd'hui plus dynamique que jamais. Les Chams existent bel et bien et n'ont quasiment rien changé à leurs rites malgré les aléas de l'histoire du Vietnam au XXe siècle. Les accusations d'altération de la croyance hindoue chez les Chams doivent

Le Shiva dansant est nommé par les Chams ꨈꨗꨶꨮꩉ ꨠꨓꨴꨳ *ganuer matri* (chef gardien). Il est aspergé d'eau par le ꨌꨪꨠꨗꨬ *camanei* (gardien du temple). Temple de ꨚꨯꩍ ꨆꨵꨯꩃ ꨈꨴꨯꨮꩈ Po Klong Garay (Phan Rang, Ninh Thuận), 2005.

Mukhalinga (linga à visage) de Po Klong Garay habillé d'une veste et d'un turban, ainsi que d'un sarong sur la yoni.
Ci-dessous : la (*yoni*), base carrée bien apparente, partie féminine recevant l'eau lustrale versée sur le linga et permettant son écoulement.
Temple de Po Klong Garay à Phan Rang (Ninh Thuận), 2012.

être relativisées au vu de la multiplicité des sectes issues de l'hindouisme dont certaines proposent des croyances sensiblement différentes du courant majoritaire. Citons par exemple le Pranami, mouvement créé au XVIIe siècle, combinant dévotion à Krishna et adhésion au Coran. Nous pouvons conclure par la phrase de George Cœdès : « Sous un vernis hindou, l'ensemble de la population garda l'essentiel de ses caractères propres » (1964:70).

On peut également parler d'une assimilation de l'hindouisme à la culture chame. Plutôt que d'être adopté sans condition par les Chams, l'hindouisme a fait l'objet d'une adaptation. Loin d'être un hindouisme abâtardi, la religion des Chams se rattache bien aux traditions de l'Inde, mais la cosmogonie hindoue est assimilée et synthétisée pour correspondre aux croyances locales.

Shiva est toujours invoqué dans des rituels de type shivaïte même si son nom semble s'être perdu, un oubli déjà relevé par Antoine Cabaton au début du XXe siècle : « Le nom de Çiva, souvent prononcé au commencement des prières, leur est absolument étranger » (1901:7). Paul Mus remarquait que « le culte garde quelques traces des pratiques anciennes. La plus remarquable est le geste purificatoire du prêtre qui, au moment de présenter l'offrande au dieu, touche avec le pouce la base et les phalanges des autres doigts en prononçant à chaque fois une syllabe de l'invocation çivaïte : [*om*] *namah çivâya* "Adoration à Çiva!" Les baçaih [prêtres brahmanistes] se transmettent des prières, dont le sanscrit corrompu est pour eux lettre close, mais où reviennent constamment les noms des dieux de l'Inde, et surtout ceux de Çiva et d'Umâ » (1931b:148).

Le linga-yoni de forme phallique symbolisant Shiva est toujours vénéré dans les anciens temples en activité. Il prend souvent la forme du *mukhalinga*, linga doté dans la tradition hindoue d'un ou plusieurs visages de Shiva. Ce mukhalinga représente pour les fidèles un roi cham comme celui de Po Klong Garay dans le temple éponyme près de Phan Rang.

Ce culte du linga, bien connu en Inde chez les dévots de Shiva, donne lieu chez les Chams brahmanistes à un rituel anthropomorphique. Lors de la grande fête brahmaniste du Katé, qui se déroule chaque année le premier jour du septième mois lunaire dans les temples chams en activité, le linga, partie supérieure, est lavé par des hommes, puis habillé d'une chemise et d'une veste, le sommet coiffé d'un turban. La *yoni*, partie inférieure associée au principe féminin, souvent décrite comme une cuve à ablutions recueillant l'eau lustrale, est à son tour lavée par un groupe de femmes et revêtue d'un sarong. Linga et yoni, principes complémentaires et fondateurs du shivaïsme, sont humanisés, représentant les parties haute et basse du corps humain qui sont habillées. Ces linga-yoni figurent les *yang* du Champa, comme le *yang* de Po Klong Chan (compagnon de Po Klong Garay dans la mythologie chame) dans le temple du même nom au village de Bầu Trúc (région de Phan Rang). Dans ce temple de construction moderne se déroule le même rituel de lavage du linga et de la yoni respectivement par les hommes et les femmes durant le deuxième jour de la fête du Katé dans les villages. Le *mukhalinga* est remplacé par des statues en ronde bosse dans les grands temples de Po Nagar à Hữu Đức et de Po Romé à Hậu Sanh. Les idoles y sont anthropomorphes, divinisées par quatre ou cinq paires de bras comme leur modèle indien. Les bras de Po Romé tiennent les attributs de Shiva.

Ces rois déifiés sont à rapprocher du culte du Devaraja, le culte du dieu-roi comme manifestation du dieu Shiva dans l'ancien Cambodge. Le pouvoir utilise la représentation de l'art sacré pour asseoir l'autorité royale. Selon Nora Taylor : « Les anciens royaumes de l'Asie du Sud-Est avaient besoin du langage de l'hindouisme et du bouddhisme afin de surpasser leurs hiérarchies locales. Et s'ils n'avaient pas adopté l'hindouisme et le bouddhisme, ils auraient sans doute inventé leur propre religion universelle » (1991:80). Pour le spécialiste de la culture vietnamienne Trần Ngọc Thêm, le véritable fond populaire du culte cham se constituait par « le vœu de fécondité, la vénération des déesses régionales et les héros des légendes. Le brahmanisme lointain a été transformé par les Chàm en culte de Bà Chăm (la Dame du Champa) [qui] n'a plus rien à voir avec la religion brahmane indienne. Tout au plus peut-on la considérer comme l'une de ses déformations » (2001:592).

La suprématie de la déesse Po Nagar

Le *yang* le plus important du panthéon cham est incontestablement Po Nagar ou encore Po Ina Nagar, la déesse mère du pays. Po Nagar a été identifiée à Bhagavati ou Uma, l'énergie féminine (*shakti*) de Shiva comme le notait à son époque Henri Parmentier : « Cette dame Po Ino Nagar, dont le culte paraît si ancien, n'est autre que la çakti de Çiva. » (1902:42).

Prajapati, dieu créateur du monde dans la mythologie hindoue, est féminisé pour devenir la déesse Nögarai ou Inogarai, puis Po Nagar, la grande déesse du pays cham. Notons par exemple que l'hymne re-

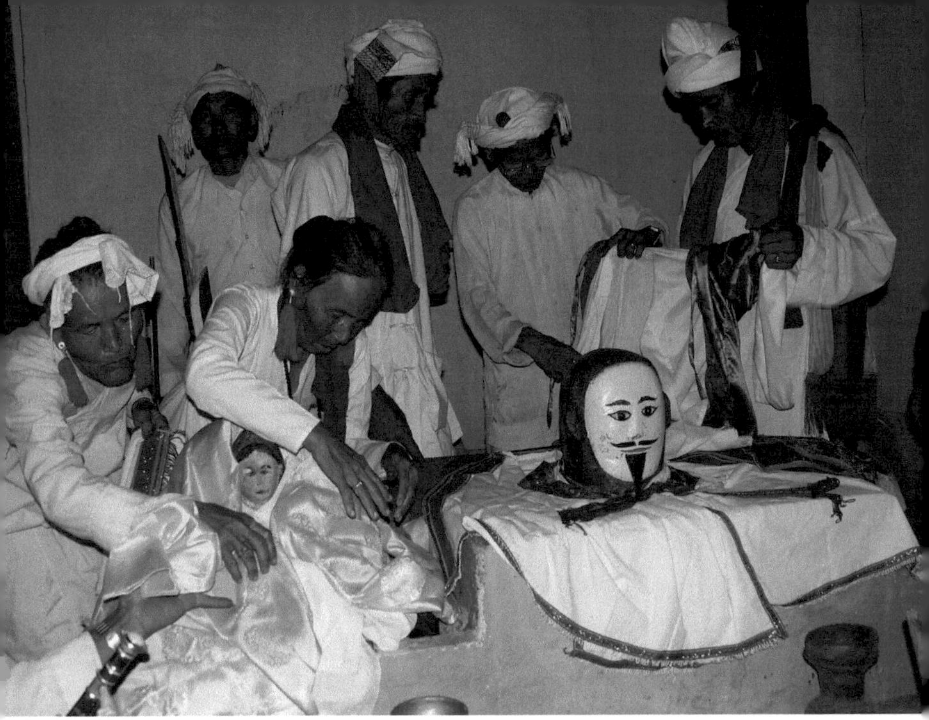

Po Klong Chan et son épouse. Po Klong Chan est un linga-yoni, représentation de Shiva, devenu *mukhalinga* à la peinture. Lors de la fête du Katé, les représentations sont lavées et apprêtées. Fête du Katé au temple de Po Klong Chan, village Danaw Panrang (Bầu Trúc, Ninh Thuận), 2005.

---

latif à la création du monde par la déesse chame est quasiment identique au récit où Prajapati crée le monde, les hommes et les dieux, à partir de ses propres organes dans un total sacrifice de soi : « La déesse Nögarai [...] s'est dépouillée de sa peau, sa peau s'est changée en corne de rhinocéros d'où l'eau filtre goutte à goutte. Elle a laissé tomber son gros intestin et un fleuve en est sorti. Elle a laissé tomber son intestin grêle et le banian a été créé [...] Et moi, j'ai pris un long bâton, j'ai touché les entrailles de la déesse Nögarai et les branches du banian se sont multipliées. J'ai su faire sortir de ces branches les Chams, les Siamois, les Chinois, les Churus, les Raglai et tous les hommes et toutes les femmes » (Cabaton 1901:99-100). La croyance en la déesse-mère est partagée par les autres ethnies minoritaires austronésiennes qui constituaient autrefois avec les Chams la population du Champa. La déesse est le symbole de la fertilité dans ces sociétés agraires. Elle est la créatrice de la terre, du riz, du *gahluw*, le bois d'aigle ou bois d'aloès, résine odorante sécrétée par un arbre tropical, *aquilaria crassna*, poussant dans les forêts d'Asie du

[illegible] [illegible] Po Romé, roi divinisé aux quatre paires de bras, anciennement Shiva, avec sa deuxième épouse. Village [illegible] Thuen (Hậu Sanh, Ninh Thuận), 2005.

Sud-Est. Le bois d'aigle est une matière sacrée et magique dont la consumation est indispensable aux rites chams (Mouton 1970). Po Nagar a également apporté aux humains des techniques comme la riziculture et l'art du tissage.

La déesse-mère du Champa inspire des récits mythologiques proprement chams, comme celui raconté dans les villages de la région de Phan Rang. Ayant épousé un général chinois, Po Nagar part avec lui vivre en Chine et en conçoit deux enfants. Un jour, repensant à son village natal, la nostalgie l'envahit et elle décide de partir seule en barque pour le pays cham. Quand il s'aperçoit de sa disparition, le roi part à sa recherche avec leurs deux enfants. À leur arrivée à Nha Trang, celle qui allait devenir la déesse des Chams est en train de construire son propre temple, le sanctuaire daté du VIIIe siècle à Nha Trang dédié à la déesse. À la vue de l'embarcation du roi approchant de la rive, elle use de ses pouvoirs magiques pour la faire couler. Son mari et ses deux enfants périssent. Ces derniers sont devenus deux rochers encore visibles dans la baie de Nha Trang. Po Nagar sacrifie ainsi ses propres enfants pour se consacrer aux Chams. Elle leur apporte l'agriculture et divers métiers qui fondent la société chame.

Devenue reine, elle contracte des unions afin de créer des alliances diplomatiques et favoriser les échanges avec l'étranger. Quatre-vingt-dix-sept maris et trente-huit filles lui sont attribués dans les textes qui relatent sa légende (Cabaton 1901:17). Aujourd'hui, les dignitaires chams ne citent que trente-sept maris et quatre filles importantes : deux ont été envoyées au ciel pour régler le calendrier, la pluie et le vent ; deux sont restées sur terre pour organiser la vie humaine. Ces dernières, Po Toh et Po Bia Adakan, sont représentées sous la forme de statues peintes, de facture moderne et grossière, au temple de Po Nagar à Hữu Đức.

Po Nagar devient Bà Chăm

La déesse-mère des Chams a été adoptée par les Vietnamiens. Nguyễn Thế Anh raconte comment Po Nagar a été utilisée par la monarchie confucéenne. Son intégration au rituel a permis aux Vietnamiens de s'attacher les divinités du sol et les Chams, afin de « non seulement se concilier un appui supplémentaire dans le monde des esprits, mais encore et surtout d'apaiser les rancœurs du peuple vaincu, de le consoler en honorant sa principale déesse » (1991:79).

ꨚꨯ ꨁꨪꨘꨩ ꨘꨈꨣ *po ina nagar*, Po Nagar, déesse mère du pays. Sanctuaire du VIIIe siècle à Nha Trang (Khánh Hòa), 2012.

ꨚꨯ ꨁꨪꨘ ꨘꨈꩉ *po ina nagar*, Po Nagar dans son temple éponyme de Nha Trang. Son culte a été vietnamisé, elle est devenue Bà Chăm vêtue à la vietnamienne, honorée de fleurs et de bâtons d'encens, 2012.

Une manière pour le pouvoir de se légitimer en fondant son autorité sur les croyances populaires du pays vaincu. Aujourd'hui, ces croyances en la déesse sont à nouveau soutenues par les autorités vietnamiennes après avoir été combattues (Taylor 2004).

Les génies du Champa plus forts que les dieux

L'erreur serait d'interpréter les religions d'Asie du Sud-Est comme ayant adopté jadis l'hindouisme en totalité ou de croire que la forme pratiquée est une survivance du védisme ancien qui n'aurait pas évolué du fait de l'éloignement géographique avec l'Inde. Il est vrai que la croyance aux *yang*, esprits des éléments (comme les génies du bois, des barrages, des rizières, des mares), pourrait grossièrement s'apparenter aux dieux védiques. Mais c'est davantage dans le substrat local et les croyances d'autres ethnies minoritaires qu'il faut rechercher ces restes animistes. Au niveau lexical, des rapprochements sont évidents avec les Bahnars et les Jaraïs, deux ethnies minoritaires de la région dite des hauts-plateaux du centre du Vietnam, qui n'ont pas reçu l'héritage indien. Du fait sans doute de leur isolement géographique, ils sont restés animistes (sauf ceux récemment convertis aux sectes protestantes). Ces deux peuples utilisent le même terme *yang* pour désigner l'esprit. De même, l'âme se dit *atuw* chez eux comme chez les Chams. Cela prouve les échanges qui prévalaient entre les différents groupes ethniques de l'ancien Champa.

Le sol reste lié aux croyances magico-religieuses transmises dans la mémoire collective. Communs aux différents peuples de l'ancienne Indochine, les rites agraires des Chams l'attestent, comme l'explique Paul Mus : « La conception fondamentale en est que le sol n'appartient pas à qui le cultive, mais à des divinités obscures, Serpents, Génies du Sol, Esprits de la forêt » (1931b:150). Nombre de ces génies fonciers, comme les génies du bois, des rizières, des mares, renforcent la sacralité du territoire : « Aucun Cham, jusqu'en 1975, ne se serait aventuré à modifier le cadastre de peur de porter atteinte aux divinités et aux génies qui en assuraient la garde et en défendaient les limites » (Po Dharma 2003a:80). « La croyance traditionnelle voulait que l'univers soit peuplé de génies (*yang*) et que les humains soient placés sous la protection des génies de leur seul lieu de résidence » (Antypa 1988:121). Cette localisation des Chams sur la terre de leurs génies montre la difficulté de s'expatrier (même si elle n'est pas spécifique aux Chams). Ce qui peut sembler paradoxal chez un peuple vivant aujourd'hui majoritairement en diaspora.

Le sanctuaire de Po Nagar à Nha Trang est exploité par les autorités régionales. Une dizaine de Chams du village de Mỹ Nghiệp sont rémunérés pour exécuter danses traditionnelles et tissage devant les touristes. 2012.

Clergé brahmaniste

La religion des Chams s'organise autour d'une classe de dignitaires, les *pasaih* (également orthographié *paséh* et *basaih*), terme générique comprenant le *po adhia*, grand prêtre, chef du temple ; les *camanei*, gardien ayant en charge l'entretien du temple ; la *pajuw*, prêtresse dansant durant les cérémonies ; le *kadhar*, chantre jouant les hymnes aux divinités à l'aide d'un violon à deux cordes (*kanyi*) ; le *maduen*, prêtre danseur jouant du *baranang*, tambour plat à une face.

Les *pasaih* représentent les intermédiaires avec le divin. Ils peuvent être comparés aux brahmanes de l'Inde auxquels est dévolue l'exécution des rites religieux. Les *pasaih* doivent faire plusieurs années d'étude pour apprendre les rites. Comme dans l'hindouisme, les rites sont chez les Chams scrupuleusement consignés dans des livrets manuscrits que les *pasaih* apprennent par cœur.

Le sanctuaire de Po Nagar à Hamu Tanran (Hữu Đức), 2005.
Le cochon, *pabuei*, est la marque des villages brahmanistes.

danaok (petit temple) de Po Ina Nagar.

sang (maison) de Po Rayak, le seigneur des flots.

ꨚꨯꨮ ꨓꨯꨱꩍ Po Toh et ꨚꨯꨮ ꨝꨳ ꨀꨕꨆꩆ Po Bia Adakan, les deux filles de ꨚꨯꨮ ꨘꨈꩉ Po Nagar restées sur terre pour organiser la vie humaine.
Temple de ꨚꨯꨮ ꨘꨈꩉ Po Nagar à Hamu Tanran (Hữu Đức, Ninh Thuận), 2012.

À droite : Bố Xuân Hổ, petit-fils d'Étienne Aymonier (administrateur colonial français, spécialiste des Chams et du cham).
ꨝꨪꨟꨯꩃ ꨚꨯ ꨕꩌ *bimong* (temple) de Po Dam (Binh Thuận), 2005.

mbuen hala (colline du bétel) sur laquelle sur trouve le *bimong* (temple) de Po Klong Garay (Phan Rang, Ninh Thuận).
Ci-dessous : *muk buh* (vieille femme) attachée au service des prêtres dans les cérémonies. Ici en train de préparer des chiques de bétel avec le *camanei* (gardien du temple). Fête du Katé 2005.

ꨤꨪꨠꩍ ꨕꨴꩆ ꨆ ꨚꨯ *limah drap ka po*, faire des offrandes à la divinité. On remarque le bol de riz bombé à destination des prêtres et dans lequel est planté une fine bougie. Fête du Katé au temple de Po Romé, Thuen (Hậu Sanh, Ninh Thuận), 2005.
Ci-dessous : les femmes chames d'un certain âge portent des ꨝꨴꨭꨬ ꨓꨋꨪ *bruei tangi* : touffes de fils rouges portées en boucles d'oreille.

[illegible] *kanyi*, vièle à deux cordes en carapace de tortue, jouée par le [illegible] *kadhar*, officiant musicien. [illegible] *auk kanyi*, jouer (litt. essuyer) du *kanyi*. Sanctuaire de [illegible] à [illegible] Hamu Tanran (Hữu Đức, Ninh Thuận), 2005.

De gauche à droite : *saranai* : hautbois ; *ganeng* : tambours longs à deux faces ; *baranâng* : tambour plat à une face joué par le *maduen*.
ayuk saranai : jouer (litt. souffler) du *saranai*.
Temple de Po Klong Garay (Phan Rang, Ninh Thuận), 2005.

ꨓꨕꨪꩀ *tadik* (éventer). ꨝꨯꩍ ꨓꨕꨪꩀ *baoh tadik* (éventail). ꨓꨟꨪꨩ ꨓꨕꨪꩀ *tamia tadik* (exécuter la danse des éventails).
Fête du Katé aux temples de Po Klong Garay (Phan Rang) et de Po Klong Chan, village ꨕꨗꨱ ꨚꨴꩂ Danaw Panrang (Bầu Trúc, Ninh Thuận), 2005.

De gauche à droite : ꨌꨯꨮ *céng* (gong) ; ꨨꨈꩉ ꨚꨴꨯꨱꩂ *hagar praong* (grand tambour à deux faces). ꨚꨯꨱꩍ ꨌꨯꨮ *paoh céng* (frapper du gong).
Temple de Po Nagar, ꨨꩌꨭ ꨓꩆꨣꩆ Hamu Tanran (Hữu Đức, Ninh Thuận), 2012.
ꨣꨈꨵꨰ *raglai.* Les Raglaïs exécutent des danses rythmées par le gong et l'orgue à bouche. Ils sont les dépositaires des trésors des rois chams. Fête du Katé 2005.

Chapitre 4
Les Chams musulmans

L'histoire de l'islamisation du Champa se limite à des conjectures. L'islam ne s'est pas imposé de manière uniforme sur le territoire du Champa mais par plusieurs voies et sur plusieurs siècles. Les Chams qui suivent la foi musulmane se nomment Chams bani, probablement de *ibn* (fils en arabe) dérivé en *ben* et *beni*, du moins s'agit-il de l'interprétation la plus largement partagée.

L'islam serait apparu au Champa dans la deuxième moitié du XVIe siècle. Sa présence n'est attestée de manière certaine qu'en 1595 dans la *Relation des affaires du Campa* composée par des Espagnols et des Portugais (Manguin 1981).

Au début du XXe siècle, Antoine Cabaton a émis deux hypothèses pour expliquer l'islamisation du Champa : la présence de marchands arabes, persans et indiens dans ses ports et l'immigration des Malais dans le pays (1906 :11). On peut aujourd'hui ajouter la participation active des Chams aux réseaux maritimes sud-est asiatiques. Les religions ne sont pas seulement arrivées au Champa par le biais des marchands étrangers de passage, d'abord hindouistes puis musulmans. Les Chams ne sont pas restés inactifs. Peuple de navigateurs, leur conversion à l'islam semble avoir été un choix volontaire et opportuniste pour se faire une place dans le commerce maritime. Ils ont pu ramener l'islam, sans intermédiaire, à partir des ports étrangers qu'ils fréquentaient. L'islam devenait alors « le nouvel agent coordinateur des réseaux maritimes indigènes » (Népote 1993:117).

Page de gauche : Les ꨀꨌꩈ *acar* portent le ꨆꨤꩍ *kalah*, chapeau de cérémonie des dignitaires bani, pour ꨣꨠꨥꩅ *ramawan*.
Village ꨚꨡꨵꩆ ꨝꨪꨣꨭꨥ Pamblap Biruw (Phước Nhơn, Ninh Thuận), 2005.

C'est pourquoi les autres ethnies de l'ancien Champa, tels les Rhadés, Jaraïs, Raglaïs, Churus, peuplant les terres intérieures sans accès maritime, ne se sont pas converties à l'islam. L'islam était une affaire de commerçants des côtes en relation avec les réseaux marchands.

L'ancrage dans le monde malais

Selon les chroniques chames et les mythes malais, des voyages princiers avaient lieu entre les deux contrées : des princes malais se rendaient au Champa et des princes chams dans la péninsule malaise, débouchant sur des mariages. Ces alliances ont débuté bien avant l'arrivée de l'islam.

Que ce soit par la présence de prédicateurs malais au Champa ou du fait des échanges commerciaux des Chams avec le monde malais, les historiens ont maintes fois relevé l'influence de l'islam malais sur les Chams du Champa.

De nombreux manuscrits chams à partir du règne de Po Romé (1627-1651) utilisent les termes *tuei jawa* (suivre les Malais) pour signifier se convertir à l'islam. Ils font référence au calendrier islamique en lui donnant le nom de Sakawi, qui vient du mot *saka jawi* (année malaise). Un siècle plus tôt, Antoine Cabaton remarque que les imams chams, faute de connaître l'arabe, prononcent à la manière malaise des sourates « que leurs ancêtres ont récitées » (1901:4). À la fin du XVIIe siècle, le père Mahot des Missions étrangères de Paris relève que les Malais se sont introduits au Champa et ont attiré le roi et toute sa cour à suivre « la maudite secte » (Manguin 1979:271). Le malais devient la *lingua franca* des marins de la mer de Chine méridionale et donc des Chams, comme l'attestent les lexiques cham-malais utilisés pour favoriser les échanges commerciaux (Po Dharma 1999).

L'influence culturelle s'est effectuée dans les deux sens. Les Malais du Kelantan sont encore aujourd'hui conscients de l'héritage laissé par la présence chame dans leur État, se plaisant à énumérer les occurrences du mot Champa dans certains toponymes comme Pengkalan Chepa et Kampung Chepa, ainsi que dans *bunga cempaka* (fleur blanche et jaune issue d'un arbre de la famille des magnolias). Ou encore par la mosquée en bois de Kampung Laut, dont la construction est attribuée à des marins venus du Champa qui faisaient route vers Java. Denys Lombard a également montré que des échanges ont eu lieu sur le plan architectural, le Champa et Java se sont mutuellement influencés, voire copiés (1987:314). Ces influences réciproques se prolongent dans les domaines religieux et culturels : le rite de Rija au Champa, par exemple, a été rapproché du théâtre Mak Yong du Kelantan, qui était à l'origine dansé dans le sultanat de Pattani au début du XVIIe siècle.

La conversion à l'islam s'est réalisée par affinités culturelles avec le monde malais. On peut parler de malaïsation pour décrire la conversion des Chams à l'islam. L'État malais du Kelantan était autrefois nommé *serembi meka* (balcon de La Mecque). Il figurait pour les Chams l'endroit le plus sacré de l'islam, comme en témoigne Nguyễn Văn Tý, Cham bani et ancien professeur de français du lycée Yersin de Dalat, du village de Phước Nhơn (province du Ninh Thuận) : « Les Chams bani savent que l'islam du Champa vient de Malaisie, mais on dit toujours qu'il vient de La Mecque, car pour eux La Mecque c'est la Malaisie. »

Les traces de l'islamisation dans la littérature chame

Les épopées chames ont des équivalents malais connus dans la péninsule malaise et l'archipel. L'*akayet* (épopée chame) *Inra Patra* se rattache à l'*hikayat* (épopée malaise) *Indera Putera*, de même pour l'*akayet Dowa Mano* avec l'*hikayat Dewa Mandu* du nom du personnage principal. Ces œuvres ont été composées selon un modèle indien, sans qu'il soit possible de déterminer l'antériorité de telle ou telle version.

Les épopées malaises ont été islamisées et retranscrites en écriture arabe à partir du XIVe siècle, ajoutant le nom d'Allah et des notions musulmanes à la version préislamique, rien de tel dans les versions chames. Dans l'*hikayat* malais *Dewa Mandu,* le héros ne dépasse pas les quatre épouses permises en islam, tandis que Dowa Mano dans l'*akayet* cham épouse une cinquième femme sans se soucier de l'interdit (Chambert-Loir 1988:100-101). De plus, les deux épopées chames mêlent à Allah des divinités locales : Debisreh, Depajieng, Debibrei, toutes des divinités chames (Po Dharma-Moussay 1998:13). Ces épopées, patrimoine des Chams bani, sont également populaires chez les Chams brahmanistes. Elles ont été recopiées dans leurs villages respectifs. Allah faisant partie des divinités du panthéon des Chams brahmanistes, on ne peut donc certifier l'origine purement musulmane de ces épopées.

Une épopée chame et musulmane, l'*akayet Um Marup*, raconte les aventures extraordinaires d'un héros cham, Um Marup, qui se convertit à l'islam. Elle ne comporte pas de version malaise, ce qui pourrait signifier qu'il s'agit d'une œuvre chame originale. Um

Marup, fils d'un roi cham, part à la chasse et rencontre sur sa route le prophète Mahomet (Po Nabi) et les quatre califes (ses quatre successeurs dans la tradition sunnite : Abu Bakr, Omar, Othman et Ali). Po Nabi lui expose la grandeur de l'islam et les joies promises dans l'au-delà. Um Marup décide alors d'abandonner sa prétention au trône et de se convertir à l'islam. Son père en colère tente par tous les moyens d'empêcher la décision de son fils jusqu'à l'emprisonner et le condamner à mort. Le fils bénéficie à chaque fois de prodiges merveilleux pour s'échapper, mais finit par trouver la mort et ainsi gagner son siège au paradis.

Les manuscrits chams des bibliothèques françaises, dont la liste est compilée en deux volumes (Lafont 1977, Po Dharma 1981a), représentent des ouvrages religieux spécifiques aux Chams bani. Ces manuscrits bani enseignent un nouveau comportement social (Cam 137, 138 et 148), de nouveaux rites, comme celui du calendrier et du mariage (Cam 128), mais aussi le nouvel espace rituel de la cosmogonie musulmane : la mosquée (Lafont 1977).

La littérature chame ne relate pas seulement les succès de l'islam au Champa. Elle exprime également une forme de résistance à l'expansion de l'islam malais, à cette « malaïsation » du Champa. Le poème cham *La princesse qui venait du Kelantan*, datant vraisemblablement du XVIIIe siècle, relate une tentative d'islamisation du Champa par la Malaisie. Cette diffusion de l'islam au Champa y est contée sur le mode de la conquête amoureuse. Une princesse malaise, qui pourrait être une allégorie de l'œuvre missionnaire de la Malaisie, vient au Champa pour y répandre la religion et convertir le prince à l'orthodoxie islamique. Elle use de ses charmes pour parvenir à ses fins : « Je suis venue de Makah pour propager l'islam. Si tu es épris d'amour [pour moi], deviens propagateur de l'islam et je serai à toi » (vers 26-27). Son objectif est d'amener le prince à la croyance exclusive en Allah et au sacrifice du Champa : « Ô mon prince, tu penses sans cesse à ton pays, mais tu oublies le Prophète. Tu oublies le texte sacré ! » (vers 60-61). Le poème relate alors le désespoir d'un prince cham torturé par l'alternative que lui propose cette princesse : l'amour en échange de sa conversion et celle de son peuple à l'islam. Le prince comprend que l'enjeu revient à rompre avec la tradition de ses ancêtres : « J'étais désemparé : après être entré dans la mosquée, je retournai au temple des divinités » (vers 160), c'est-à-dire les *yang*, esprits divinisés caractérisant la religion des Chams. Il finit par refuser la conversion pour ne pas trahir son peuple et renonce donc à l'amour de la princesse. La conversion à l'islam est ici associée à l'acculturation, à l'abandon des traditions et des liens avec les ancêtres. Le héros du poème fait preuve de la même résistance que les Chams bani aujourd'hui face à l'islam orthodoxe des Malais et des missionnaires étrangers. Ce récit poétique sert à édifier une morale de comportement à l'usage des princes afin de les dissuader de trahir leur pays pour une femme étrangère, trahison dont il existe au moins deux occurrences dans l'histoire du Champa. Deux rois ont soldé une partie du royaume en échange d'une épouse vietnamienne : le roi Chê Man (1316-1361) et le roi Po Romé (1627-1651).

Chams et Malais dans la défense du Champa

L'arrivée de l'islam au Champa a été commercialement mais aussi politiquement motivée. Le roi cham Po Romé (1627-1651), contemporain de Ramadhipati Ier (1642-1658), roi khmer converti à l'islam, va utiliser l'islam pour se rapprocher des réseaux maritimes malais, exactement les Chams du Cambodge. Dans le récit semi-légendaire de Rija associé au règne de Po Romé, deux princes malais ont, après avoir épousé des princesses chames devenues musulmanes, vécu à la cour du Champa et occupé des fonctions politiques importantes. L'un d'eux aurait réussi à faire accepter une réforme sociale en faveur des musulmans et à imposer Allah dans le panthéon brahmaniste comme dieu primordial et premier roi de la dynastie du Panduranga (Po Dharma 1990). De même, des missionnaires français ont relevé, dans la deuxième moitié du XVIIe siècle, que des scribes et des missionnaires malais étaient présents à la cour du Champa dans le but de propager l'islam auprès des Chams (Wong 2004:10).

Po Saut (1660-1692), petit-fils de Po Romé, continue l'œuvre de son grand-père et, sans se convertir lui-même, encourage les Chams à embrasser l'islam. L'islam n'est pas présenté comme une foi ou même comme un nouveau pouvoir magique, mais pour son pouvoir mobilisateur afin d'encadrer les Chams dans une grande contre-offensive pour reprendre le Kauthara au Đại Việt en 1692. Cette attaque se solde par un échec en janvier 1693. À partir de cette date, le Champa tombe sous la loi vietnamienne. Jusqu'en 1832, date de son annexion définitive par le Vietnam, une résistance chame se développe pour libérer le Champa. Cette résistance aurait bénéficié d'un réseau musulman malais basé en péninsule malaise. Les Chams ont ainsi souvent évoqué leur identité « malayo-musulmane » pour attirer des Malais dans la défense du Champa contre les Vietnamiens.

Lors de funérailles, plaque inscrite en arabe. Ci-dessous : les formules magiques en arabe sont introduites par des phrases en cham.

Page de droite : *katepa* lu par le ꨆꨓꨪꨚ *katip*, le deuxième ordre des dignitaires bani. On reconnaît à la première ligne la formule introductive *bismillah* de chaque sourate du Coran, 2005.

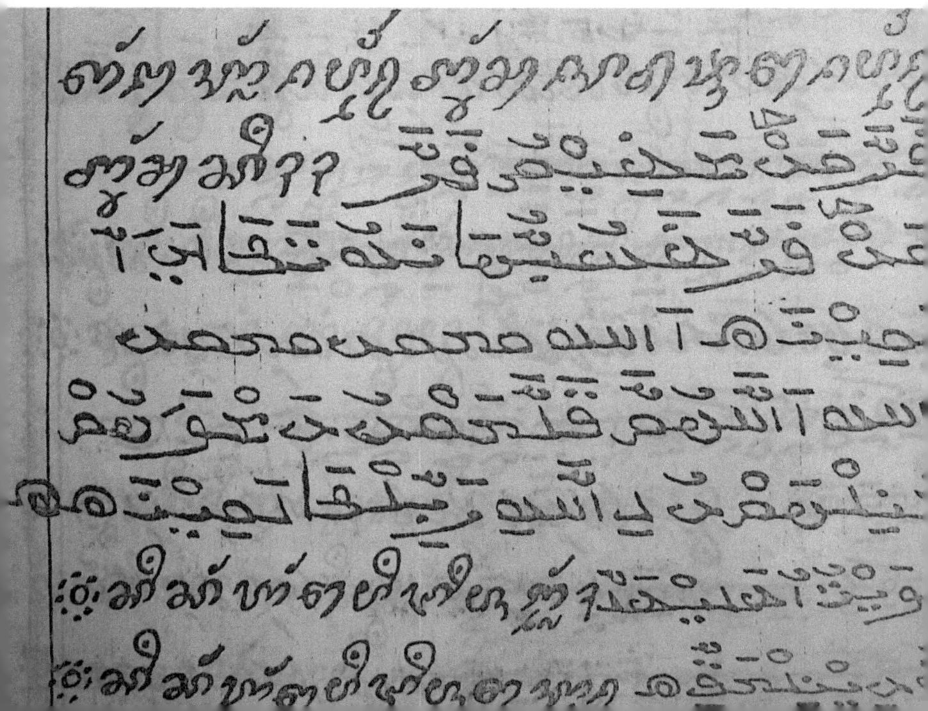

بسم الله الرحمن الرحيم ۝ ۝ ۝ ۝

الحمد لله الحمد لله الي خلقا

ارض وسما امن فحرماي ملئة ملئة مي

عماني ۝ اخر تجهل جبار جيب جلالته من جو

فجور جلو ۝ نعانها من نهر كوثر معو

[illegible]

Les Chams bani aujourd'hui

Aujourd'hui seul un tiers des Chams du Ninh Thuận et la moitié de ceux du Bình Thuận sont musulmans. Les autres Chams de la région ont conservé la religion des *yang*.

Les Chams bani ne remplissent leurs obligations religieuses que partiellement. À l'obligation pour tous d'exécuter les cinq piliers prônés par l'islam orthodoxe répond une classe de dignitaires, les *acar*, responsables des rites pour toute la communauté. Ils correspondent aux *pasaih* chez les brahmanistes. Il est d'usage dans les familles bani de désigner un ou deux membres qui seront consacrés à cette fonction sacerdotale. Le terme même d'*acar* en dit long sur les emprunts extra-islamiques effectués par les bani. D'origine sanskrite, *acar* désigne l'enseignant religieux (*ācārya*). Dans le bouddhisme theravada, notamment au Cambodge, il désigne un « servant laïc du monastère et ordonnateur des cérémonies bouddhiques » (Forest 1992:127, n10). Mais contrairement aux *acar* bouddhistes laïcs, *acar* sert chez les Chams bani de terme générique pour désigner les dignitaires religieux qui portent des noms arabes dont la prononciation n'a que légèrement dérivé. *Acar* comprend l'*ong gru* (du sanskrit *guru*, maître) qui est aussi *imom* ou *mom* (de l'arabe *imām*). L'*ong gru* conduit la prière, il est responsable des rites et affaires sociales du village (Mus 1931b:145). *Acar* désigne aussi le *katip* ou *tip* (de l'arabe *khatīb*), qui lit le prêche, ainsi que le *bilal* ou *modin* (de l'arabe *mu'adhdhin* plus connu sous la graphie *muezzin*) qui appelle à la prière.

Habillés de blanc et coiffés de turbans terminés par des franges rouges, les *acar* ont seuls le droit de lire le Coran, privilège interdit au fidèle. Sa divulgation en est prohibée car l'islam des Chams bani est secret et réservé à l'élite des *acar*. À noter toutefois que leur prononciation de l'arabe est approximative et leur compréhension du texte sacré quasi nulle (Phụ 2008:28). Les Corans conservés dans les *sang magik* (mosquées) sont des manuscrits recopiés dans une langue arabe dont les spécialistes remarquent des fautes d'orthographe, mots oubliés et césures incorrectes.

Le rite musulman des Chams bani, loin de la norme islamique, a longtemps été considéré comme un islam primitif qui se serait ensuite normalisé au Cambodge au contact des Malais qui y commerçaient. Les Chams bani sont mal considérés par les musulmans se réclamant de l'orthopraxie islamique. Selon ces derniers, leur pratique s'est altérée du fait de l'absence de contacts avec les réseaux musulmans. L'islam au Champa s'est en réalité métissé au contact de la civilisation qui lui préexistait, comme dans le reste du monde musulman. Contrairement aux Chams dits brahmanistes, les Chams bani s'attachent une épithète. Ceux-ci naissent Chams et ne deviennent bani qu'après un rite de passage : *kareh* (coupe des cheveux) pour la fille, *katan* (circoncision) pour le garçon, comme le relate Nguyễn Văn Tý, Cham bani du village de Phước Nhơn : « Mes enfants ont beau être nés de parents bani, ils ne seront bani qu'après la fête d'entrée dans la religion [*kareh* et *katan*] vers l'âge de 14-15 ans pour la fille et le garçon. Avant ils sont balamon, pas bani. »

Devenir Cham bani

La circoncision (*katan* ou *katat* en cham, de l'arabe *khitân*) se pratique symboliquement à l'aide d'un couteau ou d'un bambou effilé avec lequel l'officiant fait le geste de couper le prépuce. Le geste a été conservé, preuve d'une connaissance du rite originel, tout en laissant le prépuce intact. Au début du xxe siècle, Antoine Cabaton avait observé ce rite partiel et l'avait relaté (1907:145). Rien n'a changé un siècle plus tard, comme en témoigne Nguyễn Văn Tý de Phước Nhơn : « On fait semblant de couper, on ne coupe jamais vraiment. »
Ce mode opératoire est confirmé par l'*acar* Từ Công Dư de Văn Lâm : « La circoncision est une cérémonie durant laquelle on utilise un couteau sans couper, c'est juste symbolique. »
Toutefois le *katan* n'est pas aussi important que le *kareh* (orthographié *karo'h* par Aymonier ou *karâh*), la cérémonie de nubilité des filles à l'âge de quinze ans. Le *kareh* se déroule sous une tente dressée pour l'occasion où les *acar* officient en coupant une mèche de cheveux de la jeune fille.
Le rite n'a pas évolué depuis le début du xxe siècle où il avait été observé par le missionnaire apostolique Eugène-Marie Durand : « La jeune fille se présente au *po gru*, assisté des imams, qui, après lui avoir mis un grain de sel sur la langue, lui coupe sur le front une mèche de cheveux et lui fait boire une gorgée d'eau pure. Par contre, si l'interdit sacré [sa virginité] avait été notoirement violé, le prêtre lui couperait cette mèche, non sur le front, mais sur la nuque. Après cette cérémonie, la jeune Chame peut se nouer la chevelure, ce qui, dans tout l'Extrême-Orient, indique le passage au rang de fiancée ou d'épouse [...] Avant, la jeune fille est considérée comme *tabun* (interdite) et ne peut pas se marier » (1903:58). La cérémonie du *kareh* rassemble deux ou trois filles en même temps, tandis que les garçons atteignent parfois la centaine dans une même cérémonie de *katan*.

C'est pourquoi les *katan* ont lieu tous les trois ou quatre ans, selon des formalités rituelles beaucoup plus simples que pour les filles. Lors du *kareh* et du *katan*, filles et garçons entrent dans l'islam et reçoivent leur nom musulman que personne ne peut prononcer : c'est leur nom d'initié (Durand 1903:58). Cette cérémonie marque la nubilité du jeune, même si les Chams doivent aujourd'hui se soumettre à la loi vietnamienne qui n'autorise le mariage qu'à partir de 18 ans pour les filles et 20 ans pour les garçons.

L'islam des Chams bani, un « syncrétisme » musulman

Une enquête réalisée sur cent Chams bani de la province du Bình Thuận par deux chercheurs vietnamiens montre que seuls 73 % croient en l'unicité d'Allah et 62 % n'ont qu'une vague connaissance historique du prophète Mahomet. 22 % croient qu'Allah et Mahomet ont créé ensemble le peuple cham et attribuent à la déesse chame Po Nagar le même statut qu'Allah dans la création du monde. Même en admettant l'unicité d'Allah, ils sont 81 % à célébrer les génies Po Klong Garay, Po Nagar et Po Rome (Nguyễn 2003:412). Chez les Chams bani, Allah est devenu un génie (*yang*) auquel sont associés les autres *yang* chams, comme ceux de la pluie, de la montagne ou de la mer.

Ce syncrétisme est perceptible dès la façade des *sangkik* (abréviation de *sang magik*), lieux de culte bani équivalant aux mosquées. Des motifs décoratifs comme le symbole taoïste yin et yang et des dragons voisinent avec des caractères arabes signifiant Allah et Mahomet. Accompagner les prières à Allah et son prophète d'invocations ou même de simples allusions à d'autres divinités est contraire au principe du *tawhid* (l'unicité divine). Interdit fondamental dans l'islam, la remise en cause du *tawhid* équivaut à professer le polythéisme (*chirk* en arabe). L'unicité divine est pourtant bien énoncée chez les Chams bani, comme le prouvent les notes (non datées) d'un copiste d'un Coran arabe-cham : « Je proclame que Mahomet est le prophète de Dieu. J'atteste que Dieu est le seul Dieu. J'ai écrit ce livre, je l'ai relié, pour que mon fils, mon petit-fils ou ma petite-fille le conservent. Il n'y a point d'autre Dieu que dieu » (Cabaton 1901:87-88).

Les cinq piliers de l'islam réformés

Les *acar* sont les seuls à effectuer les rites religieux, comme la prière et le ramadan. Ils les accomplissent pour le compte des fidèles qui en sont dispensés. L'*acar* Tý du village de Phước Nhơn près de Phan

Rang explique cette « dérogation » de la prière : « Il n'est pas nécessaire que les gens engagés dans la vie prient, ils ont assez d'activités quotidiennes. C'est nous, les *acar*, qui faisons la prière à leur place. » Ce principe de la prière exécutée pour autrui est contraire à l'islam orthodoxe qui place tous les fidèles devant l'obligation de pratiquer ce qui constitue le deuxième pilier de l'islam. Les *acar* n'en prient pas pour autant cinq fois par jour : « On fait la prière un vendredi par mois et tous les jours du ramadan », précise Từ Công Dư, *acar* du village de Văn Lâm. Le ramadan est le seul moment de l'année durant lequel les *acar* effectuent les cinq prières quotidiennes. Le commandant Baudesson observait cette particularité dans les années 1930 lors de sa mission d'étude du chemin de fer du Lang Biang, devant relier la future ville de Dalat à Hanoi et Saigon : « [L'*acar*] n'omettra pas non plus les cinq prières à réciter pendant le jour ni le salam du soir, pieux exercices auxquels il s'astreint rarement en temps ordinaire » (Baudesson 1932:209).

Cette dérogation sur les rites est aussi valable pour le jeûne de *ramawan* (ramadan). Ce pilier de l'islam se divise chez les Chams bani en deux parties : *patang mukkei* et *bilan aek,* le mois du jeûne proprement dit. Chacun se doit de participer à *patang mukkei* qui débute la veille du mois de *ramawan* par le culte des ancêtres et se poursuit par la visite du cimetière familial. Au petit matin, des centaines de Chams se pressent plateaux d'offrandes sur la tête dans leurs plus beaux atours pour rendre hommage aux défunts. Les membres d'une même famille se prosternent devant les tombes de leur lignée maternelle après les avoir nettoyées.

Bilan aek, le jeûne, n'est suivi que par les *acar*. Il débute le lendemain de *patang mukkei* au coucher du soleil lorsque les dignitaires entrent dans le *sang magik* et changent de vêtements. Ils troquent aussi leur turban aux franges rouges pour un *kalah*, chapeau blanc de cérémonie en forme de toque, surmonté d'une *svastika* bouddhique rouge (autre emprunt au substrat vietnamien). Après avoir effectué leurs ablutions, les *acar* exécutent un rituel auquel assistent les fidèles du village vêtus exclusivement de blanc. Durant l'office, ces derniers se prosternent en s'allongeant de tout leur corps sur le sol (*talabat*). Les hommes sont largement minoritaires, réduits aux notables du village. Les femmes composent la grande majorité de l'assemblée. Une prédominance féminine écrasante également remarquée par l'anthropologue japonaise Rie Nakamura. Selon elle, c'est ce soir-là que les ancêtres honorés la veille entrent dans le *sang*

sang magik (mosquée bani).
Village Pamblap Biruw (Phước Nhơn, Ninh Thuận), 2005.
Ci-dessous : *sang magik* du village Cuah Patih (Thành Tín, Ninh Thuận), 2009.

magik pour passer le mois de *ramawan* avec les *acar* (2008: 12). La même cérémonie se déroule les premiers soirs, le 15e et le dernier jour du mois lunaire.

Les femmes font des offrandes de nourriture disposées sur de larges plateaux qu'elles portent sur la tête jusqu'au *sang magik* où ils sont déposés sur le sol par les officiants. Les *acar* les consacrent par des incantations avant d'en consommer de petites quantités. À l'issue de la prière collective, les plateaux sont restitués à leurs propriétaires, qui les reconnaissent au motif original peint sur la cloche en bambou qui les recouvre. Exposer les offrandes équivaut à les faire passer dans l'autre monde. Ce rite est largement contesté par les oulémas musulmans car les offrandes à l'intérieur de la mosquée sont interdites, associées au péché de *chirk* (polythéisme). C'est pourtant une tradition commune à de nombreux peuples du Sud-Est asiatique qui ont pour habitude de disposer de la nourriture sur l'autel des divinités. Au Vietnam par exemple, ces offrandes sont destinées aux *thánh* (saints) et aux *thần* (génies). Après un moment d'exposition, elles sont remportées, une partie est laissée aux bonzes pour leur subsistance. Nourrir les êtres surnaturels, c'est attirer leurs faveurs.

Les *acar* s'enferment pour jeûner durant tout le mois sacré sans sortir du *sang magik*. Ils s'accordent un fort allègement sur la contrainte du jeûne, comme en témoigne Thành Tau, chef des dignitaires bani du Bình Thuận : « Avant 1975, les *acar* ne devaient manger qu'un seul repas par jour, à 2 h du matin. Mais depuis la réunification, les dignitaires arrêtent de jeûner à 15 h, et seulement les trois premiers jours durant lesquels ils doivent s'abstenir de viande et se contenter d'œuf ou de poisson. Les jours suivants, ils font trois repas quotidiens, un premier avant le lever du soleil, de 4 à 5 h, puis une petite collation à midi où ils peuvent manger des bananes, des gâteaux et boire de l'eau. Et enfin trois heures après, à 15h, le repas de rupture du jeûne » (Nguyễn 2003:468). C'est aussi ce que j'ai pu constater : une rupture du jeûne deux à trois heures avant le coucher du soleil, les portes et volets du *sang magik* sont fermés afin de donner l'illusion de manger dans le noir.

Quant au pèlerinage à La Mecque, aucun des cent trente-quatre *acar* que totalisent les deux provinces du Ninh Thuận et Bình Thuận ne l'avait effectué en 2003. Et seuls 18,6 % d'entre eux émettaient le souhait d'accomplir ce cinquième pilier de l'islam (Nguyễn 2003:464). Récemment quelques *acar* sont devenus *hadji* par le financement d'un riche donateur Sud-Africain, Seraj Kaka.

Interdits révisés

Il ne faudrait pas croire que les Chams bani ignorent les fondements de l'islam. Ils connaissent la charia, la loi des musulmans. Les deux principaux interdits alimentaires de l'islam – le porc et l'alcool – concernent en théorie aussi les Chams bani. Mais s'ils s'abstiennent de porc dans leur village, les bani transgressent ailleurs cet interdit. Nguyễn Văn Tý confie : « Les bani ne mangent jamais de porc chez eux, mais lorsqu'ils se trouvent dans un autre village, ils en mangent en cachette. En cachette seulement. » 30 % des familles bani feraient, contre l'interdit religieux, de l'élevage de porc pour les besoins du commerce au village de Phò Trì, district de Hàm Tân, province du Bình Thuận (Nguyễn 2003:408).

Les entorses aux interdits islamiques s'appliquent aussi à la consommation d'alcool, comme le décrit l'*acar* Từ Công Dư : « À l'extérieur, on peut boire de l'alcool. Il n'y a pas de punition. Mais si quelqu'un est saoul, il ne peut participer à une cérémonie. » Nguyễn Văn Tý n'est pas dupe : « Certains *acar* boivent de l'alcool. Pour cela, ils mettent l'alcool dans une théière pour faire croire qu'ils boivent du thé. Mais c'est bien de l'alcool. » L'*acar* Tý du village de Phước Nhơn confirme cette autorisation tacite : « On peut boire de l'alcool mais de façon limitée. Pour honorer ses hôtes, un dignitaire peut s'autoriser une bière, mais il doit ensuite se rendre au *sang magik* pour se racheter. On peut même avoir une maîtresse. Tout ceci n'est pas grave du moment qu'on se rachète. » Il en va de même pour les simples fidèles. Ce rachat a posteriori concerne aussi les nouvelles générations qui font fi des interdits religieux. Il leur suffira à l'âge de la retraite d'organiser une cérémonie célébrée par les *acar* pour expier les péchés de toute une vie. Toutefois, cette cérémonie est relativement coûteuse : la chair d'un bœuf ou d'un bouc doit être offerte à tout le village, ainsi que des tissus, de l'argent, des gâteaux et des fruits directement au *sang magik* (Nguyễn 2003:272).

Il existe néanmoins, un interdit respecté par les Chams bani : les reptiles tels lézards ou serpents du fait de leur impureté, alors que les peuples agraires en consomment. Nguyễn Văn Tý s'exclame : « Strictement personne ne mange du lézard. »

Autre interdit pesant sur les Chams bani, celui des arbres dont sont quasiment dépourvus leurs villages. D'après les *acar*, si un arbre est planté à côté d'une maison, ses racines endommagent les fondations et perturbent l'activité familiale. Les branches touffues des arbres présenteraient aussi une cache pour les diables et pour les chouettes dont le cri la nuit serait un signe de mauvais augure pour tout le village comme la mort d'un proche ou une calamité naturelle (Nguyễn 2003:324).

Quant aux relations sexuelles avant le mariage, elles sont certes réprimées mais de manière très souple. Từ Công Dư rappelle : « Les jeunes ayant eu des rapports sans être mariés sont punis. Une fois que l'on s'est aperçu de l'absence de virginité, une cérémonie est organisée. Il est dit que le couple doit être battu, donc nous les battons. Mais pas avec le rotin, c'est avec le doigt que nous les battons », et cet *acar* d'exécuter hilare quelques flexions de son index.

Quant à l'adultère, l'un des péchés les plus graves selon le droit musulman qui réclame la mort des deux amants, l'*acar* Từ Công Dư se montre là encore conciliant : « Prenons le cas où un *acar* aurait des rapports avec une femme mariée. Il serait aussitôt destitué. Puis il réintégrerait ses fonctions de religieux après une cérémonie pour laver ses péchés. »

sang magik (mosquée bani). Elle est dirigée vers la *kak bah* (Kaaba), sanctuaire de La Mecque. On remarque l'inscription arabe stylisée Allah Mohammed. Village Ram (Văn Lâm, Ninh Thuận), 2005.
Ci-dessous : les *acar* font *thaw bah* (ablutions rituelles) avant d'entrer dans le *sang magik.*

Les ꨀꨌꨣ *acar* s'enferment dans le ꨧꩃ ꨠꨈꨪꩀ *sang magik* durant tout le mois de ꨣꨠꨥꩆ *ramawan* (ramadan) ou ꨝꨪꨤꩆ ꨀꨯꨮꩀ *bilan aek* (mois du jeûne). Seuls les *acar* jeûnent. Durant *ramawan*, les *acar* prient et dorment dans le *sang magik*, se consacrant entièrement aux prières pour le compte de la communauté. Les villageois se trouvent ainsi déchargés des contraintes rituelles.

Les nuits de *ramawan*, les fidèles remplissent le *sang magik*. Tous doivent être vêtus de blanc. La formule Alaho Poku (*Allah akbar*) est suivie de l'association Allah Mohammad comme dans tous les *sang magik*.
Ci-dessous : deux *bilal* appellent à la prière. Les *acar* sont des intermédiaires avec Allah. Village Pamblap Biruw (Phước Nhơn, Ninh Thuận) 2005.

Les nuits de *ramawan*, les femmes sont majoritaires dans la mosquée. Elles ne sont pas voilées. Les prosternations sont identiques à celles des brahmanistes : les mains jointes au dessus de la tête puis trois fois face contre terre.
ꨓꨤꨰ *talai* (plateau) couvert de nourriture sont apportés par les femmes en offrande. Ces plateaux sont une contrepartie du jeûne que les villageois n’effectuent pas.

L'arrivée de l'islam orthodoxe

Antoine Cabaton rapporte qu'au début du xixe siècle deux hadji malais étaient allés au Bình Thuận pour ramener sans succès les Chams bani aux principes de l'islam. Il concluait : « Il paraît impossible de ranimer une foi éteinte chez ces musulmans, dépourvus de tout zèle religieux, dont la résolution bien arrêtée est de s'en tenir à leurs errements traditionnels » (1901:6). Quarante ans plus tard, c'est aussi le constat que fait Marcel Ner : « Conduits par leurs affaires à Phan Rang [...], [les musulmans de la région du delta et de Saigon] avaient tenté de leur prêcher le retour aux croyances, aux rites, aux interdits orthodoxes » (1941:154). Après ces tentatives infructueuses, l'islam orthodoxe arrive dans le Ninh Thuận au début des années 1960. Des Chams et immigrés indiens, originaires de Saigon et du delta du Mékong, tentent de réformer la pratique des Chams bani. Ceux qui les suivent sont nommés Chams islam ou « nouveaux musulmans » (người Hồi giáo en vietnamien) pour se distinguer des Chams bani. Nguyễn Văn Tý se souvient : « Des fonctionnaires de Phan Rang se sont rendus à Châu Đốc en 1962. Puis des Chams de Châu Đốc sont venus ici. Mais aucun ne comprenait nos traditions. Ils ne cessaient de répéter qu'Allah seul doit être adoré et non pas les génies. Ils voulaient modifier la religion des bani en imposant leur islam. » L'islam orthodoxe n'est pas parvenu à remplacer l'islam bani. Au Ninh Thuận, les nouveaux convertis ne sont présents que dans trois villages : Phước Nhơn (Pamblap Biruw), An Nhơn (Pamblap) et Văn Lâm (Ram), sur les sept villages bani que compte la province.

Hadji Amin, hakem de la mosquée orthodoxe de Văn Lâm, se souvient qu'au début, au moment de la construction de la mosquée, les nouveaux convertis sont allés apprendre la doctrine chez les Chams de Châu Đốc, puis au Cambodge. « Mais après 1975, nous avons perdu le contact avec le Cambodge. C'est pourquoi, jusqu'à aujourd'hui, nous étudions à Châu Đốc. Je suis moi-même tun [professeur] pour enseigner les prières exactes aux jeunes. »

L'arrivée de l'islam orthodoxe ne s'est pas faite sans heurt. La majorité des Chams bani de la région se sont montrés réfractaires à ce nouvel islam cherchant à s'imposer en éradiquant leurs coutumes. Pour l'ensemble des Chams, ce conflit rappelle le désordre précédant la paix civile réglée par Po Romé au XVIIe siècle. Les Chams chuh et les bani ont perçu l'islam orthodoxe comme une nouvelle religion étrangère à leur culture et ont rejeté les nouveaux musulmans. De mémoire de villages, les affrontements entre les deux communautés

ont été très violents dans les années 1960.
Mohammad Abdul Alham, un Cham islam du village de Văn Lâm, se souvient : « Quand Hadji Mulawi Ismael est venu construire la première mosquée ici, tous les Chams bani se sont ligués contre lui. La résistance des Chams bani à l'islam s'est produite dès le début et continue encore aujourd'hui. » Nombreux sont les Chams bani à déclarer se sentir plus proches des Chams chuh que des Chams islam. Ty, cinquante ans, est *acar* depuis vingt ans et témoigne de sa méfiance envers les Islam qu'il juge trop loin de la nature, tout en rapprochant les bani des bouddhistes.
Nguyễn Văn Tý raconte comment les Chams bani ont été abusés par les *người Hồi giáo* (nouveaux musulmans) : « Au départ, les Chams bani ont écouté la propagande disant que les islam et les bani sont pareils. Les premiers Chams bani à s'être confronté à l'islam orthodoxe n'étaient pas très cultivés, ils ont cru s'être trompés et ont supprimé les génies en se détachant du bloc bani. Mais aujourd'hui les Chams bani savent que ces deux religions sont différentes. Ils n'acceptent pas et n'accepteront jamais une autre religion. Cet islam n'est pas notre religion. Notre religion se pratique avec les *acar*. »
Zây Nâp, fille d'Hadji Mukhtar, enseigne l'anglais au village de Phước Nhơn. À 35 ans, elle ne cache pas sa préoccupation de n'avoir que deux fils. Pourtant musulmane, elle suit la coutume matrilinéaire et pense que ne pas avoir de fille constitue un problème. Son mari se présente toujours comme bani. Il ne veut pas se convertir à l'islam orthodoxe prétextant qu'il ne comprend pas les nouvelles règles. Il lui avait pourtant promis de faire les cinq prières quotidiennes quand ils se sont mariés. Son père, Mukhtar, est le seul de la famille à s'être converti, ses frères et sœurs sont toujours bani. Nombreuses sont les familles de ces nouveaux convertis à faire de la résistance, en refusant déroger aux coutumes.
Les conversions sont rares et se réalisent par filiation ou par mariage. Encore plus rares sont les conversions spontanées dans une démarche personnelle, directement au contact des missionnaires. Souvent les conversions échouent et les bani retournent à leurs anciennes croyances. Les familles restées sur le territoire des *yang* embrassent rarement ensemble la nouvelle foi. Les convertis restent souvent isolés. Il en va tout autrement en diaspora où des familles entières se convertissent à l'islam comme aux États-Unis.
Les villageois estiment cette islamisation partielle à 10 % de la population dans les trois villages bani du Ninh Thuận à avoir accepté

l'islam. Hadji Amin se souvient que seuls trente foyers étaient orthodoxes en 1962, « aujourd'hui, nous avons converti trois cents foyers. Sur une durée de quarante ans, le nombre de fidèles a été multiplié par dix. » D'autres estiment à deux cents les familles orthodoxes, tandis que les bani représenteraient mille quatre cents familles.

De plus, certains bani simulent la conversion à l'islam par simple opportunisme. Don, fils de Nguyễn Văn Tý, avoue être resté un mois au Cambodge et avoir exécuté la prière cinq fois par jour afin d'être hébergé dans la communauté chame. Son père l'encourage à se « faire passer pour musulman » pour enseigner l'anglais en Malaisie car il sait que de grandes opportunités y sont réservées aux musulmans du Vietnam. Mais Don ne cache pas sa réserve : « J'ai peur de l'islam, la religion est bonne mais trop extrême. » L'*acar* Tý, voisin de leur maison familiale à Phước Nhơn, se joint à la conversation et surenchérit : « Nous préférons les balamon aux islam. Ces derniers ne pensent qu'à se propager, tandis que nous, les bani, sommes comme les bouddhistes. Nous sommes libres. »

Page de droite : les Chams ayant adopté les cinq prières quotidiennes revêtent les vêtements de prière en usage en Malaisie et en Indonésie.
Mosquée de [illegible] Ram (Văn Lâm, Ninh Thuận), 2005.

Chapitre 5
Syncrétisme et matrilinéarité

Chams chuh et Chams bani ne vivent pas ensemble. Sur un total de vingt-trois villages chams de la province du Ninh Thuận, seul le village de Phú Nhuận est mixte, mais une rue sépare les deux groupes. Les mariages mixtes étaient jusqu'à récemment mal perçus.
Les interdits alimentaires jouent un rôle de premier plan dans la différenciation identitaire des deux communautés chames : à l'interdit musulman du porc correspond celui, hindou, de la vache. Néanmoins ces interdits n'ont de valeur que sociale, puisque les Chams avouent les transgresser une fois sortis de leur village, en contexte vietnamien notamment. Les bani présents à la fête du Katé par exemple consomment du porc. Et les brahmanistes affirment manger du bœuf en dehors de leur village. Les dignitaires sont davantage tenus à un rigorisme religieux, du moins en parole. L'*acar* Tý du village de Phước Nhơn par exemple jure n'avoir jamais mangé de porc.

Des rites complémentaires
Chez les Chams, le brahmanisme et l'islam sont à la fois opposés et associés. Les deux religions sont interdépendantes. Chacune possède ses propres dignitaires : *pasaih* et *acar*. À la différence des *acar* bani, les *pasaih* sont des fonctions héréditaires. Chaque groupe de dignitaires exécute des rituels distincts, tout en se mêlant à l'autre communauté. Par exemple, les Chams chuh (brahmanistes) n'ayant pas le droit d'égorger des animaux à quatre pattes, ce sont les Chams bani qui s'en chargent. Le manuscrit répertorié *Cam 50* présente la

---

Page de gauche : Le symbole ꨅꩌꨆꩉ *omkar* sur la couverture d'un manuscrit magique. Au centre le soleil et la lune. En haut le 6, ꩖, en bas le 3, ꩓.

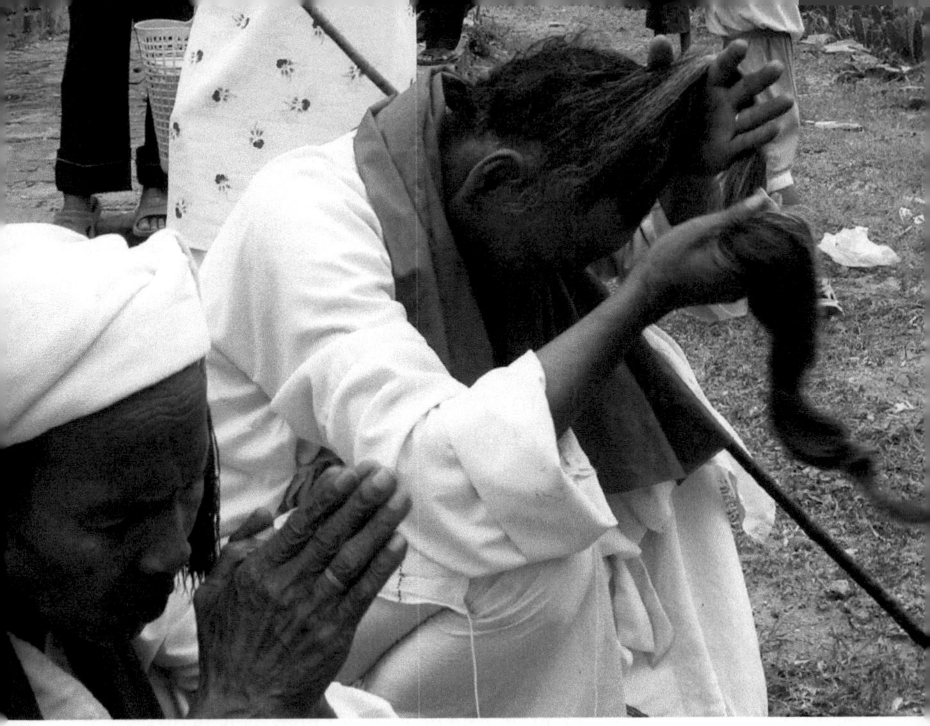

ꨚꨧꨰꩍ ꨌꩀ ꨡꨭꩀ *pasaih cak mbuk*, le *pasaih* fait un chignon.
ꨚꨝꨶꩀ ꨀꨆꨯꨱꩀ *pabuak akaok*, façon d'enrouler le chignon du *pasaih*.

[illegible] *acar kalu akaok*, l'*acar* a la tête rasée.
[illegible] *khan matham taibi* (turban à frange) porté par les dignitaires des deux religions, *pasaih* et *acar*.
Village [illegible] Ram (Văn Lâm, Ninh Thuận), 2005.

correspondance entre les jours et les mois des deux communautés, le *Cam 68* entre leurs objets de cultes et le *Cam 72* entre les différents dignitaires et les divinités (Lafont 1977).

Les dichotomies ciel-terre et masculin-féminin sont ainsi appliquées à l'opposition brahmaniste-bani et à leur mode funéraire. Bai Do, *pasaih* du village de Vụ Bổn (Ninh Thuận), interprète ainsi la crémation (*cuh*) et l'enterrement (*dar*) : « Nous, on incinère. Le mort monte au ciel en suivant les volutes de fumée. Nous passons par le haut et suivons la voie du père. Les bani, eux, sont enterrés. Ils passent par le bas, la voie de la mère. »

Tous les trois ans, les dignitaires bani et brahmanistes se réunissent pour discuter de la concordance des deux calendriers (solaire pour les chuh, lunaire pour les bani). Ils veillent à ce que la fête du Katé, la grande fête des brahmanistes, n'ait pas lieu durant le ramadan, afin que les représentants des deux religions puissent assister à leurs cérémonies respectives. Les bani sont nombreux à venir au Katé, ainsi qu'aux fêtes chuh en l'honneur de Po Nagar, même s'ils mangent « à part des mets préparés par les femmes banies » (Cabaton 1907:149). Ils ne s'abstiennent que des crémations. Dans une relation de récipro-

ꨅꩌꨆꨣ *omkara*. Au centre le soleil et la lune, le père et la mère. En haut le chiffre ꩖, six, en bas le chiffre ꩓, trois. La somme neuf est considérée comme parfaite. L'ensemble forme la syllabe sacrée *Om*.

le linga-yoni. Sur le linga, un *khan matham taibi* (turban à franges rouges). Sur la yoni, deux *khan bilang* (sarongs). Temple de Po Sanu (Phú Hài), Hamu Lithit (Phan Thiết, Bình Thuận), 2005.

cité, les brahmanistes participent aux fêtes des bani. L'*acar* Từ Công Du rappelle : « Les brahmanistes qui entrent dans la mosquée s'acquittent de la *zakât* pour servir les fidèles pendant le ramadan. » L'apparence et les vêtements des dignitaires religieux permettent la différenciation des deux confessions selon un modèle genré : les chuh représentent les hommes et ne se coupent jamais les cheveux ; les bani figurent les femmes et paradoxalement se rasent le crâne. Selon le dicton traduit par Durand : « Les *acar* sont *awal* et filles ; les *pasaih* sont *ahyor* [*ahiér*] et garçons », selon lui *awal* signifie initié et *ahiér* profane (1903a:56-58). L'anthropologue japonaise Rie Nakamura, qui a conduit ses recherches sur les Chams du Vietnam à la fin des années 1990, a bien montré comment chacune des deux communautés se référait à un système complémentaire : les Chams chuh correspondent au masculin, aux quinze premiers jours du mois, à la première moitié de la journée (de l'aube à midi), à la partie supérieure du corps, au ciel et au chiffre trois ; les bani correspondent au féminin, aux quinze derniers jours du mois, à la seconde moitié de la journée (de midi au coucher du soleil), à la partie inférieure du corps, à la terre et au chiffre six. Associés, ils forment l'univers entier, le couple primordial et le 9 (3+6), chiffre considéré comme parfait, symbole de paix et de stabilité (1999:138). Cette imbrication est symbolisée par le symbole *omkar*, visible sur tous les temples en pays cham. Rie Nakamura a rapproché cette combinaison du masculin et du féminin au concept chinois *yin* et *yang*, dont le symbole figure sur quelques temples récents et accessoires de rituels, comme au temple de Po Nagar au village de Hữu Đức (Ninh Thuận). Même si cet héritage sino-vietnamien n'est pas du goût de certains Chams, on ne peut nier les correspondances avec le modèle sinisé répercuté sur la culture vietnamienne populaire, notamment dans les complémentarités ciel-terre et masculin-féminin. Ces principes binaires et sexuels se retrouvent en particulier dans le linga-yoni d'inspiration indienne et shivaïte, où la complémentarité de la yoni (symbole de la vulve et du féminin) et du linga (symbole phallique et du masculin) fonctionne comme une métaphore de la société duelle, rencontre de deux opposés complémentaires qui ne peuvent exister l'un sans l'autre. Trop souvent le linga-yoni se réduit à la seule dimension phallique par les chercheurs français, notamment les archéologues, escamotant la part féminine de ce symbole qui unit pourtant les deux principes sexuels montrant le linga encastré dans la yoni. Au lieu d'être nommée, la yoni est décrite comme une « cuve à ablution », « socle » ou « piédestal de linga ». Aymonier la décrit ainsi : « L'autel de pierre qui sert de socle au dieu est légèrement creusé en bassin avec une rigole d'écoulement qui envoie l'eau à gauche de la divinité » (Aymonier 1891:19). Ce malentendu est encore largement répandu dans les livres d'auteurs français traitant de la statuaire chame (Vandermeersch 1997, Lefèvre 2002, Baptiste-Zéphir 2005). En revanche, les chercheurs vietnamiens nomment explicitement la yoni (Nguyễn Văn Kự et Ngô Văn Doanh 2005). Pour les Chams, comme pour les Khmers et les Indiens, le linga-yoni représente bien la complémentarité des deux principes sexuels et symbolise la fécondité. Retirer de ce symbole duel la yoni le rendrait incompréhensible, car il perdrait ainsi sa dimension cosmologique. Cette complémentarité, calquée sur la dualité masculin-féminin, se retrouve dans le costume blanc et rouge presque identique des dignitaires des deux religions, à quelques détails près comme la coupe du vêtement et le sens du boutonnage. Le blanc symbolise la semence masculine, tandis que le rouge représente le sang de la femme et sa fertilité, comme le confirme Bai Do, le prêtre brahmaniste : « Quand l'homme et la femme sont ensemble, c'est le blanc, le sperme, qui sort en premier. Puis vient le fœtus et alors c'est le rouge qui vient. »

Plutôt la paix civile que l'orthodoxie religieuse

Cette dualité des Chams s'est donc établie sur une relation complémentaire. Mais il n'en a pas toujours été ainsi. L'arrivée de l'islam au Champa constitua une rupture encore présente dans la mémoire collective des Chams, comme le raconte Nguyễn Văn Tý : « Avant ils se disputaient tout le temps. Balamon et bani ne pouvaient pas se supporter. » Dans le long poème cham daté du XVIIIe siècle, *La princesse qui venait du Kelantan*, il est fait mention de cette division entre brahmanistes et bani : « Dans ce pays de Panduranga en discorde où les Cam et les Bani s'étaient séparés depuis des années [...] Mon peuple est réduit à un petit nombre de gens divisés et dispersés en tous sens. C'est pour cela qu'on les appelle, les uns Cam Tanran, les autres Cam Cek ; d'autres Cam Gok, Cawa, Bini Ralaoh. Leurs divisions sont la cause des malheurs du pays » (Po Dharma-Moussay 2000). Cette dernière stance décrit la composition de la population austronésienne du Champa : les Chams de la côte, *Cam Tanran* (plaine), par opposition à ceux des hauts plateaux *Cam Cek* (montagne), qui correspondent aujourd'hui aux ethnies raglaï, radhé, jaraï, churu. Une autre passage du poème met en opposition ceux qui n'ont pas adopté l'islam, les brahmanistes, *Cam Gok* (cavernes), les Malais musulmans, *Cawa* (Jawa), ainsi que les Bani, Bini Ralaoh (*bani ra uluah*, « gens d'Allah ») (Po Dharma-Moussay 2000:71).

Le récit de Rija, retrouvé par Po Dharma, parle du voyage de deux princes malais au Panduranga dont l'un parvient à influencer le roi cham pour qu'il favorise les Chams bani après avoir constaté que « la communauté musulmane était marginalisée ». Seule la religion traditionnelle, qui mêlait brahmanisme aux coutumes locales, avait alors le monopole du pouvoir. Le roi accepte cette réforme. Il donne le titre de Po (seigneur) aux dignitaires bani, comme aux prêtres brahmanistes, et permet leur participation à la vie sociopolitique du royaume. Selon les traditions orales du Panduranga, c'est également sous l'influence de ces princes malais qu'Allah aurait fait son entrée dans le panthéon des divinités chames avec le titre Po en détrônant de la première place Po Nagar, reine mère du royaume du Champa. Cela n'a cependant pas précipité l'islamisation du royaume, puisque le roi ne s'est pas converti. C'est également depuis cette époque que les repré-

sentants religieux assistent aux rites de l'autre communauté. Des récits retracent la généalogie des rapports entre Chams chuh et bani.
L'artisan de la paix sociale est Po Romé, un roi d'origine churu ayant régné au Champa de 1627 à 1651. Po Romé est l'objet d'un culte dans le temple qui lui est dédié près de Phan Rang, avec un hymne qui lui est spécialement consacré : « Quand Po Ramé descend des hauteurs où il règne, son corps resplendit et sa tête lance des éclairs. Les cheveux se dressent, le cœur [manque] quand on voit Po Ramé, car son visage brille comme l'or, est limpide comme l'eau pure [...] Daigne le dieu, semblable au soleil, accepter ce sacrifice et exaucer la prière du maître de maison » (Cabaton 1901:114).
Deux légendes mettent en scène ce roi quasi divinisé. L'une est positive, le montrant comme un pacificateur, l'autre négative comme responsable de la défaite du Champa. Beaucoup de Chams de la diaspora attribuent à la deuxième légende les raisons de leur exode.
Le règne de Po Romé passe dans la mémoire collective pour avoir été favorable aux musulmans, sans qu'il se convertisse lui-même. Il serait allé au Kelantan, en Malaisie, avant son couronnement pour s'initier à la magie malaise et à la nouvelle religion islamique. Les Chams attribuent à Po Romé la réconciliation entre les deux groupes, comme le raconte Nguyễn Văn Tý : « Po Romé était un roi intelligent qui a cherché à réconcilier ces deux religions qui se querellaient tout le temps, c'était très dangereux pour le maintien de la nation. »

Fabrication d'un syncrétisme religieux

Selon la légende, Po Romé impose à chacune des deux religions les divinités de l'autre. Il ajoute Allah, rebaptisé Po Alwah ou Po Ovlah, au panthéon divin des brahmanistes, où il figure parmi les trois divinités masculines les plus importantes, après Po Yan Möh, le dieu-père créateur de toutes choses, et Po Jata, dieu des régions célestes (Cabaton 1901:15-16). Les Chams bani doivent accepter les divinités des brahmanistes aux côtés d'Allah et de Mahomet. Po Yan Möh est associé à Adam. Po Nagar, la déesse universelle des Chams, n'a pas été évincée par l'islam. Les Chams bani l'ont associée à Ève dans une curieuse adaptation au récit coranique comme l'énonce l'*acar* Từ Công Dư : « Po Nagar est la mère de tous les peuples du monde, pas seulement des Chams. Elle est vénérée comme Ève, la femme d'Adam. » Elle réside aussi en bonne place aux côtés d'Allah dans les histoires de création (Bô 2001:15) selon un système complémentaire qui n'est pas sans rappeler le couple primordial ciel-terre. Les

prières adressées à Allah et son prophète sont toujours accompagnées d'invocations aux *yang*, génies locaux, comme ceux de la pluie, de la montagne et de la mer, ou encore le roi des flots (roi baleine) dont l'hymne relate son retour de La Mecque escorté de mille poissons. Po Alwah a été placé à la tête des souverains de la deuxième capitale Çrî Banöy, qui « après un pèlerinage à La Mecque, régna de 1000 à 1036 » (Cabaton 1907:137). Le manuscrit *Cam 164* compile des hymnes aux divinités que chantent les prêtres *kadhar* relantant la biographie du Prophète (Po Dharma 1981:11).
Les Chams d'aujourd'hui expliquent ainsi le retour à la paix civile après la rupture sociale provoquée par l'introduction de l'islam. Po Dharma propose une autre interprétation des termes *awal* et *ahiér* évoqués plus haut. *Awal* signifie selon lui avant et non pas initié, *ahiér* après et non profane. Les Chams *awal* (avant) sont les Chams bani convertis aux XVIe-XVIIe siècles, tandis que les Chams *ahiér* (après) sont les brahmanistes qui ont accepté Allah comme dieu créateur à partir de la médiation de Po Romé au XVIIe siècle. Ce qui fait dire à Nguyễn Văn Tý : « Les bani sont des demi-musulmans. Bani ça veut dire islam + brahmaniste, divisé par deux. C'est moitié islam, moitié brahmanisme. Bani ce n'est pas l'islam, pas le brahmanisme non plus. C'est une religion purement chame. »
Cette légende de la réconciliation entre les deux communautés pose Po Romé non seulement comme un réformateur, mais aussi comme le créateur d'une nouvelle religion. Avec deux siècles de décalage, Po Romé pourrait être rapproché de Guru Nanak, le fondateur du sikhisme, né dans une société indienne du XVe siècle en crise entre l'hindouisme et l'islam. Selon l'histoire sikhe, Guru Nanak aurait, tout comme Po Romé, effectué un voyage à La Mecque. Chacun serait descendu aux sources de la religion musulmane pour en comprendre l'essence et mieux l'intégrer dans une tentative de synthèse. Mais ni Guru Nanak ni Po Romé ne se sont convertis à l'islam. On pourrait considérer l'islam des Chams bani comme une nouvelle religion, à l'instar du sikhisme, une religion où le *tawhid* (croyance en un dieu unique, premier pilier de l'islam) est transgressé par l'ajout d'autres divinités.

Le destin du Champa réduit à un arbre mythique

Po Romé est aussi le héros d'une légende moins glorieuse. Abusé par sa troisième épouse vietnamienne, Ut, Po Romé consent à abattre un arbre, nommé Kraik, où résidaient toute la force et l'invulnérabilité du Champa. Antoine Cabaton a traduit l'hymne qui se rapporte à cet épisode. L'arbre y est anthropomorphisé : « L'Annamite [sa troisième épouse] se croyant négligée résolut de se venger du roi. Feignant d'être en proie à un mal inconnu, elle déclara qu'elle ne pourrait guérir que si l'on abattait l'arbre Kraik, protecteur du royaume cham. Le roi qui aimait beaucoup cette reine ordonna à quatre habiles médecins d'examiner la malade. Les médecins ayant affirmé que la malade était en bonne santé furent décapités sur l'ordre du roi, mécontent de la consultation. L'Annamite voulait la perte du royaume cham : elle renouvela ses supplications et le roi, après avoir longtemps hésité, se décida à faire couper l'arbre Kraik. Cent soldats armés de haches attaquèrent l'arbre, mais les blessures de celui-ci, doué d'un pouvoir magique, se refermaient aussitôt. Le roi furieux voulut en finir. S'emparant d'une cognée, il frappa l'arbre à coups redoublés : du sang jaillit et l'on entendit des gémissements. Le roi s'écria alors : "Eh ! kraik, pourquoi tourmentes-tu ma reine ? Pourquoi te laisserai-je vivre ?" L'arbre épuisé tomba et son sang inonda le sol » (1901:113).

Immédiatement après, l'armée viêt envahit le Champa, l'épouse rusée retourne sur les terres de ses ancêtres et le roi est coupé en morceaux. Pour de nombreux Chams du Panduranga, comme Nguyễn Văn Tý, cet arbre a réellement existé au village de Hiếu Thiện (environs de Phan Rang). Tout Cham connaît cette légende par cœur, qui a même survécu à l'exil au Cambodge. Lors d'une rencontre avec Math Ly, homme politique cham du Cambodge décédé en 2004, sa fille Math Mara est intervenue dans la conversation car elle souhaitait connaître la vérité sur « l'arbre du Champa coupé à cause d'une Vietnamienne » et savoir si des vestiges de cet arbre existaient encore. Cette histoire connaît un tel succès parce qu'elle permet d'expliquer la perte du Champa en accusant une femme vietnamienne.

La légende de l'arbre Kraik est toujours active aujourd'hui. Lorsque l'homme politique cham du Cambodge, Ahmad Yahya, accuse dans un entretien la France d'avoir abandonné le Champa aux Vietnamiens, il se réfère au schéma de l'influence féminine sur la perte du territoire : « Nous détestons les Français. En 1975, j'ai combattu dans la jungle du Vietnam pour sauver mon pays. Je suis très en colère contre la France qui a donné le Champa pour les beaux yeux des Vietnamiennes. » Soh Pen, ancien activiste du Fulro, lui aussi invective la France selon un motif qui n'est pas sans rappeler la légende de Po

Romé, mais également celle du roi Chê Mân échangeant en 1306 deux provinces du Nord du Champa pour épouser une princesse vietnamienne. Le Champa est donc loin d'être éteint dans la mémoire collective des Chams, même en diaspora, et donne naissance à des mythes véhiculés à l'époque moderne.

La matrilinéarité des Chams

Le système social des Chams du Panduranga repose sur le lignage matrilinéaire, *gep batian*, système toujours en vigueur chez les Chams du Ninh Thuận et du Bình Thuận. Également chez les autres ethnies de langues austronésiennes du Vietnam comme les Raglaïs, Churus, Radhés et Jaraïs. Chaque individu est soumis au principe matrilinéaire selon lequel tout ce qui est créé dans la famille, enfants et biens, appartient au clan maternel. L'héritage revient exclusivement aux femmes, en laissant les hommes sous la domination de leur propre clan maternel. Le clan maternel se dit *kut* chez les Chams chuh et *ghur* chez les Chams bani. Ces deux mots désignent également leurs cimetières respectifs.

La parenté du côté maternel se dit *gep dalam kut*, la « parenté dans le kut » ; tandis que celle du côté paternel sera *gep lingiw kut*, la « parenté à l'extérieur du kut ». L'homme appartient à sa lignée maternelle. Il est enterré à sa mort dans le *kut* ou le *ghur* de celle-ci et non auprès de sa femme et de ses enfants. Il appartient au clan de sa mère et n'est que de passage dans celui de son épouse. Le gendre et l'époux se disent *parat*, étranger au clan matrilinéaire. Le nouveau marié travaille pour le clan de sa femme et habite dans sa belle-famille, suivant la règle matrilocale de résidence. Georges Maspero résume ainsi les règles de la matrilinéarité : « Transmission de la parenté et de l'héritage par les femmes, le premier rang qui leur est attribué dans certaines cérémonies domestiques, le droit pour elles de choisir leur époux et de faire partager leur religion aux enfants » (1928:19). Il en va de même aujourd'hui, Bà Thị Vinh, une Chame bani âgée du village de Văn Lâm, insiste : « Chez les Chams, la famille de l'épouse devient la famille du marié. Une fois le mariage célébré, les parents du marié le confient à la famille de la mariée. »

Les hommes exclus de l'héritage

Les filles héritent de la totalité des biens familiaux, notamment la cadette qui reçoit la maison familiale et d'autres avantages car c'est à elle que revient la charge de s'occuper de ses parents à leur vieillesse.

Comme le rappelle Nguyễn Văn Tý, les droits de succession passent exclusivement de mère en fille : « La maison, l'héritage et les enfants appartiennent à la femme et à sa lignée. Rien ne revient à l'homme. » En théorie, rien n'est légué aux garçons car ils « se situent en dehors de la zone d'intérêts économiques de la famille dont ils sont issus » (Lafont 1964:165). Si les parents ont fait de leur vivant des donations à leur fils, le reste de la famille et le chef du village peuvent s'y opposer à leur mort et exiger que le garçon les retourne à la lignée maternelle. Quant aux biens produits en commun dans le couple, ils sont partagés entre les filles à la mort de leurs parents. Le père n'a aucun droit sur ces biens en cas de mort prématurée de son épouse, si ce n'est pour élever ses enfants. Une fois les filles mariées, elles recevront leur part de ces biens. Le père n'en conserve qu'une petite partie pour sa subsistance (Thành 2006:16).

Afin de comprendre la signification du mot *janang* utilisé pour qualifier certaines rizières dans les *Archives royales du Panduranga*, la philologue Amandine Lepoutre s'est adressée à des chercheurs et dignitaires chams contemporains. Selon eux, ces rizières (*janang*) sont offertes aux jeunes mariés dans le village de l'épouse en échange des services qu'ils sont tenus de rendre au village durant la période de leur mariage. Lorsque l'épouse décède ou divorce, l'homme revient au village de sa mère et perd l'usage de cette rizière (2011:105). Cette suprématie des femmes ne se limite pas à l'héritage mais réglemente toute la vie quotidienne. Bai Do, *pasaih* du village de Pabhan (Vụ Bổn, Ninh Thuận), souligne ainsi : « C'est la femme qui a le pouvoir de décision. L'homme gère la ferme et les bœufs, alors que la femme gère le riz. Elle seule peut décider d'en prêter. Pour les petites choses comme les outils, c'est l'homme qui décide, tandis que pour les choses importantes c'est la femme. Par exemple si quelqu'un veut nous emprunter du sel ou de la saumure de poisson, c'est ma femme qui le lui donne. Moi, je n'oserais pas. »

Les filles préférées aux fils

Dans un tel système, la fille est davantage désirée, chez les chuh comme chez les bani, à l'opposé par exemple de la culture vietnamienne dont la coutume privilégie l'héritier mâle pour sa responsabilité dans le culte des ancêtres. Bà Thị Vinh du village de Văn Lâm fait remarquer que « dans la coutume chame, on préfère la fille au garçon. Car les femmes possèdent davantage que les hommes : elles ont les enfants et l'héritage. » L'*acar* Từ Công Dư affirme lui aussi :

« Les Chams préfèrent les filles. Elles sont le pilier de la maison. Ce sont les filles qui rendent le culte aux ancêtres. » Cette particularité est interprétée par Bà Thị Vinh comme une supériorité des femmes sur les hommes par rapport à la société vietnamienne : « Chez les Kinh [Vietnamiens], une fois mariée, la femme part vivre dans la famille du mari alors que, chez nous, c'est la femme qui a tous les pouvoirs. Si les parents meurent, les biens reviennent à l'épouse, le mari ne reçoit rien. » Sentiment que partage Nguyễn Văn Tý : « Dans la société chame, les femmes sont plus heureuses. Elles sont les maîtresses de la maison, les chefs de famille. Tandis que, dans la société vietnamienne patriarcale, les femmes n'ont aucun pouvoir. »

De plus, contrairement au droit musulman selon lequel l'homme lègue sa religion à ses enfants, l'époux cham suit toujours la religion de sa femme transmise à leurs enfants. À la fin du XIXe siècle, Étienne Aymonier remarquait que les rares mariages mixtes n'avaient lieu qu'entre femmes bani et hommes brahmanistes : « La raison en est que, selon les coutumes locales traditionnelles, les enfants, suivant la condition de la mère, seront musulmans comme elle. » Les cérémonies domestiques se font en l'honneur des ancêtres de la famille de la mère : « En effet, l'hérédité, la filiation, le culte des ancêtres se transmettent surtout par les femmes ; ceci paraît être une règle nationale qui remonterait loin dans le passé » (1891:30).

C'est la fille qui fait la demande en mariage comme le remarquait encore Aymonier, en envoyant à son futur deux gâteaux dont la consommation signifie acceptation. « Le jeune homme qui a accepté la demande en mariage vient cohabiter avec la fille ; les parents de celle-ci affectent au nouveau couple une des cases de l'enclos. [...] Le marié donne à sa femme une bague d'or ou d'argent, c'est le présent matrimonial essentiel. Les gens riches ajoutent en buffles, charrette, argent, etc. une petite dot qui resterait la propriété de la femme en cas de divorce » (Aymonier 1891:29).

Le divorce se fait exclusivement en faveur des femmes. « Dans le divorce, les enfants ne sont jamais partagés, ils appartiennent toujours à la femme. La maison aussi. Même si l'homme l'a construite, il ne peut en revendiquer la propriété, surenchérit Nguyễn Văn Tý. L'homme, quand il est avec sa femme, possède tout, il peut dire : ce sont mes enfants, ma maison. Mais après le divorce, il ne possède plus rien. C'est pourquoi, chez nous, les hommes craignent de divorcer. » L'époux divorcé est contraint de retourner dans sa famille maternelle sans rien conserver. S'il avait fait des apports de biens

fonciers, comme des rizières, lors du mariage, ceux-ci reviennent à sa famille maternelle après le divorce, le reste est laissé à l'épouse et aux enfants (Lafont 1964:159). Ce que confirme aujourd'hui le *pasaih* Bai Do : « On ne partage pas. On laisse tout aux femmes. Même si on a cent petits-enfants, on ne peut même pas en garder un. L'homme idiot divorce. L'homme sage ne divorce jamais. »
Même morts, les hommes obéissent au pouvoir de la matrilinéarité et sont enterrés au cimetière de leurs ancêtres maternelles, comme dit le proverbe cham : « Pendant sa vie, l'homme travaille pour son épouse. Quand il meurt on rapporte ses os à son clan » (Moussay 2002:43). Les cimetières bani (*ghur*) sont constitués d'alignements de doubles pierres tombales. Chaque rangée symbolisc un lignagc fondé par une ancêtre maternelle : la mère est enterrée avec ses enfants, suivis des enfants de ses filles, etc. Les hommes ne sont pas enterrés avec leurs enfants, mais dans la section funéraire de leur mère. Ils ne sont pour ainsi dire que de passage dans le clan de leur épouse. Le jour de la fête des morts, *patang mukkei*, premier jour du mois de ramadan, les bani se rendent au cimetière pour nettoyer et vénérer les pierres tombales de leur lignée maternelle. Nguyễn Văn Tý montre ainsi la lignée de sa femme : « Les sœurs et les frères de ma femme sont enterrés ici. Mes enfants le seront aussi à leur mort. C'est la famille de ma femme. Mais moi, je n'appartiens pas à cette famille. Après ma mort, je dois revenir chez moi, du côté de ma mère, pas du côté de mon père. On dit que l'homme est de l'autre clan, du clan de sa mère. »
Même coutume chez les chuh, mais avec un mode d'inhumation différent : les restes humains d'une même lignée maternelle sont enterrés dans le *kut*, pierres tombales sous lesquelles sont enfouis les *klong*, petites boîtes de métal dans lesquelles sont conservés neuf morceaux de l'os du crâne après la crémation du corps (voir chapitre suivant).

Matrilinéarité n'est pas matriarcat

Cette particularité sociale matrilinéaire se trouve chez d'autres peuples austronésiens du Sud-Est asiatique : Malais, Indonésiens, Philippins jusqu'aux aborigènes de Taiwan, ainsi que dans les ethnies des hauts-plateaux du Vietnam (Rhadés, Jaraïs). Elle a fait couler beaucoup d'encre chez les observateurs étrangers. Nombreux sont ceux qui l'ont désignée par le terme impropre de matriarcat, qui serait une forme de gouvernance féminine. Or la matrilinéarité n'est pas un matriarcat car le pouvoir politique et social revient toujours aux hommes, le plus souvent l'oncle maternel (le frère de la mère). Même si les hommes vont vivre chez leur femme, ils restent responsables de la famille de leur sœur. Ils ont le devoir de s'occuper des affaires de leur matrilignage (Thành 2006:8-9). Le frère possède un pouvoir légal sur les enfants de sa sœur. Ainsi, parlant des Chams, les propositions suivantes sont inexactes : « Chez eux, c'est la femme qui est tout et l'homme est sans importance » (Maspero 1928:19) ou « Seule la femme règne, gouverne et possède, tandis que l'homme reste au second plan » (Baudesson 1932:192). Ces fantasmes projetés sur la société chame ne sont pas nouveaux. Au XIVe siècle, le voyageur Ibn Battûta, en pleine verve imaginative, écrivait qu'une princesse, Ordoudjâ, régnait au sud du pays de Thaouâlicy (identifié au Champa) et dirigeait une armée de femmes conquérantes (Ibn Battûta 1997:312). Or, les femmes n'ont jamais eu de pouvoir politique, seuls les hommes ont accédé au statut de roi ou de dignitaires religieux. Il existe bien des prêtresses, la *pajuw* chez les chuh et la *rija* chez les bani, mais elles s'apparentent davantage à des chamanes remplissant des rituels domestiques. Leur fonction n'est pas héréditaire et elles ne bénéficient pas du prestige social des dignitaires masculins.

Cela n'empêche que les droits féminins des Chams contrastent avec les coutumes du Vietnam sinisé patrilinéaire. Leur droit à la propriété est total, non seulement sur la terre mais aussi sur les biens, et même le trône. Ainsi Henri Parmentier et Eugène-Marie Durand ont, dans leur recherche du trésor des rois chams, rencontré une vieille princesse au village Tịnh Mỹ (l'ancienne capitale de Bal Canar proche de Phan Rí) reconnue comme l'héritière légale des trésors de cette région (1905:5). Décédée en 1927, la garde du trésor revenait à sa fille que Jean-Yves Claeys a rencontrée en 1928 : « Une jeune fille de 15 à 18 ans, proprement vêtue de blanc, en nous déclarant qu'elle était la fille de la princesse et dernière descendante des anciens gouverneurs chams » (1928:609). Pourtant si le trône appartient bien au matrilignage et se transmet donc de mère en fille, la reine ne gouverne pas, c'est son époux qui gouverne au nom de sa femme, tout comme l'homme cultive les champs de son épouse.

Toutefois cette prééminence féminine ne doit pas faire illusion. Un manuel de préparation au mariage pour jeunes filles donne une toute autre idée : « Ma fille, quand tu parleras à ton mari, que ce soit toujours sur le ton modeste. Ne cherche pas à lui paraître supérieure ni même égale, car c'est l'homme qui doit conduire son épouse » (Baudesson 1932:258). Plusieurs exemplaires de ce manuel sont répertoriés dans le *Catalogue des manuscrits cam des bibliothèques françaises* (Lafont 1977, Po Dharma 1981a). De même, la collection de proverbes chams (*panuec pandit*), établie par Gérard Moussay, offre des petites perles de misogynie telles que : « Même laide comme une guenon, une femme brille comme de l'or si son mari vient s'asseoir à côté d'elle » (39), « Une femme belle comme un génie devient laide comme le souchet si elle n'a pas de mari » (40) ou encore « Mieux vaut manger les excréments de son mari plutôt que de manger le sucre de la parenté » (43). Au regard de ces proverbes, qui représentent selon Gérard Moussay « la voix du peuple, traduction fidèle de ses idées et de ses sentiments », le rôle de l'époux est loin d'être négligeable et effacé comme Maspero et Baudesson l'ont décrit.

Les femmes chames, sans avoir de rôle politique, ont donc néanmoins la garde des biens matériels, une prévalence sur les enfants et les traditions. La pratique de la matrilinéarité nous intéresse particulièrement pour étudier le sort que lui a fait l'islam. Le droit musulman, tel qu'il a été codifié par les juristes, avantage en apparence l'homme. Dans le droit de succession, l'homme hérite du double de la femme. Néanmoins cette inégalité apparente doit tenir compte que la femme ne travaille pas et reçoit le douaire de son mari, dont elle peut disposer à sa convenance. Si l'homme reçoit plus que la femme, c'est aussi parce c'est à lui, et à lui seul, que revient la responsabilité de subvenir aux besoins du ménage ainsi que de s'occuper de ses parents.

Une égalité relative peut donc être mise en évidence, même si la femme musulmane continue d'être perçue, du moins chez les Occidentaux, pour être moitié moins importante que l'homme. Dans une société matrilinéaire comme celles des Chams, les femmes héritent de tout et les filles sont préférées aux garçons.

Bà Thị Vinh défend sa [illegible] [illegible] [illegible] *gep dalam kut* (parenté dans le kut) : la parenté du côté maternel.
Son domicile du village [illegible] Ram (Văn Lâm, Ninh Thuận), 2005.

ꨈꨮꩇ ꨝꨓꨳꩆ *gep batian* (lignée maternelle). Le jour de son mariage, l'homme quitte la *gep batian* de sa mère.
Ci-dessous : Le départ du fiancé pour le domicile de la famille de sa femme. Par le mariage, l'homme rejoint la *gep batian* de son épouse et travaille pour celle-ci.

Tout ce que l'homme gagne appartient au clan de sa mère ou de son épouse. ꨎꨘꩃ *janang* (rizières) offertes au jeune marié dans le village de l'épouse en échange de ses services. Lorsque l'épouse décède ou divorce, l'homme revient au village de sa mère et perd l'usage de cette rizière.

danâng manyim (métier à tisser). Le tissage est la spécialité artisanale du village Caklaing (Mỹ Nghiệp, Ninh Thuận), 2005.
Un concours de tissage a lieu chaque année lors de la fête du Katé au village Caklaing, 2005.

La poterie est la spécialité artisanale du village Danaw Panrang (Bầu Trúc, Ninh Thuận). Le tour de potier est inconnu des Chams. Les femmes tournent autour de la pièce à monter. Les poteries sont séchées au soleil puis cuites au four. 2005.

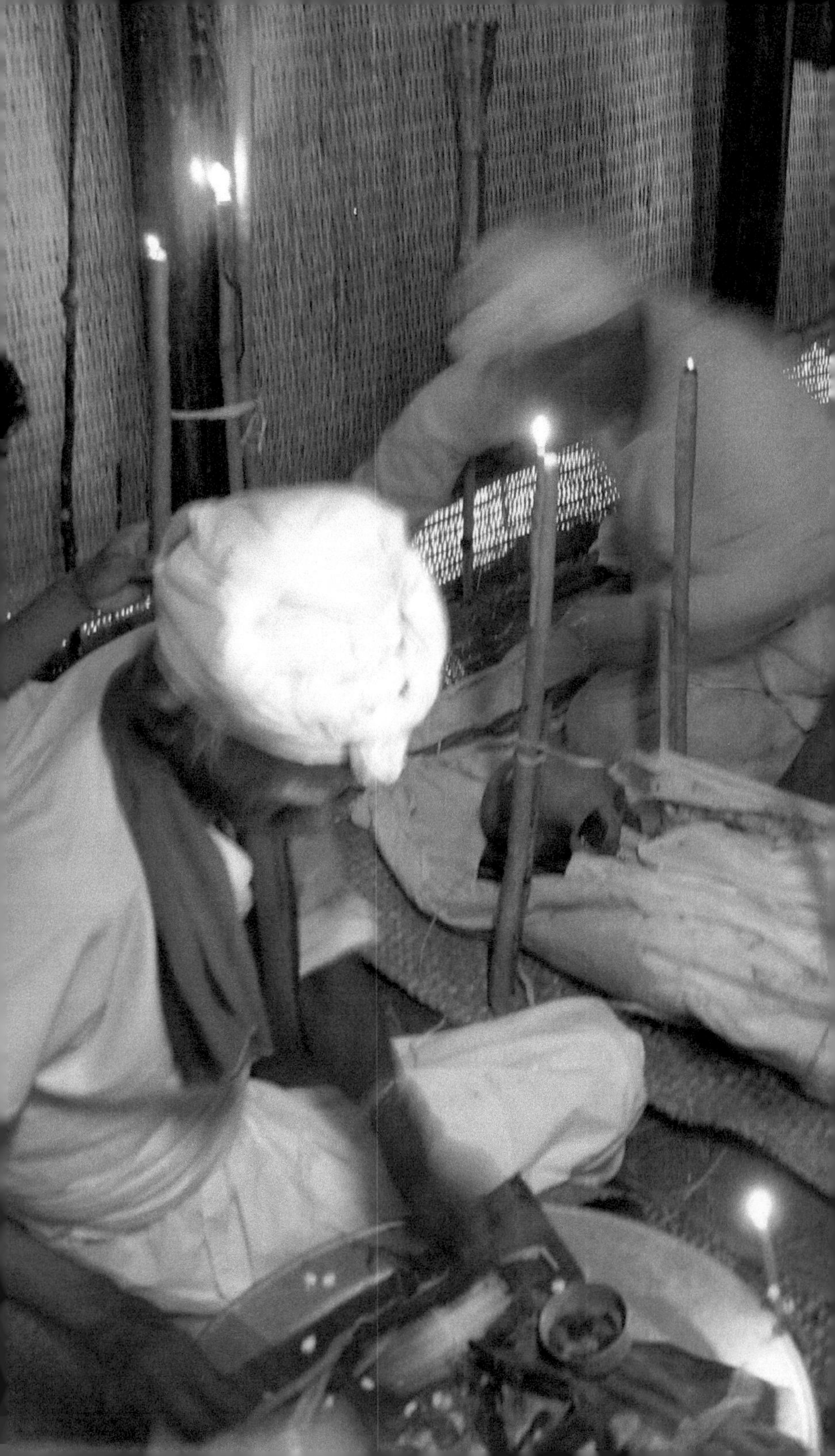

Chapitre 6
Rites funéraires chams

Le rituel funéraire constitue un bon outil pour mesurer la religiosité d'un peuple et comprendre sa représentation de l'au-delà. L'étude des funérailles chames permet de faire le point sur les pratiques religieuses des Chams aujourd'hui. La crémation, *ndam cuh* (cérémonie brûlée), des brahmanistes est sans doute leur rite le plus original.

La part de l'hindouisme dans le rituel cham

Au moins deux auteurs ont tenté d'établir les liens entre les rituels funéraires de populations sud-est asiatiques et leur modèle hindou. Le sanskritiste Jean Filliozat s'est intéressé aux crémations balinaises pour comprendre la manière dont l'hindouisme s'est diffusé hors de l'Inde (1968). De son côté, Guy Moréchand, travaillant sur les chants funéraires des Miao, une minorité du Laos et du Vietnam, a souhaité « avoir une connaissance suffisante du rituel indien ». Parti trois mois en Inde méridionale, notamment à Pondichéry, étudier des rituels funéraires, il en a tiré un article exhaustif sur les cérémonies mortuaires des lingayat, tradition indienne dans laquelle les sectateurs ignorent les différences de castes et se font enterrer au lieu d'être incinérés (1975). Il s'agit pour nous aussi de tenter de retrouver les éléments indiens dans les rites funéraires actuels des Chams.

Page de gauche : Les autorités vietnamiennes imposent aujourd'hui de réaliser la crémation sur les ossements, d'où le nom de ꨙꩌ ꨔꨭ *ndam thu* (cérémonie sèche) appliqué aujourd'hui aux funérailles chames.

L'immolation des veuves

Dans l'histoire du Champa, la crémation représente un apport de l'Inde et de l'hindouisme. Une preuve en est la tradition pour l'épouse de suivre son mari sur le bûcher afin de devenir *satī*, femme vertueuse. La première mention de cette pratique au Champa revient au moine franciscain, Odoric de Pordenone, en 1330. Ayant visité le Champa, il écrivait : « Quand un homme meurt dans ce pays, son corps est brûlé, tout comme sa femme vivante auprès de lui » (Creese 2001:135). Au début du XVIe siècle, le grand voyageur portugais Tomé Pires décrivait ainsi les coutumes du Champa : « Dans ce pays, les seigneurs s'immolent eux-mêmes à la mort du roi, tout comme les femmes du roi et les autres femmes à la mort de leur époux » (1967:112).

Aujourd'hui encore une légende relative au sacrifice des veuves circule dans les villages chams : Bia Sucih (reine Sucih), première femme du roi Po Romé (1627-1651), est connue dans la mémoire collective chame pour avoir refusé de suivre son époux sur le bûcher, preuve que la pratique était encore en usage au XVIIe siècle. Répudiée, sa statue ne figure pas dans le temple à côté du roi mais dans un cabanon en signe de disgrâce pour n'avoir pas manifesté d'abnégation pour son époux. Même la statue moderne porte une inscription en cham sur sa poitrine la désignant pour l'éternité comme celle qui n'a pas suivi son mari sur le bûcher. Elle n'en est pas moins toujours vénérée lors des grandes fêtes chames.

Mourir sur le sol : la bonne mort

Chez les Chams comme chez les hindous en Inde, toutes les morts ne sont pas équivalentes. Les circonstances de la mort, notamment l'emplacement du corps au moment où celui-ci rend son dernier souffle, sont déterminantes pour la suite des funérailles. La crémation est réservée aux morts naturelles, à ceux qui expirent sur le sol et non dans leur lit. Ceux qui meurent sur un lit surélevé n'ont pas droit à la crémation car leur décès est assimilé à une mort non naturelle. Leur corps fait l'objet d'un traitement marginal, il est enterré dans le *kathat*, un cimetière à part où sont inhumés les enfants morts trop jeunes pour être incinérés, ainsi que ceux décédés de mort violente ou à l'étranger. Margaret Sinclair Stevenson, qui a observé les rites hindous du Gujarat où elle était missionnaire dans les années 1920, rapporte la même obligation de déposer le mourant au sol avant sa mort. Une explication lui est fournie : le cadre du lit étant au dessus du sol, il

Bia Sucih (la reine Sucih). Son cabanon est situé à côté du temple de Po Romé. Malgré sa disgrâce, elle fait l'objet du même rite de lavage et d'habillement que les autres divinités lors de la fête du Katé, 2005.
klak drei talabat (prosternation face contre terre trois fois).
aw rata (habit des divinités).

ꨝꨳ ꨧꨭꨌꨪꩍ, la reine Sucih, première épouse du roi ꨚꨯꨱ ꨣꨯꨟꨬꨰ (Po Romé), a refusé selon la légende de monter sur le bucher de son époux. Un cabanon à côté au temple de Po Romé lui est dédié avec une statue moderne.

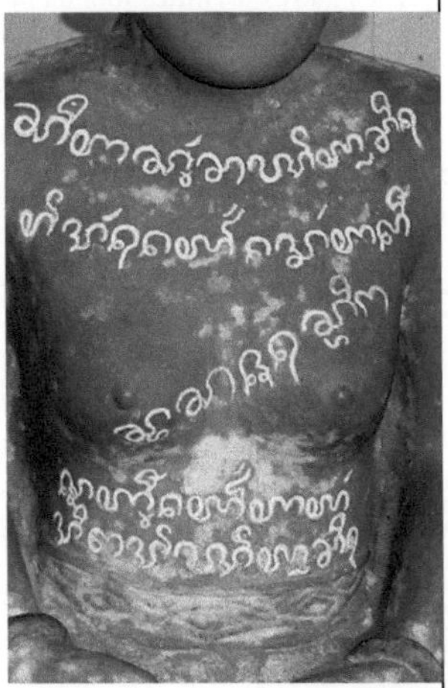

L'inscription sur le corps de la statue :

ꨗꨪ ꨚꨗꨶꨥꩀ ꨝꨳ ꨧꨭꨌꨪꩍ *ni panuec bia sucih*

C'est l'histoire de la reine Sucih

ꨣꨖꨯꨮꩍ ꨧꨯꨮꩂ ꨚꨯꨱ ꨚꨤꨰ *radeh saong pô palei*

en charrette avec le gouverneur du pays

ꨗꩆ ꨅꨯꩍ ꨙꨪꩀ *nan oh ndik*

Là, elle n'est pas montée

ꨀꨚꨶꨬꨮ ꨧꨯꨮꩂ ꨚꨧꩃ *apuei saong pasang*

dans le feu avec son mari

ꨕꨪ ꨓꨕ ꨝꨳ ꨧꨭꨌꨪꩍ *di tada bia sucih*

Sur la poitrine de la reine Sucih

La statue de Bia Sucih, décrite par Durand, comportait visiblement la même inscription de cinq lignes dont il a donné la traduction : « Ci l'histoire de la reine Suci, de haute fortune dans son pays, qui ne s'est pas assise au bûcher avec son mari. [Écrit] sur la poitrine de la reine Suci » (Durand 1903c:601).

laisse un espace qu'habitent les démons et constitue donc un risque pour l'esprit du mort de devenir fantôme. Même le matelas est banni. Le mourant doit reposer directement sur une petite natte au sol s'il espère atteindre la *moksa*, la délivrance (Stevenson 1982:149). Quant aux Chams, ils ne semblent pas connaître l'explication de cette obligation rituelle à laquelle ils se soumettent encore aujourd'hui.

La crémation pour purifier et libérer l'âme du mort

Dans les rites pratiqués en Inde, l'esprit du mort devient après la crémation *pitri*, ancêtre. Cette transformation est réalisée grâce aux rites qu'effectuent les vivants : avant la crémation avec l'exposition du corps qui continue à recevoir de la nourriture ; durant la crémation du corps (ou de ses ossements) avec les offrandes qui vont servir au défunt ; lors des cérémonies postfunéraires notamment avec l'offrande de *pinda*, boulettes de nourriture. Les Chams ajoutent de nombreuses variations à ce modèle indien.

Comme dans l'hindouisme, l'âme des Chams traverse plusieurs étapes avant d'accéder au statut d'ancêtre, statut qui permet à ses descendants de lui rendre un culte. La mort est considérée comme le commencement d'une nouvelle vie dans l'au-delà. L'âme se libère d'abord de son corps physique durant la crémation qui se change en esprit (*atuw*). Se succèdent ensuite de nombreux rites postfunéraires. Il s'agit d'un processus de transformation de l'âme pour atteindre le royaume des ancêtres, *muk kei* (grand-mère grand-père). L'incinération (*ndam cuh*) lui permet d'accéder au paradis : *thuor liga* ou *suor riga*, ou encore *suraga* du sanskrit *svarga*, et enfin au statut d'ancêtre *muk kei*.

Le traitement du corps avant et après 1975

En 1891, Étienne Aymonier a décrit un rituel funéraire auquel il avait assisté en 1884 près de Phan Rang. En 1903, Eugène-Marie Durand a consacré un article à une crémation chame dans un village de la région de Phan Rí. Ces deux textes précieux nous apportent la preuve que le rituel funéraire des Chams brahmanistes a peu évolué en plus d'un siècle. La seule différence majeure tient dans le statut du cadavre. Aujourd'hui, la crémation n'est plus réalisée sur le cadavre récemment décédé mais sur ses ossements. Seuls les dignitaires religieux ont droit aux funérailles classiques.

Traditionnellement, le corps (*patar*), était longuement exposé à l'air libre, soumis à la putréfaction avant de connaître l'épreuve du feu.

Pas de cérémonie sans bétel.
ꨙꨯꨮꩆ ꨨꨤ *ndon hala* (plateau à bétel).
ꨌꨪꩍ ꨨꨤ ꨧ ꨆꨚꨭ *cih hala sa kapu* (faire une chique de bétel).
ꨤꨪꨁ *li-i* (panier).

Cette particularité a été notée par Étienne Aymonier devant un corps exposé plusieurs semaines avant sa crémation. Celle-ci n'a lieu qu'à un stade de décomposition avancée du cadavre : « Enfin quand les vers ont bien accentué leur œuvre repoussante, on songe à la crémation » (Aymonier 189:58). L'administrateur colonial faisait là une erreur d'interprétation puisque ce n'est pas l'état de décomposition du cadavre qui détermine le jour de la crémation mais le caractère faste de cette journée fixée par le calendrier cham. Les jours fastes étant rares, certains corps peuvent attendre plus d'un mois avant d'être incinérés.
La cérémonie débute traditionnellement un mercredi et s'achève par la crémation le samedi suivant. Par exemple, le mercredi 25 du quatrième mois représente un jour faste. Si la personne est décédée juste après cette date, et sachant qu'il n'y a qu'un seul mercredi faste par mois, il faudra attendre le mois suivant pour procéder à la cérémonie. Cette crémation différée du décès existe aussi à Bali. Jean Filliozat parle de plusieurs mois d'écart entre les deux dates. À Bali néanmoins, le corps subit un traitement et n'est pas abandonné à la décomposition comme chez les Chams. Dans le cas d'un noble, il est embaumé (aujourd'hui par des injections pratiquées par des médecins), les autres sont enterrés immédiatement en attendant la date de la crémation (Filliozat 1968, 76). Ces pratiques sont inconnues en Inde où le corps est incinéré au plus vite. Les rituels cham et balinais constituent deux variantes sud-est asiatiques du rituel hindou.

Le **ndam cuh** *aujourd'hui*

Depuis la victoire du Nord Vietnam sur le Sud en 1975, les autorités interdisent aux Chams cette pratique d'exposition du corps, officiellement par « mesure d'hygiène », également dans le cadre de leur lutte contre les superstitions (Po Dharma 2003). Elles obligent les Chams à enterrer leurs morts au minimum deux ans avant de procéder à la cérémonie de crémation. L'incinération se réalise alors sur des ossements (*atuw talang*), à l'exception des dignitaires religieux, les *pasaih*.
La mise sous terre du cadavre juste après sa mort est aujourd'hui la pratique la plus répandue. Les ossements sont ensuite exhumés afin de procéder aux hommages funèbres puis à l'incinération qui permet à l'âme de rejoindre l'autre monde. Ce type de funérailles est appelé *ndam thu* (cérémonie sèche) car le rite est pratiqué sur des ossements qui ne présentent plus aucune trace de chair, par opposition au *ndam thet* (cérémonie fraîche) qui était d'usage avant 1975 sur le corps

ꨆꨎꩃ ꨚꨓꩉ *kajang patar* : abri dans lequel le corps est exposé avant la crémation.
ꨚꨧꨰꩍ *pasaih* (dignitaires religieux).
Village ꨨꨟꨭ ꨓꩆꨣꩆ Hamu Tanran (Hữu Đức, Ninh Thuận), 2012.

fraîchement décédé. Seuls les dignitaires religieux obéissent à l'ancienne tradition et sont encore incinérés « frais ».

La cérémonie sèche (*ndam thu*) pose problème aux Chams car un mort qui n'a pas subi de crémation se transforme en *bhut*, du sanskrit *bhuta* (esprit maléfique). Directement hérité des *bhuta* de l'Inde védique, les *bhut* chams sont des fantômes errants qui menacent les vivants pour n'avoir pas reçu les hommages funèbres. Durant les années passées sous terre, le défunt demeure un *bhut* sans pouvoir accéder au monde céleste ni même trouver la paix. Il est condamné à errer et reste potentiellement dangereux en attendant son incinération. Trương Đăng Ái témoigne de cette crainte devant les os fraîchement inhumés de son père : « Lorsque les Chams sont enterrés, ils ne peuvent monter au ciel. Ils sont des fantômes errants. Ils ne peuvent devenir *po yang* [esprit]. Aujourd'hui avec cette cérémonie de crémation complète, mon père devient officiellement un *po yang* et monte au ciel. » Trương Đăng Ái est un Cham moderne, enseignant l'anglais à Hồ-Chí-Minh ville, et donc relativement aisé. Il n'en revient pas moins dans son village natal pour accomplir les rites funéraires traditionnels.

***Déroulement d'un* ndam thu**

Alors qu'en Inde, le mort est en général rapidement incinéré avec les offrandes et ses objets familiers, chez les Chams, la cérémonie dure quatre jours, le dernier est consacré à l'incinération proprement dite. Chez les Balinais aussi, le corps est exposé plusieurs jours avant son passage sur le bûcher.

Dans le *ndam thu* qui nous sert de référence, les funérailles de Trương Văn Lầu décédé en 2004, le cadavre (*patar*) est déterré tôt le matin en ce mercredi 15 avril 2009. Lors des trois premiers jours (mercredi, jeudi et vendredi), le *patar* est exposé dans le *kajang patar* (cabane du mort), un abri temporaire construit pour la cérémonie. Durand décrit le *kajang patar* comme une « chapelle ardente, construite en forme de hangar et couverte, murs et toiture, de feuilles de borassus cousues ensemble ». Aujourd'hui, il s'agit d'une grande tente reposant sur une armature en bambou, recouverte de nattes et de bâches en plastique. Durant ces trois jours et trois nuits d'exposition, les amis et la famille rendent les derniers hommages au défunt en l'habillant et en le distrayant. Le rite est exécuté par les *pasaih*, au nombre de quatre dans notre exemple pour cette cérémonie de

---

ꨈꨰ ꨟꨯꨱꩂ *gai mong*, bâton des *pasaih,* se terminant par une corbeille tressée, que portent les deux premiers ordres de *pasaih*.

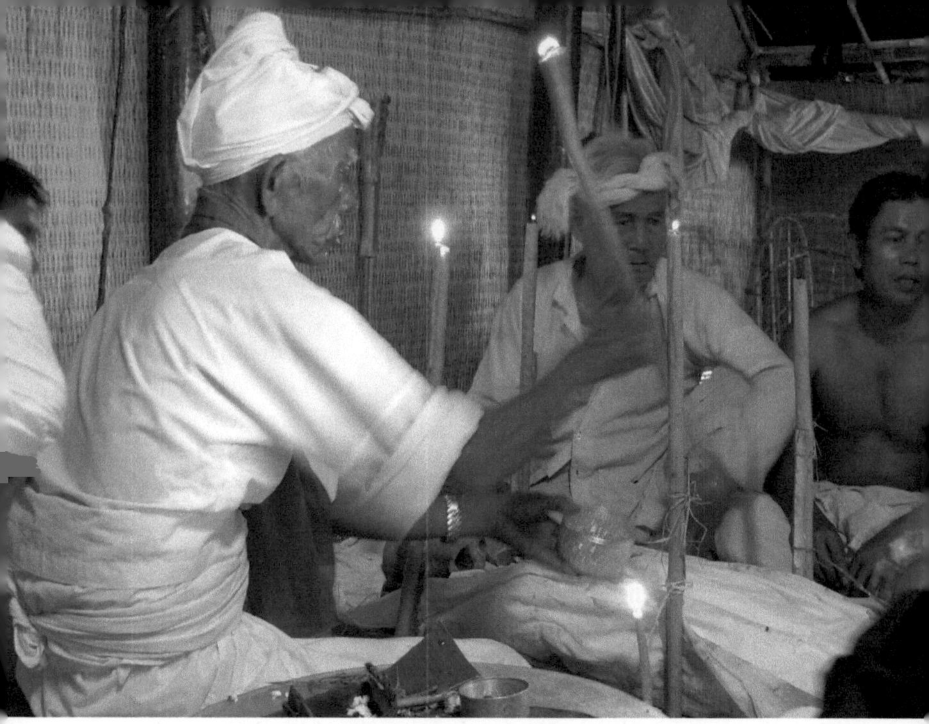

ꨙꩌ ꨔꨭ *ndam thu* (cérémonie sèche) sur les ꨀꨓꨭꨥ ꨓꨤꩃ *atuw talang* (ossements). Le mort a été enterré avant de procéder au ꨙꩌ ꨌꨭꩍ *ndam cuh* (incinération), 2009.

première classe. Les deux *pasaih* les plus importants possèdent chacun un *gai mong*, bâton de cérémonie en rotin dont les racines ont été tressées en forme de corbeille autour de laquelle s'entrecroisent cinq petits cierges de cire grise. Les deux autres *pasaih* n'arborent qu'un bâton simple. Quant aux autres officiants, ils ne sont que de simples villageois déguisés en *pasaih*, ce qui est permis par la coutume : à l'exception des deux premiers prêtres, tous les autres peuvent être remplacés par des figurants laïcs portant des haches (*lagat*) vernissées de rouge (Durand 1903b:449).

Pendant les trois premiers jours de la cérémonie, les *pasaih* se livrent à des gestes occultes, récitation de mantras consignés dans des livrets manuscrits qu'ils lisent scrupuleusement tout en exécutant le rite. Comme dans l'hindouisme, les rites ne souffrent aucune variation et leur déroulement doit être appris par cœur. Đuoi Paik est le *pasaih* qui préside les funérailles de Trương Văn Lầu. Il a le titre de *po sah*, soit le rang le plus élevé. Un nouveau *pasaih* officie avec lui, le beau-frère du défunt. À quarante-deux ans, il est le plus jeune *pasaih* du Ninh Thuận. Il a longtemps attendu avant d'être accepté après des années d'études. Et malgré sa longue formation, ses gestes sont hé-

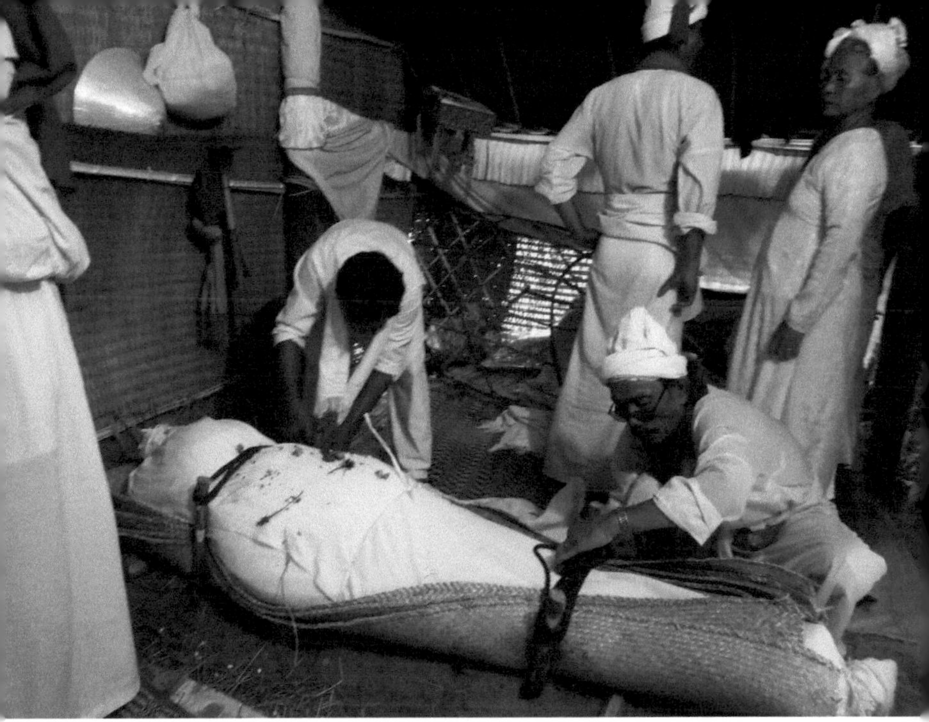

ndam thet (cérémonie en frais). Le *patar* est celui d'un *pasaih*. Il est entouré de *ciew kaok* (natte en pandanus). Il va subir ainsi les étapes de la putréfaction. Le *patar* est attaché par des *seng* (bandelettes tissées). Une structure en bambou, *cakung*, est posée au dessus du cadavre.
Village Hamu Tanran (Hữu Đức, Ninh Thuận), 2012.

Le *cakung* reçoit les vêtements d'apparat qui seront plus tard incinérés avec le mort. Celui-ci a les mêmes besoins que les vivants.
Ci-dessous : l'épouse du défunt *craok brah ka urang matai* donne à manger au mort. Elle *mayok* lui tient compagnie durant toute la période qui précède l'incinération.

sitants et marqués par la fébrilité devant Đuoi Paik intransigeant.
Dès le matin du premier jour, les *pasaih* se livrent à la recomposition du *patar*. Les ossements (*atuw talang*) sont assemblés de telle sorte qu'ils forment le squelette habillé de sous-vêtements puis de plusieurs chemises pour lui redonner chair. L'ensemble est ensuite entouré d'un linceul. Puis trois liens (*taley seng*) sont noués autour de ce corps composé d'os et de tissus. Cette transformation donne à l'ensemble l'apparence d'un corps nouvellement décédé et permet ainsi de réaliser le rite comme avant 1975 lorsque les funérailles se faisaient en *thet* (frais).
Une armature en bambou *cakung* ou *takung,* ou encore *thom,* est posée sur le linceul et sert de support pour recevoir empilés les nombreux vêtements d'apparat qui vont accompagner le défunt dans le feu de la crémation. Le *cakung* possède des proportions bien supérieures à la réalité corporelle du défunt. Selon Po Dharma, cette armature a toujours été utilisée et s'explique par le fait que le corps était auparavant exposé des semaines à l'air libre et qu'il n'était pas possible de déposer les vêtements sur une chair en décomposition. Du côté des religieux, le *po adhia* soutient que le *cakung* doit sa forme bombée au fait qu'il représente le ventre d'une femme enceinte dans lequel le défunt attend sa renaissance.

Aider le mort à renaître

Les Chams nomment la cérémonie de crémation *jalan pamajieng* (chemin de la renaissance). Le *pasaih* Bai Do schématise ainsi la croyance en la réincarnation des Chams chuh (brahmanistes) : « Les Chams se réincarnent en humains s'ils ont bien agi dans leur vie. Mais s'ils ont tué beaucoup de cochons et de bœufs, ils se réincarnent en cochon. Si un homme bat sa femme, il se réincarnera en femme. »
Mais selon les *po adhia*, le *pamajieng* n'a aucun rapport avec la réincarnation bouddhique. Le mort n'est pas destiné à revivre une nouvelle vie terrestre mais à renaître dans le royaume des ancêtres. Pour cela, les rites funéraires mettent en scène des simulacres de naissance, comme le *cakung* symbolisant un ventre de femme enceinte ou encore la mise sur le sol du mourant mimant le nouveau né sortant du ventre de sa mère. À noter également, une pratique jamais observée personnellement mais rapportée par Eugène-Marie Durand : « Il [le mort] reposait sur neuf nattes de palmier, symbolisant les neuf mois de la gestation maternelle » (Durand 1903b:448).
Afin de permettre cette renaissance, le cadavre doit être nourri, ha-

Durant les funérailles, les *pa̱saih* se livrent à des rites de purification. Il s'agit de préserver les vivants des ꨓꨌꨝ *tacaba*, esprits des défunts qui entrainent leur famille dans la mort. 2012.

billé mais également distrait. Les usages n'ont pas changé depuis plus d'un siècle : « On doit tenir compagnie au défunt en faisant liesse et bombance aux frais de sa famille ; les hommes et les femmes accourent de tous côtés pour le fêter. Les armes de parades, les sabres, les lances, les drapeaux décorent les cloisons du hangar funèbre. Les violons, flûtes, tambours et cymbales alternent pour accompagner les danses, égayer les festins, ou bien se taisent pour permettre de mieux entendre les rires et les plaisanteries de la joyeuse compagnie » (Aymonier 1891:59). Si l'ambiance est à la fête pour distraire le mort, ses proches doivent respecter le deuil chez eux. Ils s'abstiennent de manger de la viande et de tout divertissement.

Des offrandes de nourriture sont déposées devant le *cakung*. Son nécessaire à bétel avec des feuilles et des noix d'arec prêtes à l'emploi, ainsi que des cigarettes sont disposées pour sa consommation. Le mort mange les mêmes repas que les vivants, contrairement à la tradition hindoue selon laquelle les offrandes de nourriture aux défunts doivent se faire sous la forme de boulettes confectionnées (*pinda*). Chez les Chams, pas de préparation spécifique à sa nouvelle condition d'esprit. Les Chams nourrissent le mort avec les aliments que consomment les mortels. La veille de l'incinération, les *pasaih* défont le *cakung* en enroulant les vêtements, retirent le linceul et nourrissent le mort : ils remplissent sa bouche de grains de riz crus. Puis ils en versent des poignées entières sur son cou et son torse.

En Inde, les brahmanes sont les représentants des divinités. Ils mangent à leur place la nourriture offerte lors des repas rituels. Tels des intermédiaires, ils nourrissent les divinités auxquelles les offrandes sont destinées (Malamoud 1989). Il en va de même chez les Chams. Lors des cérémonies, les femmes préparent pour les *pasaih* des plateaux où le riz est présenté bombé dans son bol, à l'instar du riz donné en offrande aux esprits, contrairement à celui destiné aux humains qui est servi à ras du bol.

Le mort bénéficie en outre d'une grande quantité de vêtements d'apparat, de nouvelles chaussures et autres objets neufs sur lesquels figure encore l'étiquette. Il s'agit à la fois de combler ses besoins humains et de lui rendre hommage comme à une divinité afin de préparer sa renaissance. Il faut aussi de se protéger de son esprit potentiellement malveillant.

Le *patar* est, comme en Inde, considéré comme sacré et n'est pas en soi cause d'impureté. Chez les Chams, le défunt fait l'objet d'une vénération de ses proches et des visiteurs qui se succèdent pendant

kapil : bœuf transportant les morts dans l'autre monde, l'animal psychopompe des Chams chuh. *limaow kapil* (le bœuf Kapil).

les trois jours d'exposition dans le *kajang patar*. Chacun se prosterne (*talabat*) trois fois en s'allongeant au sol, les mains jointes ramenées au niveau du front, selon la même posture que prennent les Chams pour honorer les divinités des temples.

En Inde également, le cadavre est divinisé, ses proches tournent trois fois autour de lui dans une circumambulation identique à celles qu'ils effectuent autour des statues de divinités.

Le bœuf Kapil, animal psychopompe

Le dessin d'un bœuf dessiné à la main figure sous le brancard (*tatua rah*). Les Chams nomment ce bœuf Kapil ou Kapila (mentionné par Aymonier 1891:33). Dans les hymnes chams traduits par Cabaton, le bœuf Kapil apparaît comme la monture du roi cham Po Klong Garay qui « s'éleva au ciel par sa puissance magique ». Depuis « son bœuf Kapila transporte les morts par les chemins difficiles des enfers » (1901:111). Pour les Chams chuh contemporains, Kapil est l'animal psychopompe qui aide l'esprit du mort à traverser la mer le séparant du royaume des ancêtres. Ce rôle primordial explique selon eux l'interdiction pour les brahmanistes de consommer du bœuf.

ꨨꨤꩀ ꨌꩉ *halak car*, les quatre porteurs qui transportent le corps sur le lieu de l'incinération. Ils portent le ꨓꨓꨶ ꨣꩍ *tatua rah*, brancard du catafalque incinéré avec le cadavre. Ils sont détenteurs de la hache en bois vernissé rouge (*lagat*).

Une croyance similaire existe en Inde, où il était d'usage chez le mourant de faire le don d'une vache à un brahmane. Lui tenir la queue au moment de mourir l'aidait à traverser la rivière de sang Vaitarani (Moréchand 1975:59-60). Kapila peut être compris comme l'équivalent de la vache que le mort tient par la queue, à la différence qu'il n'est qu'une effigie chez les Chams. On retrouve cette figure du bovin mortuaire à Bali avec le taureau en bois évidé dans lequel est incinéré le défunt (Filliozat 1968:79).

Le transport de la dépouille au lieu de crémation

Au matin du quatrième jour, le *kajang patar* est démonté rapidement par les hommes du village. Lorsque la construction a disparu, le corps entouré du linceul est placé sur le *tatua rah*, brancard de bois sur lequel est fixé un nouveau dessin de Kapila, naïvement colorié à la main, identique à celui qui figurait dans le *kajang patar*. Cette seconde effigie est brûlée avec le mort sur le bûcher. Durand décrit le même dessin fixé sur le brancard sous les pieds du mort (1903b, 450). Ce brancard est ensuite surmonté du catafalque, *sang tuor* (maison du ciel), orné de papiers découpés représentant *cim hang*, l'oiseau mythique à corps de dragon. Une figure presque identique se trouve dans les funérailles balinaises : le *nagabanda*, serpent à tête de dragon (*naga*) « en velours rouge et papier doré sur armature de vannerie », dont la fonction « est de conduire le mort auquel il s'associe, jusqu'au champ crématoire où il est brûlé avec lui, et ensuite dans l'au-delà » (Filliozat 1968:76). Chez les Balinais, comme chez les Chams, des représentations d'animaux mythologiques accompagnent le mort sur le bûcher disparaissant avec lui dans les flammes pour mieux le servir dans l'autre monde.

La composition de la procession jusqu'au cimetière n'a pas changé depuis les descriptions d'Aymonier et Durand. Les participants portent des vêtements blancs. Ils arborent lances et drapeaux à queue de dragon au son des instruments de musique. Les enfants qui constituent une grande part du cortège doivent être ceints d'une écharpe blanche, même s'ils portent aujourd'hui le foulard rouge noué autour du cou de l'école publique vietnamienne. Contrairement à l'Inde où les crémations sont interdites aux femmes et les cortèges composés uniquement d'hommes, chez les Chams, elles participent à l'intégralité des funérailles. Conformément à la coutume matrilinéaire des Chams, c'est la principale héritière, la fille cadette, qui prend en charge l'organisation de la crémation, et non pas le fils aîné comme en Inde.

Brouiller les pistes pour empêcher l'esprit du mort de revenir

Lors du transport du mort vers son lieu de crémation, le catafalque est retourné. Sorti les pieds devant, le défunt doit arriver à destination la tête en avant (la même pratique existe en Inde et à Bali). Pour les Chams du commun, il s'agit de confondre la mémoire du mort et l'empêcher de regagner son domicile, afin de lui faire définitivement quitter le monde des vivants. Un chapeau conique est placé à hauteur des yeux pour qu'il ne puisse mémoriser le chemin emprunté. La musique, le son des tambours et le cortège forment également un rideau pour troubler le souvenir de son ancienne demeure (Aymonier 1891:60).

Mais les religieux contestent cette interprétation. Selon le grand prêtre Po Adhia : « Inverser le sens du catafalque symbolise le fœtus se retournant dans le ventre de sa mère pour se présenter la tête en premier avant de sortir. Il ne s'agit pas de rompre avec le mort ni de l'empêcher de voir le chemin emprunté comme disent certains Chams, mais bien d'imiter la naissance de l'enfant. »

Pourtant la crainte d'un retour de l'esprit du mort est bien présente dans le rituel. Durant la crémation, un homme reste dans la maison du mort, s'y barricade afin d'empêcher l'esprit de ce dernier de regagner son ancien domicile. Au retour, le porteur du cadavre doit parlementer avec lui pour se faire ouvrir la porte.

Arrivés au lieu de crémation, un nouvel abri est construit sous lequel le mort reçoit son dernier repas symbolique. À l'époque d'Aymonier, alors que les cérémonies se faisaient toujours en *thet* (frais), l'assistant dénouait pour ce dernier repas le linceul découvrant les restes « qu'on ne peut plus appeler un cadavre [...] spectacle hideux à soulever le cœur d'un étranger » (1891:60).

L'un des *pasaih* choisit l'emplacement du bûcher, entaille le sol aux quatre coins pour délimiter l'espace sur lequel est déroulé un sarong. Les participants y déposent chacun du bois dont la recherche et la coupe ont fait précédemment l'objet d'un rite. Puis les *pasaih* font autour du bûcher trois tours qu'Aymonier nomme *pradakshina* (circumambulation).

Le remplissage du catafalque

Pour accompagner le mort dans sa nouvelle demeure, les participants remplissent le catafalque de biens de consommation, vêtements et nourriture dans des paniers en palme tressée. Il s'agit de faire preuve d'une grande générosité pour satisfaire et honorer l'âme du défunt. Tout ce qui est nécessaire à la vie quotidienne est envoyé au mort

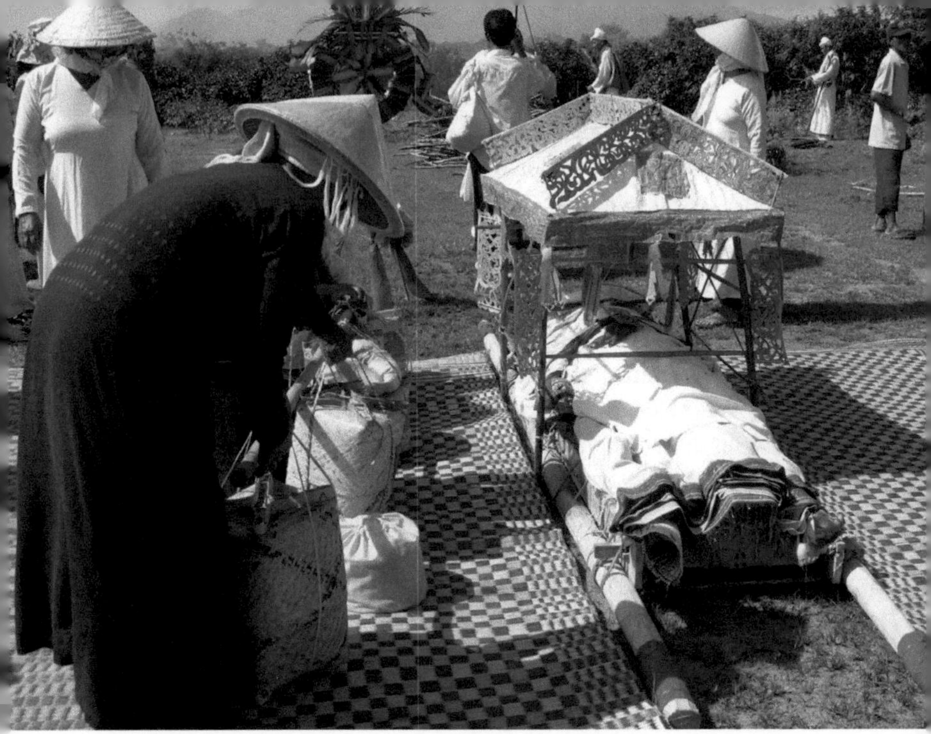

À son arrivée sur le lieu de la crémation, [illegible] *sang thor* (catafalque) est lourdement chargé de biens de consommation qui vont être incinérés avec le mort pour l'accompagner dans l'autre monde.

---

par l'intermédiaire des flammes. Contrairement aux hindous qui font des offrandes de *pinda*, boulettes préparées exclusivement à destination des esprits, les Chams font leurs offrandes de nourriture sous des formes manufacturées. Celles-ci peuvent être assimilées à une forme de sacrifice, tel qu'il existait dans l'Inde védique sous forme végétale. Elles constituent des provisions pour le voyage du mort, durant son difficile parcours sous la conduite du bœuf Kapil.

Tout est déposé sur le bûcher afin que l'*atuw* (esprit du mort) en fasse usage. Il ne s'agit pas de reproductions en papier ou de faux billets vendus dans les magasins chinois. Ici tout est réellement brûlé, purifié par le feu (*apuei*) pour être envoyé au mort dans sa route pour le paradis (*thuorliga*). Le feu est essentiel aux cérémonies des Chams chuh sur le modèle des rites védiques où Agni transforme les offrandes pour les rendre propices aux dieux (Malamoud 1989).

Les vêtements et objets personnels qui ont été exposés durant les trois premiers jours sous le *kajang patar* sont également brûlés pour lui parvenir, à l'exception d'un costume plus tard utilisé lors du dépôt du *klong* dans le *kut* des ancêtres. Le mort a donc encore une exis-

tence corporelle, même lorsqu'il a été réduit en cendre. Il ne devient jamais pur esprit. Étienne Aymonier rapporte une anecdote permettant de comprendre l'existence de désirs purement humains chez les morts capables de vengeances s'ils ne sont pas satisfaits : « Si c'est une femme qui précède son mari dans l'autre monde, les robes, les étoffes, les objets précieux constituant sa dot doivent être livrés aux flammes pour son usage futur, sinon elle maudirait son mari, ses enfants, elle attirerait sur eux toutes sortes de malheurs » (1891:60).
Quant aux objets de valeur (moto, ventilateur, matelas, autocuiseur), il suffit de les exposer à la fumée (*athak apuei*) en les faisant tourner trois fois autour du catafalque en feu pour les faire passer dans l'autre monde. Ils pourront ensuite être utilisés par les vivants. Déjà à l'époque d'Eugène-Marie Durand, « les bibelots précieux, les cassettes d'or et d'argent du défunt » étaient simplement exposées à la fumée et faisait ensuite retour à l'héritage (Durand 1903b, 453). Les invités profitent du bûcher pour faire des offrandes à leurs propres ancêtres décédés leur envoyant vêtements et nourriture. Avant la mise à feu du bûcher, une dernière fois, parents et amis effectuent une triple prosternation (*talabat*) le ventre contre terre.

L'os frontal

Peu après la mise à feu du bûcher, le crâne est fracassé afin d'en récupérer l'os frontal (*talang dhei*). Dans celui-ci sont minutieusement taillés neuf disques : *salipan klaih talang* (neuf morceaux d'os), disposés géométriquement en carré après avoir été lavés. Une cérémonie, dite *patrip talang* (commémoration des os), dont Durand a fait une description, montre une précision rituelle inchangée depuis un siècle : « Après le premier lavage des os nobles, l'officiant, armé de bâtonnets, saisit les ossements un par un et les range trois par trois sur une feuille de bananier : c'est toujours la répétition du même nombre symbolique » (1903, 455). Les os restant après la crémation font aussi l'objet d'un rite purificatoire (*danap patrip*).
Les *salipan klaih talang* sont conservés pour le culte des ancêtres, placés dans un *klong*, réceptacle autrefois en or, aujourd'hui en bronze. Durand a également bien décrit cette phase du rite : « Ensuite, armé de bâtonnets, il trace autour du *klong* le caractère mystérieux [*omkara*, la syllabe sacrée], saisit l'un des ossements, lui fait décrire le signe sacré, puis le dépose dans le *klong* d'or. Il répète le même rite pour chaque ossement qu'il choisit dans un ordre déterminé » (1903, 455).

Dessiné sur le catafalque : ꨌꨪꩌ ꨨꩃ *cim hang*, l'oiseau mythique à corps de dragon qui accompagne le défunt.
Ci-dessous : ꨠꩀ ꨨꨤꨭꨥ *mâk haluw*, décapitation du cadavre durant sa crémation pour en recueillir le ꨓꨤꩃ ꨖꨬ *talang dhei* (os frontal), 2012.

ꨓꨤꩂ ꨖꨬ *talang dhei* (os frontal) dans lequel sont taillés neuf disques. ꨧꨤꨪꨚꩆ ꨆꨵꨰꩍ ꨓꨤꩂ *salipan klaih talang* (neuf morceaux de l'os frontal) placés dans le ꨆꨵꨯꩂ *klong,* lui-même enterré plus tard dans le ꨆꨭꩅ *kut* (cimetière familial). Le *klong* est ressorti à chaque ꨚꨓꨴꨪꩇ *patrip* (anniversaire du défunt), 2012.

Les cérémonies postfunéraires

La crémation ne suffit pas pour que l'*atuw* parvienne au paradis (*thuorliga*). Plusieurs rites postfunéraires, exécutés à des dates précises, sont nécessaires pour l'aider à accomplir ce voyage. Dans l'hindouisme, l'esprit du mort suit plusieurs étapes : après la crémation, il devient *preta*, esprit intermédiaire encore potentiellement malfaisant, puis enfin *pita*, ancêtre. Cette transformation est réalisée grâce aux *śrāddha*, rites postfunéraires qu'effectuent à intervalles réguliers les vivants notamment avec l'offrande de *pinda*, boulettes de nourriture (Saindon 2000).

Chez les Chams, les cérémonies postfunéraires sont au nombre de sept : avant la crémation, au moment de la coupe du bois, à la crémation, au troisième, dixième, puis centième jour et enfin un an plus tard. Les six premières se nomment *padhi* et la dernière *patrip*. Le *klong*, enterré provisoirement en général au pied d'un arbre, est régulièrement sorti afin de procéder aux cérémonies anniversaires de la mort (*tung*) et aux repas commémoratifs (*padhi* ou *patrip*) après trois, dix, cent jours et un an. On présente au *klong* ce repas funèbre afin que l'*atuw* (âme du mort) accède au statut de *patra* (prince) pour les hommes, *patri* (princesse) pour les femmes. Ces repas commémoratifs sont les équivalents des *śrāddha* hindous. À l'issue du dernier repas mortuaire (*patrip troh thun*), le *klong* est définitivement enterré dans le *kut* familial (pierres tombales sous lesquelles reposent les *klong* de la famille selon l'ordre matrilinéaire). Mais pour enterrer un nouveau *klong* dans le *kut*, il faut attendre d'avoir assez de *klong* pour ouvrir le cimetière familial. Cette attente peut durer dix ans et plus. Quand le *klong* est dans le *kut*, l'esprit du mort (*atuw*) accède alors enfin au royaume des ancêtres (*muk kei*).

Les **kut** *marqueurs du territoire maternel*

Le *klong* contenant les neuf disques taillés dans l'os frontal (*salipan klaih talang*) est inhumé sous le *kut*. Le *kut* est constiué de plusieurs pierres tombales, non pas personnelles mais pour toute la famille, sous lesquelles reposent les *klong* de toute la lignée familiale selon l'ordre matrilinéaire. On pourrait dire que la crémation désincarne dans un premier temps le corps, pour l'incarner ensuite dans une pierre tombale (contrairement à l'Inde ou à Bali où les cendres sont généralement dispersées dans la mer ou un cours d'eau). Par extension le *kut* désigne le cimetière. Les *kut* sont toujours en nombre impair. Ils sont en général cinq : deux au levant (est) pour les hommes, deux au cou-

Ci-dessus : *patuw kut* (pierres de Kut). Temple de Po Romé, 2009.
kut désigne également le clan maternel. *ikak kut* (ériger un kut).
Ci-dessous : *wang karek,* mettre les os nobles du défunt contenus dans le *klong* au *kut*.
Village Caklaing (Mỹ Nghiệp, Ninh Thuận), 2009.

chant (ouest) pour les femmes. Au centre, un *kut* plus grand, le *kut po di*, est laissé vide et réservé aux *pasaih* de la famille. Les hommes sont enterrés dans le cimetière de leur lignée maternelle, sous le *kut* réservé aux membres masculins de cette lignée, tandis que leurs enfants sont enterrés dans le cimetière de leur mère. La mère est inhumée avec ses enfants, puis les enfants des filles (les enfants des fils sont inhumés dans la lignée de leur mère). Comme le dit le proverbe cham : « Pendant sa vie, l'homme travaille pour son épouse. Quand il meurt, on rapporte ses os à son clan » (Moussay 2002, 43), ou encore dit crûment : « La viande est pour les autres, les os sont pour nous » avec le commentaire de Gérard Moussay : « Se dit de la coutume *cam* qui veut que les os d'un homme marié reviennent à son clan matrilinéaire après son décès » (Moussay 2002, 60).

Ces *kut* incarnent les anciennes pierres génies qui préexistaient à l'arrivée de l'hindouisme, croyance que l'on peut rattacher à l'animisme, une forme de représentation des génies du sol qui fondent l'établissement de la lignée et marquent son territoire (Mus 1933).

Le *kut* symbolise les ancêtres d'une lignée, c'est pourquoi ils sont disposés au milieu des champs, en fait le territoire familial auquel les esprits des ancêtres sont attachés. Paul Mus voit dans la pierre génie la présence de la divinité même, représentation du lieu qui est dieu mais dont une manifestation réduite est nécessaire, même si cette pierre est inerte (1933).

Économie des funérailles

Dans le contexte balinais, la dépense des crémations a été soulignée par Jeanne Cuisinier qui les décrit comme la cérémonie la plus coûteuse de toutes, si bien qu' « elle est organisée collectivement depuis bien des années, peut-être depuis son introduction à Bali » (1965:421). Le coût exorbitant des crémations revient systématiquement dans la littérature consacrée aux funérailles balinaises. C'est pour ces raisons économiques que les Balinais (à l'exception des prêtres et des nobles qui doivent se faire incinérer directement) sont enterrés plusieurs mois voire quelques années, le temps de trouver les fonds pour organiser les funérailles. Il en va de l'honneur de la famille. Des tentatives de réforme ont eu lieu dans les années 1920, afin de revenir à une simplification de la crémation, mais même les familles pauvres refusent les crémations sommaires. Ce qui rappelle la difficulté de réformer des rites dès lors qu'ils touchent au statut social.

On retrouve cet argument économique chez les Chams à l'époque de Durand qui mentionne les enterrements provisoires des plus pauvres le temps de collecter suffisamment d'argent. Pourtant aujourd'hui les funérailles des Chams chuh reçoivent de la part des visiteurs beaucoup d'argent, une personne est chargée de collecter ces fonds. Ce qui fait dire au chercheur cham Po Dharma : « Organiser une crémation équivaut à gagner au loto » du fait de la contribution des visiteurs. C'est l'inverse chez les musulmans où chaque invité reçoit une enveloppe de la famille en deuil avec quelques billets.

L'étude des rites funéraires des Chams chuh donne une bonne occasion de mesurer les emprunts qui ont été faits à l'Inde ainsi que tous les éléments locaux qui s'y sont greffés. Il ne faudrait pas tant parler d'hindouisation ou d'indianisation des Chams que d'une « chamisation » de l'hindouisme. De plus, la reconstitution d'une pseudo intégrité corporelle à partir des ossements prouve une adaptation des Chams face à un contexte politique restrictif, une résistance identitaire face au gouvernement vietnamien et aux tentatives d'acculturation.

Les hôtes présents aux funérailles doivent se réjouir, manger et boire dans la bonne humeur pour distraire le défunt. Mais le deuil doit être respecté chez soi.

Rites funéraires des Chams bani : ndam dar

Même si la matrilinéarité et le système social ont été conservés avec l'arrivée de l'islam, l'organisation sociale des Chams a subi un grand bouleversement, tout comme les représentations de l'autre monde. Les mots issus du sanskrit ont été remplacés par des termes arabes qui ont enrichi la langue chame. Les Chams bani ne parlent plus de *svarga* ou *thuorliga* mais d'*akhirah* (de l'arabe *akhirat*) pour désigner la vie après la mort ; non plus de *kut* mais de *kubur* (tombe) et de *ghur* (cimetière).

Le rituel funéraire est également l'occasion pour chaque groupe de promouvoir son identité. Par opposition aux Chams chuh (de *ndam cuh,* cérémonie brûlée), les bani sont enterrés selon le rite qui prévaut dans l'islam, au plus vite après le décès. Le rituel funéraire des Chams bani se dit *ndam dar* (cérémonie enterrée). Une opposition clairement énoncée dans le dicton cham : « Après la mort d'un Cham, on laisse son cadavre se décomposer puis on le brûle, après la mort d'un bani, on enterre son cadavre dès la première heure du jour » (Durand 1903:447). À son époque, Étienne Aymonier avait relevé cette division communautaire selon le rite funéraire dans les paroles de Chams chuh tirant leur légitimité de la crémation : « Nous pratiquons la crémation, cérémonie qui est le symbole du spiritualisme de nos croyances dont l'action tend à élever l'âme vers les sphères supérieures, alors que les musulmans, ramenés et fixés à cette terre grossière, se contentent de lui confier leurs ossements» (1891:40). De leur côté, les Chams bani ne sont pas en reste et répugnent à assister aux obsèques des brahmanistes « par horreur pour les cadavres à moitié putréfiés » (Cabaton 1907:149), du fait des longues semaines durant lesquelles le corps est exposé en pleine chaleur. Ils estiment au contraire propre et progressiste leur pratique funéraire d'inhumation sous terre, comme l'anthropologue Rie Nakamura a pu relever dans son étude sur les Chams du Ninh Thuận et du Bình Thuận (2009).

Si un brahmaniste n'est pas incinéré mais enterré, il est considéré comme un bani, comme l'explique le *pasaih* Bai Do : « Si on meurt seul et qu'on nous enterre, on suit la mère (c'est-à-dire la voie des bani). Jusqu'au jour où quelqu'un fait une cérémonie mortuaire, nous déterre et nous incinère, alors on monte au paradis avec la fumée en suivant le père. En revanche, les bani suivent la mère durant toute leur mort, car ils sont enterrés pour toujours, ils n'ont pas de cérémonie de crémation. » Avec l'islam, les funérailles ont connu un

Deux ꨀꨌꩉ *acar*, prêtres bani, se préparent pour la cérémonie du sacrifice du buffle. La lame est cachée sous un bouquet de feuilles pour cacher la lame à l'animal. Village [illegible] Ram (Văn Lâm, Ninh Thuận) 2012.

changement majeur dans l'immédiateté de l'inhumation. Conformément au rite musulman, le mort n'est plus incinéré mais rapidement et définitivement enterré après son décès. Comme le *ndam cuh*, le *ndam dar* dure quatre jours, mais à l'envers : le corps est inhumé le premier jour, les trois jours suivants sont réservés aux offrandes.
Au plus vite après le décès de la personne, son corps est lavé, habillé de blanc et exposé pour les derniers hommages. Comme les Chams chuh, les Chams bani se prosternent par trois fois de tout leur corps sur le sol, exprimant leur douleur par des cris retentissants. Le corps est ensuite porté au cimetière bani (*ghur*) sur les épaules de quatre imams où il est enfoui directement dans la terre conformément à la pratique musulmane. Deux pierres symbolisent le défunt. Le jour suivant, la famille du mort offre aux *acar* et aux participants plusieurs repas. Les *acar* doivent dormir dans la demeure pour réciter des prières et lire le Coran. Le lendemain deux buffles sont sacrifiés pour le défunt. Curieusement pour des musulmans, nous retrouvons la figure de l'animal psychopompe. Il ne s'agit plus de l'effigie du bœuf Kapil brûlée dans le bûcher, mais du sacrifice réel de deux bêtes qui

ngap kabaw ma-ih (sacrifier le buffle) sous le *kajang kabaw* (abri pour le sacrifice du buffle). Ici à l'occasion d'un *patrip* (anniversaire du défunt).

ont pour même fonction d'accompagner le mort dans *akhirah* (l'autre monde). Les deux buffles symbolisent en outre la richesse du mort au paradis. Un homme de confiance est désigné par le *po acar* afin qu'il s'occupe symboliquement au paradis de ces deux buffles pour la personne décédée.

Puis une tour en bambou est construite au sommet de laquelle des hommes s'occupent du dépeçage des carcasses dont la viande va nourrir les invités. Ce sacrifice du buffle n'est pas obligatoire immédiatement après le décès si la famille n'en a pas les moyens. Il peut être remplacé par un sacrifice provisoire de poulets ou de poissons et être reporté de plusieurs années, comme dans le cas qui nous sert de modèle. Báo Lý est mort depuis vingt-cinq ans lorsque son épouse décide de lui rendre les hommages funèbres en organisant de grandioses funérailles du 14 au 17 avril 2009. Certaines familles attendent même plus longtemps : trente, quarante ou même cent ans.

Les Chams bani, à l'instar des Chams chuh, organisent des *padhi*, cérémonies commémoratives les premier, troisième, septième et dixième jour, puis un mois, quarante jours et un an (comme l'avait déjà relevé Aymonier 1891:86). Les Chams bani partagent en outre les croyances des Chams chuh relatives aux esprits des ancêtres. Eux aussi font des offrandes pour nourrir l'*atuw* dans l'autre monde. Ces offrandes sont l'objet du dernier jour du *ndam dar* (cérémonie d'enterrement). Toute la famille et les proches apportent des offrandes destinées non seulement au mort, mais aussi à leurs propres ancêtres. Ces offrandes sont placées dans de grands paniers de paille tressée portés sur la tête des femmes. Les plus modernes préfèrent remplir des valises. Les offrandes des Chams bani sont identiques à celles des Chams chuh, bien que la préparation et la présentation soient spécifiques à chaque groupe : les mêmes produits de première nécessité, ainsi que des vêtements. Sont également présentées des offrandes financières sous forme de billets de banque. Des centaines de villageois se pressent dans un même endroit pour présenter ensemble ces offrandes rassemblées sur d'immenses brancards portés par deux rangées d'hommes. Puis chacun adresse ses offrandes en prière au mort. Ils peuvent même destiner un même panier d'offrandes à plusieurs personnes décédées. Le *po acar* joue l'intermédiaire et appelle par son nom la personne décédée afin qu'elle reçoive son cadeau. « C'est comme si le mort et le *po acar* conversaient entre eux, raconte l'*acar* Ty de Phước Nhơn, ce dernier feint d'avoir reçu la réponse et poursuit en disant : Viens et reçois l'offrande de la part de telle personne. »

L'arrivée de l'islam a donc transformé les conditions de transmission des offrandes dans l'autre monde, qui ne passent plus par le feu mais par l'oralité de la prière. Les dons sont ensuite remportées par les participants dès que les formalités rituelles de transmission sont terminées. Ils peuvent alors en avoir la jouissance, les consommer en famille ou avec leurs voisins.

Chams chuh et Chams bani doivent rémunérer les prêtres qui ont officié durant les quatre jours du rituel funéraire. La femme de Báo Lý a dépensé quarante millions de dongs (environ 1 500 euros) pour les trois jours de cérémonie. Cette fête est tellement coûteuse que la plupart des familles bani enterrent temporairement leur mort au *kubur* (de l'arabe *kubūr*, pluriel de *kabr*, tombe). Selon Mohammad Abdul Alham dont la mère s'est convertie au « nouvel islam » (orthodoxe) : « Ces cérémonies sont trop chères. Dans l'islam, c'est beaucoup plus simple. C'est pourquoi beaucoup de bani se convertissent. »

gahur ou *ghur* (cimetière bani). Chaque individu est représenté par deux pierres. Ces pierres sont disposées selon la *talei kumei* (alignement maternel). Les femmes sont enterrées avec leurs enfants et les enfants des filles. Les conversions à l'islam orthodoxe n'ont rien changé à cet alignement maternel. *Ghur* de Pamblap (An Nhơn, Ninh Thuận), 2003.

La veille du mois de ramadan, les Chams bani se rendent au ꨈꨭꩉ *ghur* de leur village pour nettoyer les tombes et prier leurs ancêtres (*patang mukkei*).
kluk drei talibat (se prosterner face contre terre trois fois) pour rendre le culte aux ancêtres.
Ghur de Pamblap Biruw (Phước Nhơn, Ninh Thuận), 2005.

ꨀꨌꨣ *acar* : dignitaire bani, personnage essentiel des rites funéraires et du nettoyage des tombes le jour de *patang mukkei*, veille du ramadan. Il commence le lendemain *bilan aek*, le jeûne rituel particulièrement allégé chez les bani.

Conclusion
Vers la fin du système matrilinéaire ?

La matrilinéarité est aujourd'hui menacée et pas forcément par les Chams musulmans. Si la plupart des hommes chams acceptent la coutume, quelques-uns tentent de la réformer comme Bố Xuân Hổ (*cf* p.55), petit-fils d'Étienne Aymonier (marié à une Chame balamon lors de son installation dans la province du Bình Thuận de 1886 à 1988). Bố Xuân Hổ est francophone, farouchement opposé à ce monopole féminin en préconisant davantage d'égalité entre femmes et hommes. Il a publié quelques livres sur la culture chame, dont l'un est un plaidoyer contre la matrilinéarité : « Quand l'homme cham se marie, il est sous la coupe de sa belle-famille. Il a un complexe d'infériorité parce qu'il participe peu aux décisions, même s'il travaille beaucoup pour la famille de son épouse. » L'auteur regrette que le mari ne reçoive qu'une petite somme en divorçant d'une femme prise en faute (en cas d'adultère par exemple). Tandis que si les torts sont de son côté, il doit beaucoup la dédommager. Il dénonce « un système matrilinéaire qui n'est ni démocratique ni raisonnable. Lorsque la mère décide, tout le monde doit obéir [...] C'est pourquoi ce modèle de grande famille abritant plusieurs générations ne fonctionne pas et les petites cellules [les familles créées par les filles] se séparent. » Il préconise pour les Chams de prendre le nom du père au lieu du nom de la mère pour unifier la société (Bố 2001:21). Il se félicite de voir une amélioration des droits masculins au contact des Vietnamiens, tout en constatant la prégnance encore lourde des coutumes chames peu enclines à changer. Nguyễn Văn Tý reconnaît aussi que, sous l'influence vietnamienne, les familles chames partagent aujourd'hui l'héritage à égalité entre les enfants, abandonnant la primauté de la fille cadette.

Pourtant la matrilinéarité continue d'être pratiquée comme résistance à la vietnamisation et aux influences étrangères. Malgré l'introduction de l'islam orthodoxe, le système du *ghur* persiste : les individus continuent d'être enterrés dans l'alignement maternel.

Lexique cham-français

A

aban – jupe
abaoh – fruit
abaw – coquille, coquillage
abih – tout, tous
– **abih drei** tous
acar – prêtre bani
ada – canard
adam – Adam, humain
adamah – dessin magique, amulette en plomb
– **adamah sarak** dessin magique
– **cih adamah** faire des dessins magiques
– **kabal adamah** faire des dessins magiques sur le corps
– **tapuk adamah** recueil de dessins magiques
adaoh – chanter
adar – légèrement, doucement
adat – religion, loi, tradition
– **jalan adat** religion
– **klak adat** enfreindre la loi
– **klak jalan adat** abandonner la religion
adei – petit frère, petite sœur
adhia – grand prêtre brahmaniste
adih – point cardinal
– **adih dak** Sud

– **adih pai** Ouest
– **adih pur** Est
– **adih ut** Nord

adit – dimanche

aditiak – soleil
– **yang aditiak** l'esprit du soleil

aduk – chambre

adung – nez

aek – jeûner, s'abstenir de nourriture
– **bilan aek** mois du ramadan

agama – religion

agamah – signe magique

agha – racine

ahaok – bateau

ahiér – Cham brahmaniste

ai – frère aîné, sœur aînée

aia – eau
– **aia ating** eau vaginale
– **aia caiy** thé
– **aia hep** sueur
– **aia janâk** eau de cadavre
– **aia klai** sperme
– **aia ma-ik** urine
– **aia mata** larme
– **aia pabah** salive

aiek – voir, regarder

aiém – ensorceler, poison

ajal – obstacle, difficulté

ajin – démon, jinn

akal – illicite

akaok – tête
– **pabuak akaok** faire un turban

akaphiér – Cham brahmaniste

akarah – enfers

akayét – œuvre poétique, épopée

akhan – raconter, rapporter

– **akhan saong ataw** invoquer les esprits

akhar – lettre, caractère, écriture

– **akhar rik** écriture hiératique des dignitaires

– **akhar rik** écriture ancienne (sanskrit)

– **akhar srak** écriture rapide

– **akhar sarak** incantation écrite

– **akhar thrah** écriture manuscrite

– **akhar yok** écriture sans signes vocaliques

akhin – défendre, interdire

– **akhin pakal** tabou, interdit

akhirah – vie future chez les Chams bani

akhirat – vie future

akiak – brique, tuile

akiéng – direction, coin

allamu – savoir, connaissance

ala – sous, en dessous, inférieur

ala – serpent

alah – Allah

alah – paresse, paresseux

alahamduk lilahi – formule musulmane *alhamdu lillah* : louange à Dieu

alak – alcool

alam – islam

alang – expliquer

alaok – pièce, terrain

– **alaok hamu** rizière

ali – mauvais génie, esprit malin

alih – se déplacer

alim – savant

– **gru alim** ouléma

alimu – science

alin – donner, offrir, changer

– **alin drei** se changer

alin – ligature des poignets avec fils de coton

aluah – Allah
aluahuk – Allah
aluw – hurler
ama – père
– **ama adat** prêtre
– **po yang ama** Dieu père
amaik – mère
– **amaik ama** parents
amal – vivre en ermite
amâm – imam
amaoh – haïr
amar – Omar
amiéng – consulter les sorts
amraik – piment
– **amraik kalu** poivre
an ngap – oracle
anaih – petit
anak – devant
anâk – enfant, fils, fille
angan – nom
– **sarak angan** signer son nom
angap – faire
angar – mardi
angin – vent
angka – chiffre, nombre
anguei – s'habiller
aniai – jeter un sort
– **kau aniai di hâ** je te jette un sort
anih – lieu, endroit
anit – aimer, chérir
anta – chameau
anuek – part du défunt au repas funéraire
– **huak lisei anuek drei**
manger la part du défunt au repas funéraire
aom – voiler, couvrir

apakal – chose, affaire
apieng – riz grillé
aprai – répandre
apuei – feu
  – **apuei halau** feu à la tête du mort
apuh – champ
ar-dhar – amoureux, passionné
arak – moment
  – **arak ni** maintenant
arak – gourmand
aram – épais, touffu
araok – crapaud
araong – dos
arap – arabe
arap – savoir
arieng – crabe
ariya – poésie
asaih – cheval
asak – fumée
asalam – islam
asar – graine, origine, race
asau – chien
asit – petit
asur – animaux
  – **asur sang** animaux domestiques
  – **asur glai** animaux sauvages
atah – loin
ataong – frapper
athah – satisfait
athak – fumée
athaw bah – ablution rituelle
  – **gru acar ngap athaw bah** l'acar fait l'ablution rituelle
ating – vagin
atuw – âme, esprit des morts, cadavre

– **atuw biruw** spectre d'un mort récent
– **atuw cek** esprits des morts
– **atuw craok** génie nouvellement agréé
– **atuw praok** esprit des enfants morts
– **atuw talang** ossements des morts
– **atuw tasik** esprits des morts en mer

aw – vêtement
– **aw atuw** habit de rija
– **aw cam** habit de la prétresse
– **aw patra** habit de génie masculin
– **aw patri** habit de génie féminin
– **aw rata** habit des divinités

awlah – Allah
– **po awlah** divinité des Chams brahmanistes

ayeng – tourner

ayuk – souffler, jouer d'un instrument à vent
– **ayuk apuei** souffler sur le feu
– **ayuk saranai** jouer du saranai
– **ayuk tangi**
souffler dans l'oreille d'un possédé (exorcisme)

ayun – hamac

ayusah – Aïcha, femme de Mahomet

B

ba – porter, conduire
– **ba kaya limah** porter des offrandes
– **ba mai** apporter
– **ba nao** emporter
– **ba nao payua**
aller envoyer : se dit des enterrements en période interdite, dans l'attente de l'incinération

bah – remuer, balayer

bai gaor – Saigon

baik – ainsi, marque de l'impératif

– **ngap baik** ꨋꩇ ꨝꨰꩀ fais donc !

bak ꨝꩀ – dans, plein, empli

– **bak hatai** ꨝꩀ ꨨꨓꨰ satisfait

bal ꨝꩊ – palais, saison

balik ꨝꨤꨪꩀ – enrouler

balidu ꨝꨤꨪꨕꨭ – couverture

ban ꨝꩆ – jupe

bang ꨝꩃ – trouble, rite de la religion bani

bangsa ꨝꩃꨧ – famille

bani ꨝꨗꨫ – Cham musulman

baoh ꨝꨯꨩꩍ – fruit, œuf

catégoriel des objets de forme ronde :

– **baoh panah** ꨝꨯꨩꩍ ꨚꨗꩍ ananas

– **baoh traong** ꨝꨯꨩꩍ ꨓꨴꨯꨩꩃ aubergine

– **baoh gayén** ꨝꨯꨩꩍ ꨈꨢꨯꩆ courge

– **baoh manuk** ꨝꨯꨩꩍ ꨟꨗꨭꩀ œuf de poule

– **baoh su** ꨝꨯꨩꩍ ꨧꨭ chou

– **baoh klu** ꨝꨯꨩꩍ ꨆꨵꨭ testicules

– **baoh panuec** ꨝꨯꨩꩍ ꨚꨗꨶꨯꩄ paroles

– **baoh hatai** ꨝꨯꨩꩍ ꨨꨓꨰ cœur

– **baoh mata** ꨝꨯꨩꩍ ꨟꨓꨩ œil

– **baoh akhar** ꨝꨯꨩꩍ ꨀꨇꩉ lettre

– **baoh sang** ꨝꨯꨩꩍ ꨧꩃ maison

baong ꨝꨯꨩꩃ – cercueil, carapace

bara thuw ꨝꨣ ꨔꨭꨥ – abri couvert d'un toit pour les incinérations

baranâng ꨝꨣꨗꨮꩃ – tambour à une seule face joué par le maduen

baruw ꨝꨣꨭꨥ – nouveau

basak ꨝꨧꩀ – nombril

bathak ꨝꨔꩀ – nombril

batian ꨝꨓꨳꩆ – parenté, famille

batin ꨝꨓꨪꩆ – intérieur, occulte, caché

batuk ꨝꨓꨭꩀ – étoile

batuw ꨝꨓꨭꨥ – pierre

baw ꨝꨥ – coquillage

bayaop ꨝꨢꨯꨩꩇ – Nord-Ouest

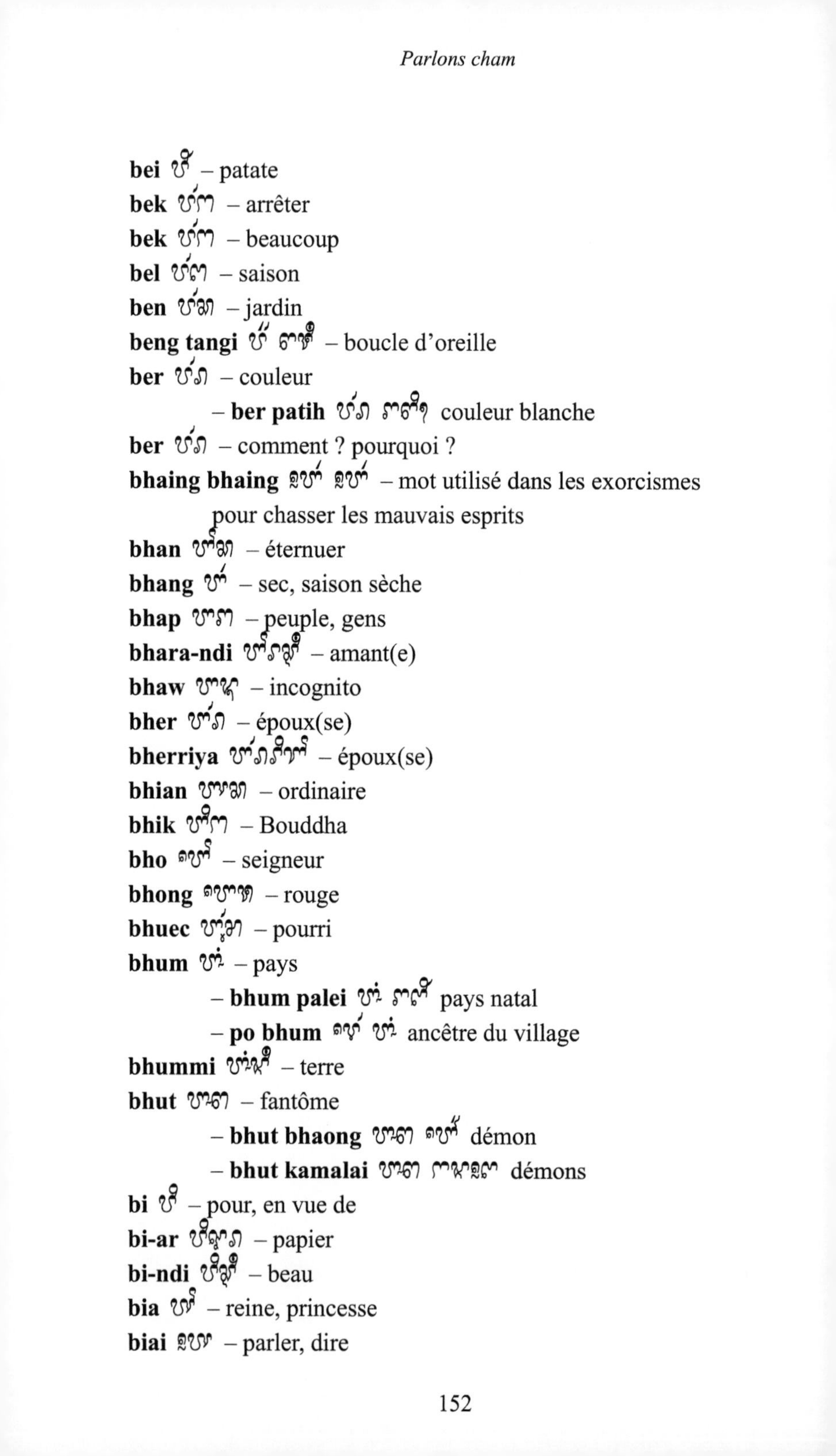

bei – patate
bek – arrêter
bek – beaucoup
bel – saison
ben – jardin
beng tangi – boucle d'oreille
ber – couleur
  – **ber patih** couleur blanche
ber – comment ? pourquoi ?
bhaing bhaing – mot utilisé dans les exorcismes pour chasser les mauvais esprits
bhan – éternuer
bhang – sec, saison sèche
bhap – peuple, gens
bhara-ndi – amant(e)
bhaw – incognito
bher – époux(se)
bherriya – époux(se)
bhian – ordinaire
bhik – Bouddha
bho – seigneur
bhong – rouge
bhuec – pourri
bhum – pays
  – **bhum palei** pays natal
  – **po bhum** ancêtre du village
bhummi – terre
bhut – fantôme
  – **bhut bhaong** démon
  – **bhut kamalai** démons
bi – pour, en vue de
bi-ar – papier
bi-ndi – beau
bia – reine, princesse
biai – parler, dire

biak – vrai

– **ndom biak** dire vrai

biak jeh… min – bien que… cependant

bican – parler

bicar – parler

bidhon – indécis

bih – fini, finir

biér – bas

bih – poison

– **bih ala** venin

bik… bik … – plus… plus

bikal – mauvais

bikan – différent

bila – ivoire, défense

– **bila liman** défense d'éléphant

bilal – *bilal, muezzin*

bilan – lune, mois

bilaok – flacon, crâne, noix

bilei – critiquer, médire

bilik – enrouler

biluw – poil

– **biluw kang** barbe

– **biluw mata** sourcils

biluw – célibataire

– **kamei biluw** veuve

– **likei biluw** veuf

bimao – moisi, champignon

bimong – temple, édifice religieux

binah – moitié, morceau

binai – femme, femelle

– **binai rup** corps féminin

binâk – barrage

binân – forêt

binaong – les Pnongs

bingi – bon

– **mbuw bingi** bon goût
– **ndih bingi** bien dormir

bingu – fleur
binguk – image
bingun – puits
bingun – appellation des jours de la quinzaine croissante
bino – penser, composer

– **bino ariya** composer une poésie

binrik – précieux

– **thunuw binrik** formules magiques

binyâk – nombreux, têtu
bira – épaule, bras
birahim – Ibrahim, Abraham
birak – Nord
birak – blanc

– **asaih birak** cheval blanc

biraok – pubis
birung – oiseau
biruw – nouveau, qui vient de

– **aw biruw** nouveau vêtement
– **kabaw biruw blei** buffle nouvellement acquis
– **sang biruw** nouvelle maison

biruw – qui vient de

– **nyu biruw nao** il vient de partir

biruw déh – de l'autre côté, au delà
biruw mâng – c'est pourquoi
bisei – fer
bital – dot
bither – n'importe quel
bituk – étoile
bituw – pierre
biya – crocodile
biyar – payer, rendre
blah – feuille

catégoriel des objets plats et minces :

- **sa blah aw** un vêtement
- **sa blah papan** une planche
- **sa blah ciéw** une natte
- **sa blah khan** un sarong

blaoh – déjà, ensuite, achevé, fini

blei – acheter

- **blei talei** commerce

blek – voler, dérober

- **blek bleng** frauder, tricher

blu – jarre

brah – riz

- **bih brah** mourir (fini le riz)
- **brah ba** riz décortiqué non pilé
- **brah daoh** riz en grains entiers
- **brah makoc** riz brisé
- **brah sa arak** grain de riz utilisé pour l'incinération

brai – détruire

brei – donner, accorder

- **brei aw** donner un vêtement
- **brei mbeng** donner à manger

bruei – frange

- **bruei tangi** touffe de fils rouges portée en boucle d'oreille

bruk – affaire, travail

- **bruk ngap** travail, activité
- **bruk sang** travail à la maison

bruk – fétide, puant

- **mbuw bruk** odeur fétide

bu – soupe de riz

buh – mettre, poser

buk – jarre d'eau portée sur la tête

but – mercredi

buw – cendre

buy – joyeux

C

ca-aua – insulter
cabik – jeter
cabur – fête brahaniste célébrée le neuvième mois cham
cada – dune
– **cada cuah** dune de sable
cadang – les Sedang
cadaow – règle, formule
– **cadaow sakawi** formule pour préparer le calendrier
caga – préparer
caguw – ours
caik – mettre, poser
– **caik tapuk akhar ngaok paban** mettre le livre sur la table
caiy – thé
– **manyum aia caiy** boire du thé
cak – pousser, lever
– **harek cak** l'herbe pousse
cak kuraba phat – mauvais esprits après une mort non naturelle
cakala – éclair
cakung – structure en bambou posée au-dessus du cadavre pour recevoir les vêtements qui seront incinérés avec le mort
cam – Cham
– **cam bal** Cham métis montagnard
– **cam bong** Cham enterrant ses morts : bani
– **cam biruw** Cham musulman de Châu-Doc
– **cam cuh** Cham pratiquant l'incinération : brahmaniste
camanei – gardien du temple (brahmaniste)
ca-mbah – plateau
– **ca-mbah hala** service à bétel
ca-mbuai – lèvre

– **ca-mbuai khim klao** sourire

ca-mbur – fête de Chabur

campa – Champa

campi – harpe

canâng – lit

canar – piédestal

ca-ndiéng – le plus jeune, le plus petit

cang – attendre

canuw – doigt

– **canuw takai** doigt de pied

– **canuw tangin** doigt de la main

caok – pleurer, gémir

caong – désirer, vouloir, imaginer, composer

– **caong ariya** écrire une poésie

– **kamei caong bingu manyim** la femme compose un motif de tissage

caor – dune

– **caor cuah** dune de sable

cawa – les Malais

cawan – tasse

cawci – mécontent, énervé

cei – oncle

– **mik cei** oncle

cek – montagne, grand-mère

céng – gong

– **paoh céng** frapper du gong

chai – comme

chaitan – **abiléh chaitan** Satan

chak – soudain

– **chak chak** tout à coup

cheh – aimer, être content de

– **cheh bac** aimer l'étude

– **cheh chai** content, joyeux

chuai – lentement, longtemps

– **hajan chuai** il pleut continuellement

– **chuai-chuai** à tout moment

ciak – couper, trancher

ciém – donner à manger

– **ciém manuk**

donner à manger aux poules

ciew – natte

– **ciew bang** natte de cérémonie

– **ciew bingu** natte ordinaire en jonc

– **ciew kaok**

natte en pandanus recevant le corps du défunt

cih – dessiner

– **cih hala** préparer la chique de bétel

cim – oiseau

– **cim hang** oiseau mythique à corps de dragon, posé sur le catafalque pour l'incinération

cong – attendre

craoh – ruisseau, source

craok – mettre, introduire dans

– **craok brah ka urang matai**

donner à manger au mort

craong – aubergine

– **craong ndaiy** tomate

crih – étrange, extraordinaire

– **urang crih** inconnu, personne étrangère

– **urang crih palei** étranger

cru – les Churus

cruh – éteindre, étouffer

cruh – contribuer aux dépenses d'une cérémonie

– **cruh ndam matai**

participer aux dépenses de funérailles

cuah – sable

cuak – composer, plaisanter

– **cuak ariya mayut**

composer une poésie d'amour

– **panuéc ndom cuak** plaisanteries

cuak – joindre, unir

– **cuak tangin** joindre les mains

– **cuak mayut** se lier d'amitié

cuh – brûler, allumer.

cuk – revêtir, enfiler, percer

– **cuk anâk kiél di baoh kiél**

mettre la clé dans la serrure

– **cuk aw** s'habiller

– **cuk nyuk** porter un collier

D

da – canard

dadin – néfaste

– **harei dadin** jour néfaste

dah – clair, lumineux

dah payah – expliquer

dahlak – je, moi

dahlau – avant

dak ne pas

dak – Sud

dak – ranger

dalah – langue

dalam – dans, à l'intérieur (variante **dalem**)

– **aia dalam** eaux profondes

– **di dalam tian** au fond du cœur

dalipan – huit

dam – jeune homme

– **dam dara** jeune homme et jeune fille

daman – représentant du maître de maison dans les cérémonies

dan – génie malfaisant

– **brei dan** faire des offrandes au génie malfaisant

danâng manyim – métier à tisser

danaok – endroit, petit édifice pour les divinités

– **danaok ndih** chambre à coucher

danaw – mare, étang

daoh – chanter

daok – résider, s'asseoir

dar – terre

– **ndam dar** enterrement (bani)

dara – jeune fille

darah – sang

daruai – épine

dayep – début de la nuit

– **brok dayep** crépuscule

– **hahlau dayep** début de la nuit

dé – combien ?

dé magru – prêtre supérieur chez les Chams chuh

dé – Seigneur

débata – Dieu

deh – arrêter, s'arrêter

dei – petit frère, petite sœur

dei – après

dem – fourmi

dem – jeune homme

dem malem – la nuit dernière

dépajieng – le créateur

der – enterrer, se souvenir

der krung – se rappeler des choses anciennes

– **der krung daok ranaih** se souvenir de son enfance

dhai – long

dhan – branche

– **dhan kayau** branche d'arbre

dhei – front

dher – bienfait

dhit – disparaître, se taire

dhuai – lointain

di – à, chez, de, en

– **daok di sang** être à la maison

– **glaih di drei** se sentir fatigué

– **huec di bhut** avoir peur des fantômes

– **tabiak di sang** sortir de la maison

– **tagok di ndih** se lever du lit

– **tagok di ruak** relever de maladie

di – pierre centrale du *kut*

di juai – ne...pas (défense)

– **di hia juai** ne pleure pas !

– **di ngap juai** ne fais pas !

di … o – ne pas

– **di hagait o** cela ne fait rien

– **di khing o** ne pas oser

– **di siam o** qui n'est pas beau

diéng – scorpion

diép hala – cinq chiques de bétel

– **cih hala sa diép**

préparer cinq chiques de bétel

dih – point cardinal

dom – combien ?

drei – soi, corps

– **alin drei** se changer

– **daok sa drei** être assis tout seul

– **grep drei** tout le monde

catégoriel pour les êtres vivants :

– **sa drei kubaw** un buffle

– **dua drei ikan** deux poissons

– **klau drei manuk** trois poules

dua – deux

duei – conduire, mener, tirer

duh hatai – soucieux

duha – heure de la prière

duis – péché

dunya – monde des vivants

E

e – chanter en se lamentant

– **e ka urang matai** chanter pour les morts

eng – par soi

– **dahlak eng** moi-même

– **hâ eng** toi-même

– **nyu eng** lui-même

esan – Nord-Est

ew – appeler, offrir aux divinités, invoquer

– **ew angan** appeler par le nom

– **ew lisei** faire une offrande de riz aux ancêtres

– **ew yang** faire un sacrifice au génie

G

gac – retourner

– **gac akaok** retourner la tête

gah – côté, face, point cardinal

– **gah amaik** côté maternel

– **gah ama** côté paternel

gaha – palais

gahluw – bois d'aigle

gahur – cimetière bani, dune de sable

gai – bâton

– **gai mong** bâton de cérémonie des *pasaih*

gaik – quoi ?

gait – quoi ?

galang – clair

– **ndom galang** parler clairement

galaow – lézard

galimang – araignée

galung – rouler

gandep – être caché

– **dep gandep** se cacher
– **gandep mbaok** absent

ganeng – long tambour à 2 faces

ganraong riya – gingembre

ganreh – pouvoir surnaturel
– **sanak ganreh** qui a des pouvoirs extraordinaires

ganuer – chef
– **ganuer abih dom nabi** le chef de tous les prophètes : Mahomet
– **ganuer athur** chef des démons
– **ganuer bhum** chef de village
– **ganuer hor** astrologue
– **ganuer matri** nom de Shiva sur les temples chams
– **ganuer raglai** chef des Raglai
– **ganuer sang bac** directeur d'école

ganung – montagne

gaok – marmite

gaok thun – année néfaste

gaol – coton, ouate
– **bai gaol** Saigon

gaol – vaste
– **ranâng gaol** très vaste

gaon – ordre, oracle
– **brei gaon** donner l'ordre de
– **peng gaon** écouter l'oracle
– **tok gaon** obéir à un ordre

gay – bâton

gep – parenté, l'un l'autre
– **gep batian** lignée maternelle
– **gep dalam kut** parenté du côté maternel
– **gep lingiw kut** parenté du côté paternel
– **gep yut** amant, amoureux
– **khing gep** se marier

ger – livre en feuilles de latanier
– **ger bac** livre de prières sur feuilles de latanier
gha – racine
ghak – retenir, empêcher
gheh – adroit, habile, minutieux
ghet – complètement, catégorique
ghur – cimetière bani, dune de sable
gila – idiot
gilai – barque
gileng pariak – trésor
ginang – long tambour à deux faces
ginuer – chef
ginum – nuage
glai – forêt
– **ra glai** les Raglaï
glaih – fatigué
glaong – haut
– **glaong akhar** – lettré
– **glaong di bih** – suprême
glaow – cerveau, cervelle
gleng – regarder
gok – caverne
gok – monter, se lever
gram – pays, nation
grek – vautour
grep – tout, tous
– **grep aia** tous les pays
– **grep drei** tout le monde
– **grep libik** partout
gru – maître, prêtre
– **gru alim** ouléma
– **gru kaleng** prêtre éloignant les mauvais esprits
– **gru pataow** professeur
gruk – travail
grum – tonnerre

guer – catégoriel des feuilles de bétel

– **guer hala** feuille de bétel

H

ha – ouvrir, ouvert, sans obstacle

– **ha pabah** ouvrir la bouche

– **ha baoh mbeng** entrouvrir la porte

– **jalan ha** route libre, sans obstacle

hâ – tu, toi, ton

haban – cuivre

habei – patate

– **habei bhong** patate douce

– **habei plom** manioc

haber – comment, pourquoi ?

– **ngap haber** comment faire ?

– **si haber** qu'arrivera-t-il ?

– **yau haber** de quelle manière ?

habién – quand, à quel moment ?

– **habién ai mai** quand viendras-tu ?

habuw – cendre

hadei – après, plus tard

– **nao hadei** aller après

– **hadei sa tra** en outre, de plus

hadem – fourmi

hader – se souvenir

– **hader drei** revenir à soi

– **hader wek** se remémorer

hadip – vivre

– **hadip wek** ressusciter

– **sa matai sa hadip** vivre ou mourir

hadom – combien ?

– **hadom mbeng** combien de fois ?

– **hadom thun** quel âge (avez-vous) ?

hadom – sans cesse

– **hadom di ngap** travailler sans trève

hagait – quoi, comment?

– **hagait nan** qu'y a-t-il ?

– **hu njep hagait lei** est-il arrivé quelque chose ?

– **njep hagait** pourquoi ?

– **njep hagait hâ hia** pourquoi pleures-tu ?

– **oh mada hagait** ce n'est rien

– **ong ngap hagait** que faites-vous ?

hagar – tambour

hai – avec, ou

– **hu hai o** oui ou non

– **nao hai** aller avec

hajan – pluie, pleuvoir

hajaw – vert

haji – *hadji*, pèlerin de La Mecque

hakik – maladie

hakum – directives pour la pratique religieuse

hala – feuille, bétel

catégoriel des feuilles :

– **hala caraih** feuille de lotus

– **hala gal** feuilles de manuscrits

– **hala kayau** feuille d'arbre

– **hala mbeng** battant de la porte

– **hala patei** feuille de bananier

halak car – les quatre porteurs du défunt le jour de l'incinération

halal – licite

halar – être d'accord

– **halar hatai** accepter, consentir

halei – quel, comment, où ?

– **ai mai mang halei** d'où viens-tu ?

– **halei ka dahlak** pour ma part

– **mang halei** d'où ?

– **ngap yau halei** comment faire

– **pak halei** où ?

– **urang halei** quelle personne ?

– **yau halei** comment, de quelle façon ?

halih – se déplacer

halim – saison, période de culture

haluh – percé, usé

haluk – terre

– **haluk kahul** terre sablonneuse

– **haluk len** argile

halun – serviteur

– **halun klaoh** esclave

– **halun urang** serviteur

– **halun halak** serviteur

– **halun kamei** servante

haluw – source, tête

– **mâk haluw** décapitation du cadavre durant sa crémation pour en prendre l'os frontal

– **padai haluw mada** le premier riz, prémices de la moisson

haluw janâng – ministres du culte chez les Chams

hamit – entendre

– **ong hamit lei** entendez-vous ?

– **dahlak hu hamit urang ndom** j'ai entendu dire

hamu – rizière

hang – oiseau mythique

hanim – bonheur, bien

– **ngap hanim** faire le bien

ha-njak nyum – superlatif (pour les bonnes choses)

– **bingi ha-njak nyum** très bon

haom kar – signe magique

– **haom kar nayah ama** signe magique mâle

– **haom kar nayah ina** signe femelle

hapak – où ?
hapel – bras
harak – lettre, écrit
haram – affreux, interdit
– **ndom haram** dire des choses affreuses
harap – espérer
hareh – très (superlatif)
– **klaih hareh** excessivement fatigué
harei – jour
– **aia harei** jour
– **harei dahlau** le jour de la mort
– **harei déh** avant-hier
– **harei didin** jour néfaste
– **harei hadei** le jour suivant
– **harei jieng** anniversaire
– **harei kadéh** après-demain
– **harei mrait** jour très néfaste
– **harei ni** aujourdhui
– **harei paguh** demain
– **harei papruai** hier
– **harei siam** jour faste
– **harei tal** jour interdit
– **harei tanyruah** jour très faste
harek – herbe
harum – enveloppe
harung – rassembler
hatai – foie, cœur
– **hatai baoh** cœur
hatan – forêt, sauvage
– **manuk hatan** poule sauvage
hatao – où ?
hatua – sécheresse
hawa – Eve
hayem – **ngap hayem** prier pour l'âme
hu – avoir, obtenir

– **hu gait** qu'y a-t-il ?
– **hu min** oui vraiment
– **hu rei** c'est aussi possible
– **jang hu** il y a aussi
– **ndom hu** pouvoir parler
– **oh hu** ce n'est pas possible

huak – manger du riz
– **huak padai haluw mada**
faire l'offrande du premier riz (prémisses de la moisson)

huer – astrologue, devin

I

idung – nez

ik aeng – génie du foyer

ikak – attacher
– **ikak kut** ériger un kut

ikan – poisson

iku – queue

ilimo – savoir, science, culture

imam – imam

imiéng – consulter les devins

ina – mère, femelle des animaux, de grosse taille
– **ina takai** gros orteil
– **ina tangin** pouce
– **kubaw ina** la plus grosse bufflesse
– **manuk ina** mère poule
– **po ina nagar**
Po Nagar, déesse mère du pays
– **praong ina** grosse femme

inagaray – dragon
– **thun nasak inagaray**
année cyclique du dragon

iniai – jeter un sort

intan – diamant

ita – nous (pluriel de majesté)
islam – islam, musulmans
  – **islam biruw** nouvel islam, islam orthodoxe
iw – gauche
  – **gah iw** côté gauche

J

ja anguei – gardien des trésors
jaban – table, autel
jabar – invulnérable
  – **sarak adamah jabar rup** faire un signe magique qui rend invulnérable sur le corps
jabat – se prosterner
jaik – près
  – **daok jaik** habiter près
  – **gep jaik** parenté proche
  – **jaik gep** près l'un de l'autre
  – **jaik taphia** proche
jak – monter, gravir
jal – être occupé, être retenu
jalan – chemin, route
  – **jalan adat** religion
  – **jalan akarah** enfers
  – **jalan thuor liga** paradis
jalang – clair
jalauec – preneur de fiel humain des rois chams (légende)
jalem – profond
jalikaow – abeille
jaluk – bol
  – **jaluk takai liman** grand bol
jam – plat
  – **ngap jam lithei ka Po Aluah** faire l'offrande d'un plat de riz à Allah
jama-ah – prêtre novice bani

jama-at – vendredi

jaman – représentant du maître de maison dans les cérémonies

janang – rizière

janyeng – danseuse de la fête de rija

jap – chapelet, réciter, égréner

– **jap aia jru** verser l'eau lustrale à la cérémonie de purification

– **jap brah** donner à manger au mort pendant les funérailles

– **jap ina akhar** réciter à l'envers et à l'endroit l'alphabet cam pendant les cérémonies funéraires

jarai – les Jaraïs

jarum – aiguille

jat – vrai, pur

– **cam jat** Cham brahmaniste

jawa – Java

je (jong) – terme pour interroger ou affirmer

– **dahlak huak je** j'ai déjà mangé

– **ong huak je** avez-vous mangé ?

jeh – vraiment

– **biak jeh yau nan** oui vraiment !

jhak – mauvais, méchant

– **jhak di abih manâk** qui a tous les défauts

– **jhak glai** forêt mauvaise (infestée de tigres)

– **jhak hatai** qui jalouse les autres

– **jhak likei** garçon laid

– **jhak mbeng** goulu

– **jhak tian** méchant

– **jhak pak** très mauvais

jhik – coudre

jih – frange

jin – génie

– **jin sang gi** mauvais génie

jip – clair

– **peng jip** entendre clairement

jip – jeudi

– **paik jip** mourir (être brisé le jeudi)

ju – bouillir

juai – ne... pas

– **juai bingar** ne fais pas de bêtises

juk – noir

– **kalik juk** peau noire

– **mayau juk** chat noir

– **muk juk** Kali

K

ka – à, pour, d'abord, pour, parce que, afin que

– **ba lisei nao ka adei** porter du riz à son petit frère

– **cang ka** **juai ka** attends un peu

– **ndom ka nyu peng** parler pour qu'il entende

– **ngap ka nyu** fais pour lui

ka – pas encore

– **dahlak ka huak o** je n'ai pas encore mangé

– **ka o** pas encore

kabaw – buffle

– **kabaw baong** buffle retourné à l'état sauvage

kabel – invulnérable

– **kabel rup** se rendre invulnérable

kabilat – *kibla*, direction vers laquelle les Chams bani dirigent la prière, soleil couchant

kabrac – griffer

– **mayaw kabrac** le chat griffe

kabruai – hier

kabur – sépulture, tombeau

– **kabur rak** – tombeau en terre

kacak maligay – trône royal

kacuec – cracher, crachoir

kadai – bétel roulé, chique de bétel

kadek – bref, petit

kadha – leçon, sentence, histoire

– **kadha bac** leçon à étudier

– **kadha daoh** chanson

– **kadha kacuh bluh** sentence magique

kadhar – officiant musicien cham jouant du *kanyi*

kadhir – merveilleux, mystérieux

– **apuei kadhir** feu mystérieux

kahaow – les Koho

kaik – mordre

kaila – néfaste (heure)

kain – ver à soie

kaing – ponctuer

– **kaing dua** mettre un point

– **kaing klau** mettre un point final

– **kaing sa** mettre une virgule

– **kaing tangi** mettre un point d'interrogation

ka-ing – taille, reins

– **ong ka-ing** danseur de la *rija*

– **talei ka-ing** ceinture

kajaik – près de, sur le point de

– **kajaik tal** près de venir

– **kajaik blaoh** sur le point de finir

kajang – abri provisoire pour les cérémonies

– **kajang kubaw**
abri pour le sacrifice du buffle

– **kajang likhah** abri pour le mariage (bani)

– **kajang padhi** abri pour l'anniversaire du défunt

– **kajang patar** abri pour les funérailles

– **kajang rija** abri pour la *rija*

kajeh – seulement
– **ngap sa mbeng kajeh** faire une fois seulement
kajep – solide, en bonne santé, guéri
– **kajep karo** en bonne santé
– **kajep ruak** guéri
– **panka kajep** tenir solidement
kak bah – Kaaba, sanctuaire de La Mecque
– **patuw kak bah** pierre noire de La Mecque
kakuh – saluer, se prosterner, adorer
kakuw – ongle, griffe
– **kakuw caguw** griffes de l'ours
– **kakuw tangin** ongle de la main
kal – moment
kal – rouler
kalah – chapeau de cérémonie des prêtres bani
kalaih – ouvrir, finir, terminer
– **kalaih aek** terminer le jeûne du ramadan
kalam – stylet, pinceau pour écrire
kalan – ancienne tour cham
– **kalan yang pakran** tours de Hoa Lai
– **kalan danaw Panrang** tours de l'étang de Phanrang (Bầu Trúc)
kalang – cerf-volant
kalaok – bouteille
kalei – creuser
– **kalei ribang** creuser un trou
kalek – repousser, pousser
– **kalek hala mbeng** pousser la porte
kaleng – pratiques magiques pour éloigner les esprits errants morts de mort violente
– **gru kaleng** prêtre éloignant les mauvais esprits
– **tiep kaleng** chasser les esprits errants
kalik – peau, écorce

kaling – Kalinga (Inde)

kalu – poivre

kalu – qui a le crâne rasé

– **acar kalu akaok** l'acar a la tête rasée

kamalacih – nom de génie malfaisant

kamalasun – nom de génie malfaisant

kamei – fille, femme

– **kamei binai** femme en général

– **kamei dara** jeune fille

– **kamei tâh** femme d'âge moyen

– **kamei taha** femme mûre

– **ranaih kamei** petite fille

kameng – nom de génie malfaisant

kami – nous

kamruai – déclamer des prières

kamuen – neveu, nièce

kamalai – démon

kana – usage, coutume, habitude, mœurs

– **kana rakun** usages

– **kana jhak** mauvaise habitude

kanai – désigne une femme défunte pendant les cérémonies

kanal – rouleau

kanal – se souvenir

kang – menton

– **biluw kang** barbe

kanu – élevé, qui dépasse

– **hamu kanu** rizière haute

ka-njak – palanquin, chaise à porteurs

kanyi – vièle à deux cordes avec une carapace de tortue pour caisse de résonnance

kanyik – jaune

kaok – aïeul, arrière-grand-père

kaok – tête

kaok – blanc

– **asaih kaok** cheval blanc
– **liman kaok** éléphant blanc
– **mbuk kaok** cheveux blancs
– **patih kaok** blanc

kaong – bracelet
– **kaong takuai** collier

kap – grenouille

kapah – coton

kaphiér – Cham brahmaniste

kapiah – calotte, fez des musulmans

kapil – noir, bœuf transportant les morts dans l'autre monde
– **limaow kapil** bœuf Kapil/Kapila

kapu – bouton
catégoriel des chiques de bétel :
– **cih hala sa kapu**
faire une chique de bétel
– **kapu bingu** bouton de fleur
– **kapu hala** chique de bétel
– **klao kapu** sourire

kapuis – panthère

kara – tortue

karah – bague

karamat – sacré, saint

karang – diminuer, moins

kareh – miroir, glace

kareh – rite d'entrée en religion pour les jeunes filles bani

karei – différent, étrange
– **bruk karei** histoire étrange
– **ndom karei** parler différemment

karek – fermer, enfermer
– **karek mbeng** fermer la porte
– **wang karek**
mettre les os nobles du mort au kut

kariya – œuvre

kareh – cérémonie de nubilité des jeunes filles bani

karo – fort, solide, ferme

– **kajap karo** en bonne santé

kasaot – pauvre

katal – foudre

katan – circoncision

katap – livre

katat – circoncision

katé – fête brahmaniste célébrée le septième mois cham

kathat – cimetière cham brahmaniste destiné à ceux qui n'ont pas droit au kut

katip – le deuxième ordre chez les prêtres bani, lecteur

katuw – pou, puce

kau – je, moi

kawom – secteur

kaya – choses

– **kaya anguei** vêtements

– **kaya binrik** choses précieuses

– **kaya mbeng** aliments

– **kaya bingi** bons plats

kayamah / kayamat / – fin du monde, jour dernier, résurrection chez les musulmans

– **harei kayamat** le jour du jugement

kayau – arbre, bois, étoffe

kayem – deuil

kayua – car, parce que

ké – où ?

kei – garçon, homme

kei – ancêtres

kel – embrasser

– **kel gep** s'embrasser (désigne les époux)

khai – plateau

khaok – crécelle

– **khaok kabaw** crécelle au cou des buffles

– **khaok tamrak** amulettes en étoffe au cou

khaol – tous

– **khaol dahlak** nous
– **khaol ita** nous
– **khaol drei** on
– **khaol nyu** ils, eux

khan – sarong, sampot, turban, foulard, écharpe
– **khan bilang** sarong
– **khan kel** turban
– **khan jram** turban des femmes et des *acar*
– **khan matham taibi**
turban à franges rouges
– **khan puah** turban blanc des *pasaih*

khik – garder
– **khik lamik** conserver

khim – esquisser un sourire
– **khim klao** sourire

khing – être décidé à, épouser
– **khing kamei** prendre femme
– **khing likei** prendre mari
– **khing ngap** être décidé à faire

kiak – brique, tuile

kiép – grenouille

kiér – serrure

kiér – clé

kini – maintenant

kik – chaise

kitap – livre

klai – verge

klaih – se rompre, se couper un morceau
– **klaih akaok** avoir la tête coupée
– **klaih panuec** couper la parole
– **klaih tung tian** avoir le cœur brisé
– **sa klaih ikan** un morceau de poisson

klak – vieux, ancien

klak – abandonner, tomber
– **klak di tâh** laisser inachevé

– **katal klak** la foudre frappe
– **klak drei talabat**
se prosterner en se couchant face contre terre trois fois

klao rire

klaong – je, employé quand on s'adresse aux divinités

klau – trois

klem – quinzaine de la lune décroissante, nuit
– **harei sa klem**
premier jour de la quinzaine décroissante
– **mbeng pandih di klem**
mariages pendant la période de la lune décroissante
– **klem ni** cette nuit (la nuit dernière)
– **klem déh** cette nuit (la nuit prochaine)
– **malem déh** la nuit de demain

klong – urne en métal contenant les os du front, enterrée dans le kut

klu – testicules

klup – complètement, entièrement, hermétiquement
– **tama klup dalam sang**
entrer complètement dans la maison
– **karek mbeng ka klup**
fermer la porte hermétiquement

kra – singe

krah dah – intelligent

krah pakar – astrologue

krâh – milieu, au milieu de, pendant
– **daok krâh** être assis au milieu
– **krâh malam** minuit
– **krâh ndih** pendant qu'on est couché
– **krâh pandiak** midi
– **krâh tasik** haute mer

krâh – du Sud-Est
– **angin krâh** vent du Sud-Est

kraik – nom de l'arbre protecteur du royaume du Champa abattu selon la légende sous le règne de Po Romé

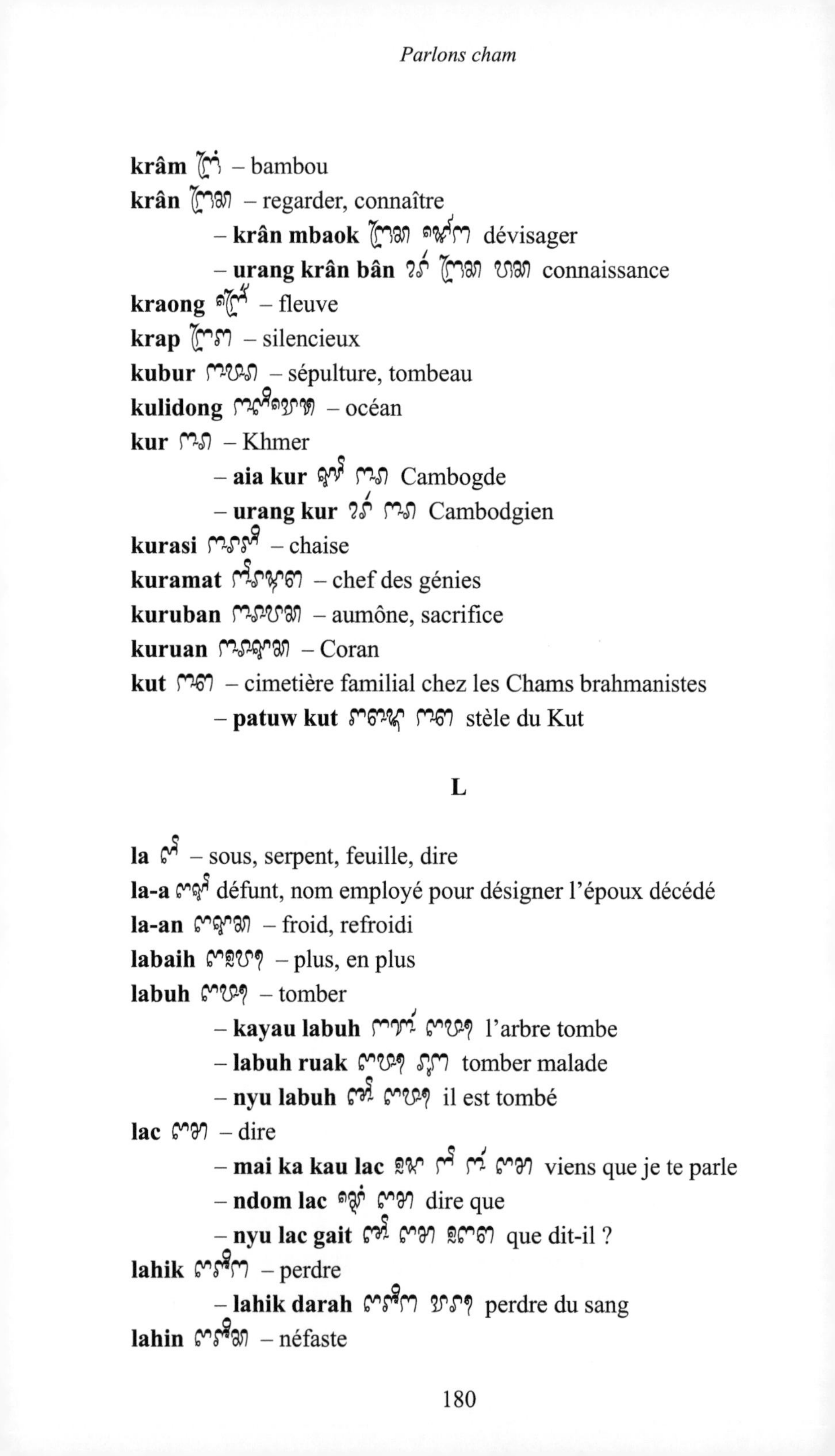

krâm – bambou

krân – regarder, connaître

– **krân mbaok** dévisager

– **urang krân bân** connaissance

kraong – fleuve

krap – silencieux

kubur – sépulture, tombeau

kulidong – océan

kur – Khmer

– **aia kur** Cambogde

– **urang kur** Cambodgien

kurasi – chaise

kuramat – chef des génies

kuruban – aumône, sacrifice

kuruan – Coran

kut – cimetière familial chez les Chams brahmanistes

– **patuw kut** stèle du Kut

L

la – sous, serpent, feuille, dire

la-a défunt, nom employé pour désigner l'époux décédé

la-an – froid, refroidi

labaih – plus, en plus

labuh – tomber

– **kayau labuh** l'arbre tombe

– **labuh ruak** tomber malade

– **nyu labuh** il est tombé

lac – dire

– **mai ka kau lac** viens que je te parle

– **ndom lac** dire que

– **nyu lac gait** que dit-il ?

lahik – perdre

– **lahik darah** perdre du sang

lahin – néfaste

la-i – panier

laik – tomber, poser, perdre

– **laik aia** asperger (le défunt)

– **laik di chap panuec** être victime de calomnies

– **laik di kayau** tomber d'un arbre

– **laik di phait** être victime d'âme errante

– **ngap laik** faire tomber

– **laik ragem** en harmonie

– **laik sa ragem** en accord

– **laik tama bingun** tomber dans le puits

– **laik trun** tomber

laiy – pied

– **palak laiy** plante du pied

lak – raconter, rapporter

lak – quart d'heure

lak – alcool

lakei – garçon

lakhah – mariage

lakuk – derrière

lakung – demander

lamah – offrir

lamak – gras, graisse

lamâk – se corriger

lamaow – bœuf

lambung – vert, verdoyant, épanoui

lamen – tendre, faible

lan – mois

– **lan bih** fin du mois

– **lan sa** premier mois

lang – étendre, dérouler, se dérouler

– **ala lang drei** le serpent se déroule

– **lang ciéw** étendre la natte

lang – expliquer

– **lang ar** interpréter
– **lang kar** prier
– **lang panuec** commenter
– **ina lang** dictionnaire

langan – oie

langik – ciel

lao – Laos
– **aia lao** Laos
– **urang lao** Laotien

laow – Chinois
– **aia laow** Chine
– **urang laow** Chinois

lapa – avoir faim, affamé
– **lapa tian** être affamé

lasun – oignon

latah – sangsue

lathun – oignon

la-u – cocotier

lawah – espace infini
– **ngaok lawah** dans l'espace

lawik – longtemps
– **lawik harei** pendant longtemps
– **lawik malam** tard

laya – gingembre

lei – particule interrogative en fin de phrase
– **hu lei** en avez-vous ?
– **njep lei** est-ce juste ?

li-an – froid
– **aia li-an** eau froide
– **lisei li-an** riz froid

liah – lécher, goûter
– **asau liah tangin** le chien lèche la main
– **kabaw liah idung**
le buffle se lèche les naseaux
– **liah sara** goûter le sel

li-aua – labourer

– **li-aua tanâh** labourer la terre

– **urang li-aua** laboureur

libaih – plus, en plus

libang – trou

– **libang tangi** trou de l'oreille

libik – endroit

– **libik daok** résidence

libuh – tomber

ligah – fatigué

ligaih – fonctionnel, pratique

– **harei ligaih** jour faste

– **ligaih di hatai** qui fait plaisir

– **ligaih makrâ** en harmonie

– **ligaih naik** à son gré

lihin – impur, infâme

– **gru kaleng tiap kaleng sibel matai lihin**

le *gru kaleng* chasse les mauvais esprits après mort violente

– **matai lihin** mourir dans l'infamie

– **ndam lihin** cérémonie mortuaire de qui est décédé dans l'infamie et n'a pas droit d'entrée au *kut*

– **ndom dom baoh lihin**

dire des insanités

li-i – panier

likei – garçon, homme

– **jhak likei** vilain garçon

– **khing likei** prendre un mari

– **likei dam** jeune homme

– **siam likei** beau garçon

likhah – noces, mariage

– **ngap likhah** faire la cérémonie de mariage

likuk – derrière

– **likuk sang** derrière la maison

– **nao likuk** être absent

likung – demander

– **likung adat** demander une permission

– **likung mbeng** mendier

lima – cinq

limah – offrir

– **limah drap ka po**

faire des offrandes à la divinité

limâk – gras, graisse

liman – tendre, faible

liman – éléphant

– **traom liman** trompe de l'éléphant

limaow – bœuf

– **limaow anâk** veau

– **limaow binai** vache

– **limaow dara** génisse

– **limaow juk** bœuf noir

– **limaow kapil** Kapil/Kapila

– **limaow tanaow** taureau

limuk – détester, haïr

lin – offrir

– **kaya lin** offrande

– **lin kaya** présenter des offrandes

linga – linga

lingan – oie

lingaoh – sourd

lingaok – très bon, exquis

lingey – s'effacer, se ternir

– **lingey di alak** dégrisé

lingik – ciel, Dieu

– **sang lingik** parasol, ciel

lingiw – extérieur

– **daok lingiw** se tenir dehors

– **lingiw adat** en dehors des règles

– **pak lingiw** à l'extérieur

– **urang lingiw** personne étrangère

linjut – doux, tendre

linyan – échelle, escalier

– **anâk linyan** barreau d'échelle, marche d'escalier

– **hamu takai linyan** rizière en terrasse

– **ndik linyan** monter à l'échelle, l'escalier

lipa – avoir faim, affamé

lipei – rêve, rêver

lisei – riz cuit

– **lisei li-an** riz froid

– **tanâk lisei** faire cuire le riz

lisun – oignon

– **lisun kem** échalotte

li-u – cocotier

liwah – immensité , espace

– **jalan liwah** aviation

liwik – longtemps

liya – gingembre

lo – très, beaucoup

– **mada lo** très riche

– **praong lo** très grand

– **rilo lo** très nombreux

luai – abandonner

– **luai aia** nager

– **luai gep** s'abandonner, se quitter

– **luai huak** cesser de manger

luc – fini, finir

– **luc jalan** le bout de chemin

– **luc panuec** à la fin du discours

– **luc yawa** rendre le dernier souffle

luw – hurler

– **asau luw** le chien hurle

liwang – maigre

len – argile, terre cuite

– **kaya mang len** objet en terre
– **gaok len** marmite en terre
– **tanâh len** argile

M

ma-aom – porter, se couvrir
– **ma-aom ndon** porter un chapeau conique
mabai – avoir de l'aversion
mabaoh – pondre
– **manuk mabaoh** la poule pond
mablah – se disputer quelque chose
mabuk – ivre
– **mabuk alak** saoul
machak – imposant, grave, majestueux
machut – ressemblant
– **machut gep** se ressembler
macuak – recouvrir
mada – riche
– **mada praong** richissime
– **ngap mada** s'enrichir
mada – tendre, jeune, non accompli
– **baoh mada** fruit vert
– **mada hatai** qui manque d'intelligence
– **mada pa** très jeune, non mûr
– **mada thun mada bilan**
année, mois non accompli (mort depuis moins d'un an)
madanah – Médine
mada… mada ... – de… plus
– **mada tuk mada pandik**
d'heure en heure plus grave
– **mada harei mada trak**
de jour en jour plus grave
madhir – palais
– **madhir patao** palais royal

madrec – décliner pour un astre

– **aia harei madrec** le soleil décline

maduen – prêtre danseur et chanteur brahmaniste, insecte

maduh mang – c'est pourquoi

magait – fille

– **magait ban halei** quelle fille ?

– **magait nan** cette fille-là

magik – mosquée des Chams bani

magru – apprendre, étudier

– **magru adat** apprendre la morale

– **magru akhar** apprendre à lire et à écrire

– **magru danak** apprendre un métier

– **sang magru** maison d'enseignement

– **magru sunuw** apprendre la magie

mah – or

– **mah hala** or en feuille

– **mah taha** or pur

mahésarai – faste

– **tuk mahésarai** heure faste

– **harei mahésarai** jour faste

mahit – entendre, percevoir

mahu – désirer avidement

– **mahu di aia** avoir soif

– **mahu mbeng** avoir envie de manger

– **thruk mahu** être rassasié

mai – venir

– **daok pak mai** d'où venez-vous ?

– **ka mai o** pas encore arrivé

– **mai mang halei** d'où venez-vous ?

– **mai mang nagar pakan** venir d'un autre pays

– **mai paje** être déjà arrivé

– **mai pak ni** venir ici

– **nao tao mai** d'où revenez-vous ?

– **oh ka mai** pas encore arrivé

ma-ih – moisi

– **lisei ma-ih** riz moisi

– **ngap kabaw ma-ih** sacrifier le buffle

maik – mère

maik – particule impérative placée en fin de phrase

– **luai maik** ça va, ça suffit !

– **mbeng maik** mange !

– **nao maik** va !

ma-ik – uriner

– **aia ma-ik** urine

– **sang ma-ik** vessie

ma-in – jouer

– **ma-in jién** jouer à l'argent

– **ma-in maâc** s'amuser

– **ndom ma-in** plaisanter

majaik – près, rapproché

– **majaik matai** près de mourir

– **majaik tel** près d'arriver

majrem – simultané

– **matai majrem gep**
mourir en même temps

majua – solitaire

– **sang majua** maison inhabitée abandonnée

mak – encre, seiche

mâk – prendre, attraper

– **mâk ikan** prendre des poissons

mâk – empoisonné

– **jru mâk** poison

makah – La Mecque

makaik – se mettre en colère

makal – autrefois, jadis

– **makal déh** en ce temps-là

maklem – ténébreux, sombre

– **maklem mata gala hatai** idiot

– **sup maklem** obscurité, ténèbres

makrâ – beau

– **makrâ di lok** beau de l'extérieur

– **makrâ di mata** beau à voir

– **siam makrâ** beau

makuec – riz brisé

malah – contredire

malak – sale, salement

– **aia malak** eau sale

– **ngap bruk malak** travailler salement

malam – nuit (variante **malem**)

– **malam ni** cette nuit (la nuit prochaine)

– **malam guh** nuit de demain

– **malam kadéh** nuit d'après-demain

– **malam malam** toutes les nuits

– **malam tapuc thun**
dernière nuit de l'année

malaow – muet

malaun – esprit impur

malayu – pays malais, Java, Malaisie

maleng – beau, gracieux

– **séh maleng** beau

– **mbaok mata séh maleng**
beau visage

– **rup pabhap séh maleng**
beau corps, belle stature

– **akhar tapuk séh maleng**
qui étudie bien

maliéng – honorer

– **maliéng kana** adorer

maligai – trône

– **maligai patao** trône du roi

malih – jasmin

malun – nu

maluw – honteux

– **maluw malit** pudique

mâm – imam de la religion bani
mamun – faire un sacrifice dans certaines circonstances
manah – ananas
manâh – produire, créer
manak – mourir subitement
– **manak yuh** voué à mourir jeune
manâk – choses, objets
manâng – catégoriel des gâteaux
– **manâng har** gâteau
– **thai manâng har ngaok thong**
arranger des gâteaux sur le plat
manâng rayuak – moyen
manaok – groupe
manei – se baigner
– **manei hagei** se laver
mang – alors, c'est alors que, arriver jusqu'à, de, depuis
– **aia mang halei** où arrive l'eau ?
mang – de, depuis
– **mang di hia** depuis les temps anciens
– **mang kal mai**
depuis autrefois jusqu'à maintenant
– **mang lingiw** de l'extérieur
– **mang ngaok** du dessus
– **mang ni** à partir d'ici
– **mang phun** depuis l'origine
– **mang phun tal gha**
du tronc aux racines
– **mang rah mai** depuis longtemps
– **mang tamân** depuis autrefois
manga – mer
mangak – faux, hypocrite
– **ngap mangap** simuler, feindre
mangawom – famille
manguw – parfumé
mani – depuis, il y a

– **dua harei mani** il y a deux jours

manik – récolte

manik – sommeil

– **manik lipei** rêve, songe

– **ndih sa manik** dormir un somme

mano sak – genre humain

manuel – oracle écrit

manuis – humain

manuk – poule

manyâk – huile

– **manyâk apuei** pétrole

– **manyâk liu** huile de coco

manyim – tisser, tresser

– **manyim khan bai** tisser une étoffe

– **manyim li-i** tresser un panier

manyum – boire

– **manyum alak** boire de l'alcool ;

– **manyum yau urang tuh aia di jek**

boire comme si on versait de l'eau dans une jarre

– **mbeng manyum** noces, mariage

maong – regarder

– **liék maong** jeter un coup d'œil

– **maong mang anak** regarder devant

– **maong patapak** regarder droit

– **maong tagok** regarder en haut

– **maong trun** regarder en bas

maraong – Sud

marat – être décidé, résolu

– **marat hatai** décidé, résolu

– **marat sa jalan** être décidé résolument

– **marat klaoh saong gep**

se jurer fidélité

mari – flûte, clarinette

– **rabap mari** instrument de musique

mata – œil

– **aia mata** larmes
– **mata plek likuk** aveugle
– **mata takai** cheville
– **ruak mata** avoir mal aux yeux

mata – côté

– **klau mata** triangulaire
– **pak mata** carré
– **sang ni hu dua mata**
cette maison a deux côtés

mata – sorte, espèce, mets, plat

– **dahlak ngap klau mata kaya mbeng**
je prépare trois plats
– **mata kayau** espèce d'arbre

matah – non mûr, cru, vert

– **baoh matah** fruit vert
– **kaya matah** crudités
– **lisei matah** riz non cuit
– **mbeng matah** manger cru
– **njam matah** légumes verts

matâh – demi, moitié

– **matâh harei** demi-journée
– **matâh jalan** mi-route
– **matâh malam** la moitié de la nuit
– **matâh pangin** la moitié du bol
– **sa matâh** la moitié

matai – mourir

– **matai deng** mourir subitement
– **matai di aek** mourir de faim
– **matai di aia** mourir noyé
– **matai di ruak** mourir de maladie
– **matai di tham graing** mourir d'accident
– **matai klep** mourir par l'épée
– **matai lahin** mourir dans l'infâmie
– **matai ranaih** mourir jeune

– **matai siam** mourir d'une bonne mort

– **matai tah palei karei angan** mourir loin de son pays

matri – ministre

– **ganuer matri** Shiva de la tour Po Klong Garay

matuaw – favorable, bon

– **matuaw baoh kayau** il y a beaucoup de fruits

– **thun ni matuaw padai** cette année la récolte est bonne

– **thun ni matuaw jan** cette année les pluies sont favorables

matuei – orphelin

– **matuei di ama** orphelin de père

– **matuei di amaik** orphelin de mère

– **matuei madhar** orphelin de père et de mère

matuw – gendre, bru

– **matuw kamei** bru

– **matuw likei** gendre

mayao – chat

mayeng – balai de *ralang* pour chasser les mauvais esprits

mayok – tenir compagnie

mayung – parallèle

mayut – relations amicales, amoureuses

– **mayut mayung** amour

mbac – ouvrir

– **mbac mata pa-praong** ouvrir de grands yeux

mbaik – mettre les habits de dessous

– **mbaik klau cuk klau** 3 habits pour le haut du corps doit correspondre 3 habits pour le bas du corps (cérémonie des morts brahmaniste)

mbaik

carégoriel des choses allongées :

– **dua mbaik njuh** deux bûches de bois

– **klau mbaik hahuei** trois rotins
– **pak mbaik dhaong** quatre couteaux
– **sa mbaik geng** une colonne

mbaik – supposer, imaginer

mbak – se propager
– **ndom bilei drah mbak**
si vous dites du mal des autres, on dira du mal de vous

mbak – salé

mbaok – visage

mbeng – manger
– **anguei mbeng** se vêtir
– **jhak mbeng** goinfre
– **mbeng aia mata** dévorer ses larmes
– **mbeng anguei** biens
– **mbeng ma-nyum** festoyer, noces
– **ngap mbeng anguei** gagner sa vie
– **rak mbeng** goulu
– **ranâk mbeng** gourmand

mbeng – brûler
– **apuei mbeng** le feu brûle

mbeng – porte
– **karek mbeng** fermer la porte
– **peh mbeng** ouvrir la porte

mblak – ouvrir
– **mblak mata** ouvrir l'œil

mbluak – plus
– **mada mbluak di urang**
plus riche que les autres
– **mbluak di mbluak** par dessus tout
– **o mbluak di urang** pas plus que les autres

mboh – voir
– **mboh dreh di mata**
voir de ses propres yeux

mbong – blanc
– **mbong patih** blanc

mbraow – beaucoup bien, à l'aise

– **huak mbraow** manger beaucoup

– **ngap mbeng mbraow** bien gagner sa vie

– **saih ni bac mbraow di saih nan**

cet élève étudie mieux que l'autre

mbuen – colline, monticule

– **mbuen acaow**

colline où se trouve la tour Po Romé

– **mbuen hala**

colline du bétel où se trouve la tour de Po Klong Garay

– **mbuen palau** île

mbuen – facile, faire un vœu

– **mbuen yang** faire un vœu à la divinité

mbuk – cheveux

– **cak mbuk** faire un chignon

– **canak mbuk** chignon

– **cakak mbuk** couper les cheveux

– **daok sa arak mbuk tra**

encore un cheveu : la vie ne tient plus qu'à un fil

mbut – instrument pour écrire

– **mbut biluw** pinceau pour écrire

– **mbut maic** stylo

– **mbut tamrak** crayon

mbuw – odeur

– **mbuw trih** odeur de musc

– **mbuw bruk** odeur de putréfaction

mei – petit frère, petite sœur

men – réciter une imprécation

met adem – fils d'Adam

mia – danser

miéng – consulter les sorts

mih – certes

– **hu mih** oui vraiment

mik – oncle paternel

– **mik nai** tante

mohamat – Mahomet

mong – branche familiale, caste

– **mong bal ua** caste des laboureurs

– **mong halun urang** caste des esclaves

– **mong lep hala**

caste des gens qui préparent les chiques de bétel

– **mong pasaih**

caste des prêtres brahmanistes

– **mong patao bamaw mah**

famille royale

mosa – Moïse

muk – grand-mère, vieille femme

– **muk buh** femme au service des prêtres

– **muk kaok** ancêtres

– **muk kei** ancêtres

– **muk ndua alak**

femme chargée de l'offrande l'alcool avant les labours

– **muk pajuw** prétresse

– **muk rija** danseuse de la *rija*

malakat – démon qui s'introduit dans le corps

N

nabi – prophète, saint

– **nabi adam** Adam

– **nabi makha-el** Michaël

– **nabi mosa** Moïse

– **nabi nuh** Noé

nagar – pays, province

– **po nagar** Po Nagar, la déesse du pays

nai – tante, demoiselle

naih – petit

nairati – Sud-Ouest

nan – là

– **di reh nan** en ce temps-là
– **pak nan** à cet endroit-là
– **urang nan** cet homme-là

nao – aller
– **nao wek** aller et revenir
– **mâk nao** emporter
– **nao gahur** rendre visite aux tombeaux bani
– **nao ndik haji** aller en pèlerinage à La Mecque

nasak – année du cycle duodénaire

nda – peut-être

ndam – cérémonie
– **ndam cuh** incinération (brahmaniste)
– **ndam dar** enterrement (bani)
– **ndam jap brah** enterrement (brahmaniste)
– **ndam kareh** cérémonie des jeunes filles bani
ndam likhah noces
– **ndam matai** funérailles
– **ndam tadik** ordination du *pasaih*

ndaow – épi
– **ndaow tangey** épi de maïs

ndaok – pourri
– **kayau ndaok** bois pourri

ndei – très, excessivement
– **jhak ndei** très mauvais
– **lo ndei** beaucoup
– **mada ndei** très riche

ndih – coucher, dormir

ndik – monter, grimper
– **ndik kayau** grimper à un arbre
– **ndik jâ** aller en pèlerinage

ndom – parler, dire
– **ndom pakrâ klao** plaisanter
– **ndom lo** parler beaucoup

ndon – chapeau conique

– **ndon hala** plateau à bétel

ndua – porter sur la tête

– **ndua aia mâng buk**

porter sur la tête de l'eau dans une cruche

nem – six

ngaing – mourir

ngan – nom

ngaok – dessus, sur

ngap – faire

– **ngap gruk** travailler

– **ngap habar** comment ? pourquoi ?

– **ngap sang** faire une maison

– **ngap yau nan** faire ainsi

ngar – mardi

ni – ce, cet, voici, ici

– **malam ni** cette nuit (la nuit prochaine)

– **urak ni** maintenant

– **urang ni** cet homme

nis tabha – mourir

njem – légume

njep – juste, qui convient

– **ndom njep** parler juste

– **njep libik** à la juste place

njuh – bois de chauffage

– **njuh amil** bois de tamarinier (incinération)

– **njuh kacam**

petite gerbe de bois pour la cérémonie d'incinération

noraka – enfers

norapat – roi

nu – rat

nyamul – magique

– **panuec nyamul** sentence magique

nyu – il

nyuk – collier

nyum – boire

O

o – non, ne pas

– **o nao** ne pas aller

– **hu o** il n'y a pas

– **oh mbeng o** ne pas manger

oh – non, ne pas

ok – mâle

– **kabaw ok** buffle mâle

– **manuk ok** coq

om – syllabe sacrée du sanskrit répétée dans les prières

omkar – syllabe *om*, figure magique des Chams

ong – grand-père

P

pa-anguei – habiller, faire la toilette du mort

pabah – bouche, bouchée

– **mbeng sa pabah hala**
manger une chique de bétel

– **pabah craok**
estuire, fête de purification chez les bani

– **pabah mbeng** porte d'entrée, seuil

– **pabah ribaong** entrée du canal

– **pabah praong** grande bouche

– **praong pabah** insolent

pabaiy – chèvre, jarre

pabak – inaugurer

– **pabak sang biruw**
inaugurer une nouvelle maison

paban – table, autel, estrade d'offrande pour les sacrifices

pabaow – mouton, brebis

pabeng – couvrir, recouvrir

– **pabeng akaok** se couvrir la tête

– **pabeng mata** bander les yeux

pablei – vendre

pablek – se renverser, retourner

– **cuk pablek** enfiler un vêtement à l'envers

– **ndom pablek panuec** se contredire

– **pablek hatai** changer ses sentiments

– **pablek lok** trahir

– **pablek panuec** changer d'avis

pabuak akaok – façon de faire le chignon du *pasaih*

pabuei – cochon

– **pabuei binai** truie

– **pabuei glai** sanglier

pabung – toit

pacah yawa – frapper quelques coups de gong ou de tambour avant une cérémonie

pachai – envoyer

pacheh – encourager

pachom – espérer

padai – riz, paddy

padaok – faire asseoir, élever, poser

– **padaok kaok** commencer

padei – reposer, se reposer

– **padei glaih** prendre du repos

– **padei ka-ing** s'allonger pour se reposer

– **padei kubaw** faire reposer les buffles

padem – éteindre, effacer

– **padem akhar** effacer les lettres

– **padem manyâk** éteindre la lumière

– **padem puei** éteindre le feu

pader – rappeler

pader – pot à chaux

padhén – douter, soupçonner

padhi – cérémonie anniversaire du défunt

paduel – soulager une souffrance

– **paduel lipa** apaiser la faim

– **paduel tian** soulager une peine

pagaok – heurter, se heurter contre

pagat – tricher, leurrer

pagé – matin

– **harei déh pagé** avant-hicr matin

– **kadéh pagé** après-demain matin

– **pagé ni** ce matin

– **pagé pé** de bon matin, tôt

– **paguh pagé** demain matin

– **pabruai pagé** hier matin

paguh – demain

– **dah pagé paguh** tôt demain matin

– **jala paguh** demain tard dans la matinée

– **malam paguh** tard demain soir

– **paguh biér harei** demain soir

– **paguh krâh pa-ndiak** demain midi

– **paguh pagé** demain matin

pah – frapper de la paume de la main, attraper de la main

– **pah tangin** applaudir

– **pah kiép** tomber par terre (attraper des grenouilles)

pah – louer

– **daok pah** être loué au service de quelqu'un

pahacih – se purifier

pahamit – donner une nouvelle, divulguer

pahamu – envier, désirer avidement

paheh – divulguer, répandre

pahuak – donner à manger, faire manger

pahue – menacer

pahuec – faire peur

pahuel – faire des passes rituelles au dessus de la fumée

pai – Ouest

paik – cueillir, attraper

– **paik baoh kruec** cueillir une orange

– **paik jip** mourir

– **paik taping** pincer les cordes d'un instrument

paje – déjà
pajhak – dire du mal
pajiak – presser, faire d'urgence
pajip – clair, clairement
pajiong – consoler
pajru – soigner
pajruh – diminuer
pajum – aider, rassembler
– **pajum ngap** collaborer
pajup – aider
pajuw – prétresse, prophétesse
– **muk pajuw** la prétresse
pak mada – jamais
– pak mada huec ka-nda
il n'avait jamais peur
pak – où ? à
– **dahlak nao pak Parik**
je vais à Phanri
– **pak nan** là-bas
– **pak ni** ici
– **sang daok pak halei**
où est votre maison ?
pak – tresser
– **pak mbuk** faire une tresse de cheveux
– **pak ralang** tresser l'image d'un homme
avec des herbes de paillote (cérémonie des morts)
pak – selon
– **daok pak ai** au grand frère de décider
– **pak hâ** comme tu veux
– **pak tian** à sa guise
pak – quatre
pakaiy – gecko
pakaw – tabac
– **cih pakaw** se frotter les dents avec le tabac
– **lik pakaw** rouler une cigarette

– **njuk pakaw** fumer
– **pakaw lik** cigarette
– **pakaw njuk** tabac à fumer

pakal – mauvais présage

pakir – pauvre

pakrâ – offrir, plaisanter
– **ndom pakrâ klao** plaisanter
– **ngap pakrâ klao** faire des plaisanteries

pakraing – sourcil

pakreng – régir, gouverner

pal – bras

pal – gardien des victuailles offertes

palaik – faire tomber, fermer
– **palaik anâk** faire avorter
– **palaik kiér** fermer à clé

palak – plante, paume
– **palak takai** plante du pied
– **palak tangin** paume de la main

palei – hameau, village
– **palei pala** campagne

paliéng – faire une offrande
– **paliéng yang** faire une offrande à la divinité

palue – cajoler, caresser

pamanei – baigner, faire la toilette mortuaire

pamaong – interroger la prophétesse

pamatai – tuer, faire mourir

pan – tenir

panâng – aréquier

pandel – envoyer

pandiak – chaud, brûlant, faire chauffer
– **aia pandiak** eau chaude
– **pandiak aia** faire chauffer l'eau
– **pandiak lo** il fait très chaud

pandik – malade
– **pandik tian** avoir mal au ventre

pandit – sentence, expression
pandua – exagérer
pangkachait – camphre
panik – sommeil
panuec – parole, histoire
  – **abih panuec** avoir fini de parler
  – **klaih panuec** couper la parole
  – **leh panuec** s'arrêter de parler
  – **manâk panuec** causer des histoires
  – **ngap panuec** faire des histoires
  – **panuec ndom gruk ngap** paroles et actions
  – **panuec pandit** dictons
  – **panuec yaw** proverbes, dictons
paok – délier, enlever
  – **paok kabaw di ridéh** dételer les buffles de la charrue
pa-on – faire cadeau entre égaux ou d'inférieur à supérieur
papok – respecter
  – **papok papraong** avoir un grand respect
papraong – respecter
parabha – partager, part
  – **harak parabha** testament
  – **kaoh tok parabha cing** partager les grandes mesures en petites (faire la part du mort et des vivants au moment du décès)
  – **parabha gruk** répartir les travaux
parajak – savant, érudit
paramâk – se battre
paramuk – haïr
paran – ethnie
  – **paran cam** l'ethnie chame
parat – gendre (étranger dans le clan matrilinéaire)
parat – mari (étranger dans le clan matrilinéaire)
pareng – français

– **aia pareng** France

– **urang pareng** Français

paréng – assiette

pari pays

pariak – argent

paricaow – faire la cérémonie de purification

pasaih – prêtre brahmaniste

pasang – mari, époux

paséh – prêtre brahmaniste

pasei – fer

pataih – soie

pataik – fin, clôture

patao – roi

– **gaon patao** ordre du roi

– **ngap patao** être roi

– **patao bia** rois et reines

pataok – maladroit

pataom – rassembler, réunir

patar – cadavre

patei – bananier

baoh patei banane

patha – se mettre d'accord

pathang – mari

pathau – informer

patih – blanc

– **aw patih** habit blanc

– **mbuk patih** cheveux blancs

– **patih kaok** très blanc

patik – théière

patra – prince, défunt célèbre de la famille

patri – princesse, défunte célèbre de la famille

patrip – dernière fête anniversaire du défunt

patruh – faire passer, dépasser

– **patruh rija** fête d'initiation de la *rija*

patuah – chance, fortune

– **caong patuah duah jamaow**
chercher la fortune et trouver la chance

– **nao patuah** rencontrer la chance en chemin

patuk – enflammer, heurter

– **patuk apuei** enflammer

– **patuk akaok** se cogner la tête

patuw – pierre

– **baoh patuw** pierre

– **patuw hayap** stèle

– **patuw kut** stèle du kut

payak ia – offrir un thé

payak – festoyer

– **ngap payak**
faire un repas en l'honneur des ancêtres

payo – amant, amoureux

payua – envoyer, confier

– **jién payua** dépôt d'argent

– **payua harak** envoyer une lettre

peh – ouvrir

– **peh baoh mbeng** ouvrir la porte

– **peh tapuk** ouvrir le livre

pei – gâteau

peng – entendre, comprendre

– **peng urang ndom** entendre les gens dire

– **ndom oh peng akaok peng ku**
parler sans écouter la tête et la queue (parler hors sujet)

– **thau peng panuec pareng**
pouvoir comprendre le français

peng – obéir

– **anâk peng amaik ama**
les enfants obéissent à leurs parents

phak – rapidement

– **nao phak** aller rapidement

– **ndom phak** parler rapidement

phat – âme des défunts

phik – bien-aimée, fiel, amer

phun – arbre, tronc, tête, leçon

– **hadiep phun** femme de premier rang

– **phun kadha** leçon

piak – tique

pik – mourir, fermer

– **pik mata** fermer l'œil

pluh – dizaine

– **sa pluh** dix

– **dua pluh** vingt

– **klau pluh** trente

pluk – pirogue, bassine

plut – court

po – seigneur

– **po dam** roi Po Dam

– **po haluw ia** génie gardien de la source

– **po klong can** génie Po Klong Chan

– **po klong garay** roi Po Klong Garay

– **po labadhi**
nom donné à la fille dans la cérémonie de *kareh*

– **po nagar** déesse mère du pays, Po Nagar

– **po palei** gouverneur de province

– **po romé** roi Po Romé

pok – porter

porami – le 15 de la lune

praik – raconter des histoires, des récits

prait tik – univers

praok – écureuil, enfants

– **praok patra** mânes des enfants-morts

praong – grand

– **praong hatai** audacieux, téméraire

– **praong libaih** le plus grand

puah – turban blanc du *pasaih*

puec – parler, réprimander

– **puec cek** se vanter

– **puec jhak** blâmer

– **puec kamei** demander une fille en mariage

puei – feu

pur – Est

purami – pleine lune

R

ra – humain, personne

– **ra glai** les Raglaïs

– **ra siam** bonnes gens

rabang – pont

rabaong – canal

rabap – vièle à deux cordes

– **rabap mari** instruments à cordes

rabha – partager

– **nâh rabha** part

– **rabha dua** partager en deux

– **rabha gep** se partager

– **rabha hatai** soupçonner

racauw – se baigner, se laver

radéh – charrette

raduh – peuple

rageh – douleur vive, violent désir

– **mata rageh** avoir une douleur vive à l'œil

– **rageh di jién** être attiré par l'argent

– **rageh di mata** convoiter des yeux

ragem – air de musique

– **ragem ganeng** air de tambour plat

– **ragem saranai** air de hautbois

raglai – les Raglaïs

raja – roi

raja – cérémonie avec danses sacrées

rak – nerf, tendon, veine

catégoriel des objets en forme de fil :

– **brah sa rak**
un grain de riz utilisé dans la cérémonie d'incinération
– **rak darah** vaisseau sanguin
– **rak kabuak** fil de soie
– **rak tangin** lignes de la main
(**aek rak tangin** lire les lignes de la main)

rak – ogre

rak – moment
– **rak ni** maintenant

rak cha – servir
– **rak cha amaik ama**
servir mère et père

rakak – plein, rempli
– **rakak idung** avoir le nez bouché
– **rakak jalan** route remplie de monde
– **rakak tian** avoir le ventre plein

ralang – chaume
– **sang tak gak ralang**
maison couverte de chaume
– **ralang mu** anneau en brins de chaume tressés
dont le *pasaih* se sert pour l'incinération

ralao – tardif, en retard

ralin – cire
– **ralin jalikaow** cire d'abeille

ralo – beaucoup
– **mbeng ralo** manger beaucoup
– **ndom ralo** parler beaucoup
– **ralo drei** beaucoup de gens
– **ralo lo** très nombreux
– **ralo mbeng** beaucoup de fois
– **ralo ndom** bavard

ralong – forêt

ramah – rhinocéros

ramaong – tigre
– **thun nasak ramaong** année du tigre

ramawan – ramadan, 9e mois de l'année musulmane

rambah – dur, difficile

ramik – ranger

– **ramik sang** ranger la maison

ramuwan – ramadan

ranaih – jeune

– **ranaih kamei** petite fille

– **ranaih likei** petit garçon

ranâk – gourmand

randé – les Radhés, Êdés

ranem – aimer

– **anit ranem** chérir

rang – humain, personne

rao – laver

– **rao tangin** se laver les mains

– **rao takai** se laver les pieds

raok – accueillir, inviter

– **raok khan aw po ina nagar** « inviter » les habits de Po Ina Nagar

raok – crapaud

raong – dos

– **pak ngaok raong** porter sur le dos

– **daok ngaok raong asaih** chevaucher le dos du cheval

rasi – destin

– **abih po rasi** être au bout de son destin : mourir

– **rasi atah** prédestiné à vivre longtemps

– **rasi katut** voué à une mort jeune

ratak – haricot

ratuh – centaine

– **sa ratuh** cent

– **dua ratuh** deux cents

– **klau ratuh** trois cents

raweng – visiter

– **nao raweng** aller visiter

– **raweng hamu** aller voir la rizière

ray – vie

raya – grand, vastc

– **kraong raya** grand fleuve

– **jalan raya** grand route

rayak – flots, vagues

– **po rayak** Po Rayak, le seigneur des flots

reh – très

– **siam reh** très beau

rem – forêt

– **rem banân** forêt épaisse

– **rem glai** la forêt

– **rem riya** forêt vierge

rep – commencer

– **rep thunai** ériger l'autel des ancêtres

– **rep ngap** commencer le travail

ribang – pont

ribaong – canal

ribuw – mille

– **sa ribuw** mille

– **dua ribuw** deux mille

– **klau ribuw** trois mille

ridéh – charrette

rija – cérémonie avec danses

rik – ancien

– **akhar rik** écriture ancienne : sanskrit

rim – chaque

– **rim harei** chaque jour

rimaong – tigre

ruai – mouche

ruak – malade

– **rabuh ruak** tomber malade

– **ruak mata** avoir mal à l'œil

– **ruak trak** être très malade

rumah – maison
rusak – abîmé
rup – corps
– **sa rup** un seul
– **sa mbaik rup** tout seul

S

sa – un
– **sa baoh** un fruit
– **sa phun** un arbre
sa-ai – grand frère, grande sœur
– **adei sa-ai** frères et sœurs
sadah – comme
sai – comme
sak – fumée
– **sak apuei** fumée du feu
sak tajai – doué de vertus magiques
sakarai – philosophie
sakawi – calendrier
salam – saluer
salamu aleikem – forme musulmane
salam aleikum : la paix soit sur vous.
salap – se tromper
salatan – Sud-Est
salawat – ouverture d'une cérémonie religieuse
salipan – neuf
samar – rapidement, vite
sanacar – samedi
sanai – autel des ancêtres
– **dak sanai** ériger l'autel des ancêtres
– **sanai klam** grand autel
– **sanai yor** autel simple des ancêtres
sanak – méchant
sang – maison

– **po sang** maître de maison
– **sang bac** école
– **sang ganuh** prison
– **sang jru** hôpital
– **sang magik** mosquée bani
– **sang thar** mosquée bani
– **sang thor** catafalque

sani – ici

sanuai – cuillère

saong – avec, paire
– **nao saong gep** aller ensemble
– **nao saong thei** avec qui allez-vous ?
– **saong dueh** une paire de baguettes

sap – voix, parole, langue, injurier, insulter
– **ngap sap** élever la voix
– **sap cam** langue chame
– **sap yuon** langue vietnamienne

sapajieng – le Créateur

sara – sel

saradang – sucre

sarak – écrire, dessiner
– **adamah sarak** dessin magique
– **akhar sarak** incantation écrite
– **baoh sarak** signe magique
– **ngap sarak nâm** inscrire le nom d'un défunt mort sans laisser de trace dans la cérémonie mortuaire
– **sarak angan** signer son nom

saralang – nacre

saranai – flûte, hautbois

sari – pénis
– **sari drei** pénis

saruh – exciter

sa-uk – répondre

seng – bandelette tissée dont on entoure le mort

si – particule indiquant le futur

– **si nao** sur le point de partir

– **si ndom** sur le point de parler

– **si tel** sur le point d'arriver

siaip – turban avec fines rayures aux extrémités

siam – beau

– **aw siam** bel habit

– **siam binai** belle fille

– **siam likei** beau garçon

– **siam manuh** qui a bon caractère

– **siam tian** qui a bon cœur

siber – comment ?

siém – Siam (Thailande)

sit – petit

som – lundi

suail – faux

– **ndom suail** se tromper

suan – âme

– **luai suan** respirer

su-aon – penser à, se souvenir avec nostalgie

– **su-aon sang**

penser à sa maison, avoir le cafard

subuh – aube

suber – pourquoi ?

subik – avec, aussi

suk – faux

– **ndom suk** se tromper

suk – vendredi

sumac – chanter des chants mortuaires

sunit – efficace

– **brah sunit**

ceinture protectrice d'une grande efficacité

sunuw – connaissance en magie, formule magique

– **mbuah sunuw**

prononcer une sentence magique

– **sunuw bi-nrik**
sentence magique d'une grande efficacité

suor – ciel, paradis

– **suor dher** monde d'en haut

– **suor riga** paradis

– **sang suor** catafalque

sup – sombre

– **sup palup** ténèbres

supah – jurer

su-phiep – manquer

– **su-phiep jién padai**
manquer d'argent, manquer de riz (être dans la gêne)

surak – écrire

surga – paradis

T

tabiak – sortir

– **tabiak di sang** sortir de la maison

– **tabiak lingiw** sortir dehors

tabukur – *takbir : Allahu akbar*, Dieu est grand

tabun – tabou, interdit, désigne les filles bani avant le *kareh*

tabung – esprits des morts, morts de mort violente

tacaba – entraîner pour faire mourir : se dit des esprits des défunts qui entrainent leur famille vers la mort

tacaow – petit-fils, petite-fille

tada – poitrine

tadik – éventer

– **baoh tadik** éventail

– **tamia tadik** exécuter la danse des éventails

tagei – dent

tager – contraire

tagok – se lever, monter

– **aia harei tagok** le soleil se lève

– **tagok deng** se lever

– **tagok ngaok sang** monter à l'étage
– **tagok rai** monter sur le trône

tâh urang – adulte

taha – vieux, âgé
– **tangey taha** maïs mûr
– **urang taha** personnes âgées

taibi – turban à large galon

tajuh – sept

takai – pied
– **nao takai** aller à pied
– **takai cek** pied de la montagne

takhaok – chaussure

taklaot – se détacher, décoller

takrâ – aimer, désirer
– **takrâ di alak** aimer l'alcool
– **hatai takrâ** désir

takuai – cou, col

takuh – souris, rat
– **thun nasak takuh** année cyclique du rat

takung – cerceau posé au dessus mort destiné à recevoir ses habits pendant les cérémonies mortuaires

talabat – se prosterner les mains jointes au dessus de la tête ou en se couchant la face contre terre

talabuh – avorter
– **talabuh dalam** mort-né

talai – plateau couvert de nourriture pour le sacrifice

talaih – délier, terminer, clôturer
– **talaih kayam** cesser le deuil
– **talaih kubaw** détacher le buffle
– **talaih ramawan** terminer le ramadan

talang – os, arête
– **salipan klaih talang** neuf morceaux de l'os frontal conservés après l'incinération
– **talang biraong** colonne vertébrale
– **talang dhei** os frontal

talawi – *tarawi*, prière des soirs de ramadan

talei – corde, ligne

– **talei ka-ing** ceinture

– **talei kamei** lignée maternelle

– **talei likei** lignée paternelle

– **talei seng** bandelette pour entourer le mort

tamaow – intègre, intact

– **kamei ta-maow** fille vierge

tamia – danser

– **tamia tadik** danser la danse des éventails

tana – habitude

tanâh – terre, terrain

– **tanâh riya** génie du sol

– **tanâh siam** bonne terre

tanâng – lit, amant, amoureux

tanaow – mâle

– **kabaw tanaow** buffle mâle

– **limaow tanaow** taureau

tangey – maïs

tangi – oreille

tangin – main

tanra kabal – pratiques magiques pour envoûter ou désenvoûter

tanran – plaine

tanum – tombeau

tanuw – doigt

tanyrak – turban

tanyraow – consacré

– **hamu tanyraow** rizière consacrée

tao – où ?

– **ai nao tao** où vas-tu ?

taok – fesse

taow – couteau

tapah – mener la vie religieuse

– **nao tapah** entrer en religion

tapai – alcool, bière
tapai – lapin, lièvre
  – **thun nasak tapai** année cyclique du lièvre
tapak – droit
  – **ndom tapak** parler franchement
  – **ndom bi tapak** dire la vérité
  – **nao tapak jalan** aller tout droit
  – **urang tapak lo** personne très droite
tapuk – livre, manuscrit
  – **tapuk adamah** recueil de dessins magiques
  – **tapuk asalam** le livre de l'islam, le Coran
tasik – mer
tara – ciel, voûte céleste
tatek – presser, appuyer
tathik – mer
  – **tathik pur** mer de Chine
tathuw – seins, mamelles
tatua rah – brancard de catafalque
ta-uk – genou
tel – arriver, jusqu'à
  – **nao tel Parik** aller jusqu'à Phanri
thang – maison
thaoh – sans rien, vide
  – **daok thaoh** qui ne fait rien
  – **kalaok thaoh** bouteille vide
  – **ndom thaoh** calomnier
that – être fidèle
thau – connaître, savoir
thaw bah – faire une ablution rituelle
thei – qui ?
  – **nao saong they ?** avec qui allez-vous ?
  – **thei nao nan ?** qui va là?
  – **o hu thei** il n'y a personne
thep – corps

thet – frais, vert

  – **ndam thet** cérémonie fraîche, incinération sur un corps fraîchement décédé

  – **thet hala** feuillage vert

thiak – dépenser

thik – couper

thom – armature en bambou posé sur le cadavre

thong hala – plateau à bétel

thraong – en bonne santé, bien portant

threm – s'exercer à

  – **threm padhih** faire de la gymnastique

thruai – lentement, longtemps

  – **nao thruai** aller lentement

  – **cang thruai** attendre longtemps

thu – sec

  – **ndam thu** cérémonie sèche, incinération sur les ossements

thun – année

  – **thun biruw** nouvel an

  – **thun dam dara** jeunesse

thuor liga – paradis

tian – ventre

timur – Est

trak – lourd

  – **ngap gruk trak** travailler durement

  – **ndom trak panuec** dire des paroles dures

traom – trompe

  – **traom liman** trompe de l'éléphant

  – **traom kajang** véranda intérieure de l'abri des cérémonies pour les morts

traong – aubergine

trun – descendre

  – **trun di li-nyan** descendre de l'échelle

  – **trun di rai** être détrôné

– **trun puec** être en transe

tua – sécheresse

tuai – hôte, visiteur

tuek tuah – rédiger

tuk – heure

– **di tuk** à ce moment-là

– **tuk haley** quand, à quel moment ?

– **tuk mahé sarai** heure très faste

– **tuk siam** heure favorable

– **tuk tabih** heure très néfaste

– **tuk takala** heure néfaste

tukang – ouvrier

tul – matelas

U

uak – essuyer, jouer d'un instrument à cordes

– **uak mbaok** s'essuyer le visage

– **uak kanyi** jouer de la vièle

ula – serpent

unta – chameau

upak – où ?

– **ong daok upak** où habitez-vous ?

– **upak mada** jamais

urang – humain, personne

catégoriel :

– **dua urang anâk** deux enfants

ut – Nord

utar bilan – jours néfastes du mois

W

wa – oncle maternel

wak – heure

wang bilei – clan familial

waw – une des huit divisions du calendrier cham
– **thun rimaong waw** l'année du tigre waw
wek – retourner, de nouveau
wen – gris
wer – oublier
wil – rond

Y

yang – esprit, génie
– **hiat yang** invoquer le génie
– **yang adityak** le soleil divinisé
– **yang apuei** le génie du feu
– **yang bimong** le génie de la tour
– **yang can nâk** la lune divinisée
– **yang chak** mauvais esprit
– **yang harei** soleil
– **yang rup** statue de la divinité
– **yang tanâh** le génie du sol
– **yuer yang** invoquer les divinités
yap – compter, chaque
– **yap jién** compter l'argent
– **yap urang** chaque personne
yau – comme
yawa – souffle
– **kadha yawa** force magique
– **luai yawa** respirer
– **prân yawa** force
– **yawa angin** souffle du vent
– **yawa thuak** souffle de la respiration
yoni – yoni
yua – parce que, à cause de, éviter, fuir
– **yua amaik ama** à cause des parents
– **yua nao atah** s'enfuir au loin
– **yua urang** à cause des gens

yuen – Vietnamien

– **aia yuen** le Vietnam

– **urang yuen** un Vietnamien

yuh – longévité

yuk – souffler, jouer d'un instrument à vent

yun – hamac

yut – ami

– **yut tanraow** vieil ami

– **gep yut** amant, amoureux

– **mayut gep** se lier d'amitié, d'amour

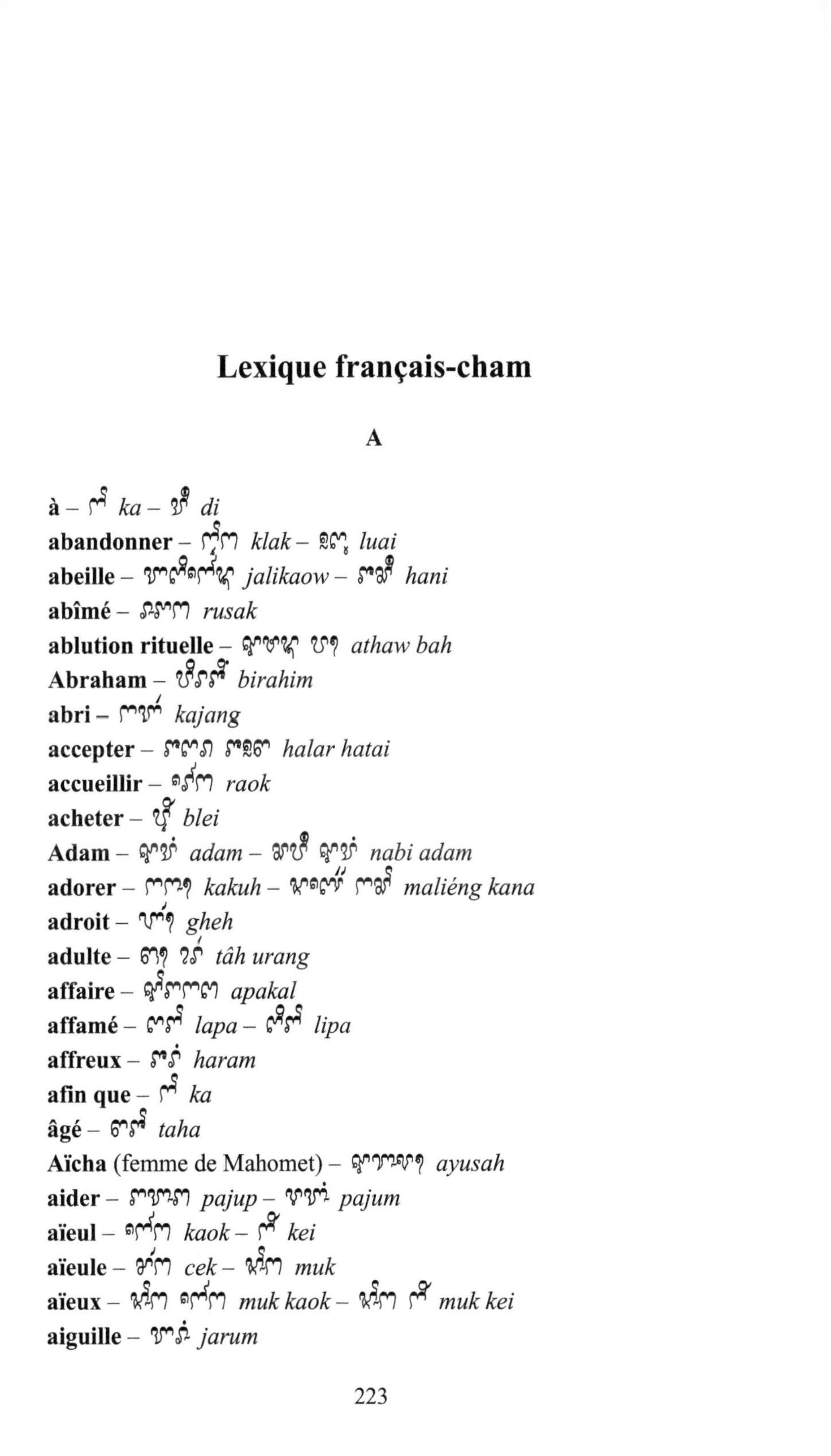

Lexique français-cham

A

à – *ka* – *di*
abandonner – *klak* – *luai*
abeille – *jalikaow* – *hani*
abîmé – *rusak*
ablution rituelle – *athaw bah*
Abraham – *birahim*
abri – *kajang*
accepter – *halar hatai*
accueillir – *raok*
acheter – *blei*
Adam – *adam* – *nabi adam*
adorer – *kakuh* – *maliéng kana*
adroit – *gheh*
adulte – *tâh urang*
affaire – *apakal*
affamé – *lapa* – *lipa*
affreux – *haram*
afin que – *ka*
âgé – *taha*
Aïcha (femme de Mahomet) – *ayusah*
aider – *pajup* – *pajum*
aïeul – *kaok* – *kei*
aïeule – *cek* – *muk*
aïeux – *muk kaok* – *muk kei*
aiguille – *jarum*

aimer – *anit* – *cheh* – *takrâ* – *ranem*
ainsi – *baik*
alcool – *alak* – *tapai* – *lak*
aliments – *kaya mbeng*
Allah – *alah* – *aluah* – *aluahuk* – *awlah* – *po awlah*
aller – *nao*
allumer – *cuh*
amant – *gep yut* – *tanâng* – *payo*
âme – *atuw* – *phat* – *suan*
amer – *phik*
ami – *yut*
amour – *mayut mayung*
amoureux – *ar-dhar* – *gep yut* – *tanâng* – *payo*
amulette – *adamah*
ananas – *baoh panah* – *manah*
ancêtres – *kei* – *muk kaok* – *muk kei*
ancien – *klak* – *rik*
animaux – *asur*
année – *thun*
applaudir – *pah tangin*
apporter – *ba mai*
apprendre – *magru*
appuyer – *tatek*
après – *dei* – *hadei*
arabe – *arap*
araignée – *galimang*
arbre – *kayau* – *phun*
aréquier – *panâng*
argent – *pariak*
argile – *tanâh len* – *len* – *haluk len*
arrête – *talang*
arrêter – *deh* – *bek*
arrière-grand-père – *kaok*

arriver – *tel*
(s')asseoir – *daok*
assiette – *pareng*
astrologue – *krah pakar* – *ganuer hor* – *huer*
attacher – *ikak*
attendre – *cang* – *cong*
attraper – *paik* – *mâk*
aube – *subuh*
aubergine – *baoh traong* – *craong* – *traong*
aumône – *kuruban*
aussi – *subik*
autel – *jaban* – *paban* – *sanai*
autrefois – *makal*
avant – *dahlau*
avec – *subik* – *saong* – *hai*
aveugle – *mata plek likuk*
avoir – *hu*
aviation – *jalan liwah*
avorter – *talabuh* – *palaik anâk*

B

bague – *karah*
(se) baigner – *manei* – *racauw*
balayer – *bah*
bambou – *krâm*
banane – *baoh patei*
bananier – *patei*
barbe – *biluw kang*
barque – *gilai*
barrage – *binâk*
bas – *biér*
bateau – *ahaok*
bâton – *gai* – *gay*

(se) battre – *paramâk*
bavard – *ralo ndom*
beau – *bi-ndi* – *makrâ* – *maleng* – *siam*
– *siam makrâ*
beaucoup – *bek* – *mbraow* – *ralo* – *lo*
– *lo ndei*
belle-fille – *matuw kamei*
bétel – *guer hala* – *hala*
bien – *mbraow* – *hanim*
bienfait – *dher*
bière – *tapai*
bilal – *bilal*
blanc – *kaok* – *patih* – *birak*
– *mbong* – *mbong patih*
bœuf – *lamaow* – *limaow*
boire – *nyum* – *manyum*
bois – *njuh* – *kayau*
bois d'aigle – *gahluw*
bol – *jaluk*
bon – *bingi* – *matuaw*
bonheur – *hanim*
bouche – *pabah*
boucle d'oreille – *beng tangi*
Bouddha – *bhik*
bouillir – *ju*
bouteille – *kalaok*
bouton – *kapu*
bracelet – *kaong*
branche – *dhan*
bras – *pal* – *bira* – *hapel*
brebis – *pabaow*
bref – *kadek*
brique – *kiak*
bru – *matuw kamei*
brûlant – *pandiak*

brûler – *cuh* – *mbeng*
buffle – *kabaw*

C

cadavre – *patar*
calendrier – *sakawi*
calomnier – *ndom thaoh*
calotte – *kapiah*
Cambodge – *aia kur*
Cambodgien – *urang kur*
campagne – *palei pala*
camphre – *pangkachait*
canal – *rabaong* – *ribaong*
canard – *ada* – *da*
car – *kayua*
caractère – *akhar*
carapace – *baong*
caresser – *palue*
carré – *pak mata*
caste – *mong*
catafalque – *sang thor* – *sang suor*
catégorique – *ghet*
caverne – *gok*
ce – *ni*
ceci – *ni*
ceinture – *talei ka-ing*
célibataire – *biluw*
cendre – *buw* – *habuw*
centaine – *ratuh*
cercueil – *baong*
cérémonie – *ndam*
cerf-volant – *kalang*
certes – *mih*
cerveau – *glaow*

chaise – *kik* – *kurasi*
Cham – *cam*
Cham brahmaniste – *akaphiér* – *ahiér* – *kaphier* – *cam jat*
chambre – *aduk*
chameau – *anta* – *unta*
Cham musulman bani – *bani*
Cham musulman « orthodoxe » – *cam biruw*
champ – *apuh*
Champa – *campa*
champignon – *bimao*
chance – *patuah*
changer – *alin*
chanson – *kadha daoh*
chanter – *adaoh* – *daoh*
chapelet – *jap*
chaque – *rim* – *yap*
charrette – *radéh* – *ridéh*
chat – *mayao*
chaud – *pandiak*
chaume – *ralang*
chaussure – *takhaok*
chef – *ganuer* – *ginuer*
chemin – *jalan*
cheval – *asaih*
cheveux – *mbuk*
cheville – *mata takai*
chèvre – *pabaiy*
chez – *di*
chien – *asau*
chiffre – *angka*
chignon – *canak mbuk*
Chine – *aia laow*
Chinois – *urang laow*
chique (de bétel) – *kapu hala*

chose – *apakal*

choses – *kaya* – *manâk*

chou – *baoh su*

Chru – *cru*

ciel – *tara* – *suor* – *langik* – *lingik*

cigarette – *pakaw lik*

cinq – *lima*

cire – *ralin*

cimetière bani – *gahur* – *ghur*

cimetière brahmaniste – *kut* – *kathat*

circoncision – *katat* – *katan*

clair – *jalang* – *galang* – *jip* – *dah* – *pajip*

clan familial – *wang bilei*

clarinette – *mari*

clé – *kiér*

clôture – *pataik*

cochon – *pabuei*

cocotier – *la-u* – *li-u*

cœur – *baoh hatai* – *hatai*

coin – *akiéng*

col – *takuai*

collier – *kaong takuai* – *nyuk*

colline – *mbuen*

combien – *dé* – *dom* – *hadom*

comme – *chai* – *yau* – *sadah* – *sai*

commencer – *padaok kaok* – *rep*

comment – *ber* – *siber* – *yau halei* – *hagait* – *haber* – *halei*

commenter – *lang panuec*

commerce – *blei talei*

complètement – *klup* – *ghet*

composer – *caong* – *cuak* – *bino*

comprendre – *peng*

compter – *yap*

conduire – *duei*
connaissance – *allamu*
connaître – *krân* – *thau*
consentir – *halar hatai*
consoler – *pajiong*
content – *cheh chai*
contraire – *tager*
contredire – *malah*
coquillage – *abaw* – *baw*
coquille – *abaw*
Coran – *kuruan* – *tapuk asalam*
corde – *talei*
corps – *drei* – *thep* – *rup*
coton – *kapah* – *gaol*
côté – *mata* – *gah*
cou – *takuai*
coudre – *jhik*
couleur – *ber*
couper – *ciak* – *thik*
courge – *baoh gayen*
court – *plut*
couteau – *taow*
coutume – *kana*
couverture – *balidu*
couvrir – *aom* – *pabeng*
crabe – *arieng*
cracher – *kacuec*
crachoir – *kacuec*
crâne – *bilaok*
crapaud – *araok* – *raok*
crayon – *mbut tamrak*
créer – *manâh*
creuser – *kalei*
crocodile – *biya*
critiquer – *bilei*

cru – ꨠꨓꩍ *matah*
crudités – ꨆꨢ ꨠꨓꩍ *kaya matah*
cueillir – ꨚꨰꩀ *paik*
cuillère – ꨧꨗꨶꨰ *sanuai*
cuivre – ꨨꨝꩆ *haban*

D

dans – ꨕꨤꩌ *dalam* – ꨕꨤꨮꩌ *dalem* – ꨝꩀ *bak*
danser – ꨓꨟꨳ *tamia* – ꨟꨳ *mia*
de – ꨕꨫ *di* – ꨠꩃ *mang*
décoller – ꨓꨆꨵꨯꨱꩅ *taklaot*
déjà – ꨚꨎꨬ *paje* – ꨝꨵꨯꨱꩍ *blaoh*
délier – ꨓꨤꨰꩍ *talaih* – ꨚꨯꨱꩀ *paok*
demain – ꨚꨈꨭꩍ *paguh* – ꨨꨣꨫ ꨚꨈꨭꩍ *harei paguh*
demander – ꨤꨆꨭꩃ *lakung* – ꨤꨪꨆꨭꩃ *likung*
démon – ꨀꨎꨪꩆ *ajin* – ꨆꨠꨤꨰ *kamalai* – ꨠꨤꨆꩅ *malakat*
dent – ꨓꨈꨬ *tagei*
dépenser – ꨔꨳꩀ *thiak*
(se) déplacer – ꨀꨤꨪꩍ *alih* – ꨨꨤꨪꩍ *halih*
depuis – ꨠꩃ *mang* – ꨠꨗꨪ *mani*
dérober – ꨝꨵꨮꩀ *blek*
dérouler – ꨤꩃ *lang*
derrière – ꨤꨆꨭꩀ *lakuk* – ꨤꨪꨆꨭꩀ *likuk*
descendre – ꨓꨴꨭꩆ *trun*
désir – ꨣꨈꨮꩍ *rageh* – ꨨꨓꨰ ꨓꨆꨴꨩ *hatai takrâ*
désirer – ꨌꨯꨱꩃ *caong* – ꨓꨆꨴꨩ *takrâ* – ꨠꨨꨭ *mahu*
dessin magique – ꨀꨕꨠꩍ *adamah* – ꨀꨈꨠꩍ *agamah*
dessiner – ꨌꨪꩍ *cih* – ꨧꨣꩀ *sarak*
dessous – ꨀꨤ *ala*
dessus – ꨋꨯꨱꩀ *ngaok*
destin – ꨣꨧꨪ *rasi*
(se) détacher – ꨓꨆꨵꨯꨱꩅ *taklaot*
détester – ꨤꨪꨟꨭꩀ *limuk*
détruire – ꨝꨴꨰ *brai*

deuil – *kayem*
deux – *dua*
devant – *anak*
devin – *huer*
diamant – *intan*
dictionnaire – *ina lang*
dictons – *panuec pandit* – *panuec yaw*
dieu – *dépajieng* – *débata*
différent – *karei* – *bikan*
difficile – *rambah*
difficulté – *ajal*
dignitaire – *acar* (bani)
dimanche – *adit*
diminuer *karang* – *pajruh*
dire – *ndom* – *lac*
direction – *akiéng*
disparaître – *dhit*
divulguer – *paheh*
dizaine – *pluh*
doigt – *canuw* – *tanuw*
donner – *alin* – *brei*
dormir – *ndih*
dos – *araong* – *raong*
dot – *bital*
doucement – *adar*
douleur – *rageh*
douter – *padhén*
doux – *linjut*
dragon – *inagaray*
droit – *tapak*
dune – *gahur* – *ghur* – *cada* – *caor*
dur – *rambah*

E

eau – *aia*
échalotte – *lisun kem*
écharpe – *khan*
échelle – *linyan*
éclair – *cakala*
école – *sang bac*
écorce – *kalik*
écrire – *sara* – *surak*
écrit – *harak*
écriture – *akhar*
écureuil – *praok*
êdé – *randé*
effacer – *padem*
(s')effacer – *lingey*
efficace – *sunit*
éléphant – *liman*
élever – *padaok*
elle – *nyu*
elle-même – *nyu eng*
elles – *khaol nyu* – *nyu*
embrasser – *kel*
empêcher – *ghak*
empoisonné – *mâk*
emporter – *ba nao*
en – *di*
encourager – *pacheh*
encre – *mak*
endroit – *anih* – *libik*
énervé – *cawci*
enfant – *anâk*
enfermer – *karek*
enfers – *akarah* – *jalan akarah*
– *noraka*

enfiler – *cuk*
enflammer – *patuk* – *patuk apuei*
enlever – *paok*
(s')enrichir – *ngap mada*
enrouler – *balik* – *bilik*
ensorceler – *aiem*
ensuite – *blaoh*
entendre – *peng* – *mahit* – *hamit*
enterrement – *ndam jap brah* – *ndam dar*
entièrement – *klup*
enveloppe – *harum*
envier – *pahamu*
envoyer – *pachai* – *pandel* – *payua*
épais – *aram*
épanoui – *lambung*
épaule – *bira*
épouse – *bher* – *bherriya* – *hadiip*
épouser – *khing*
époux – *pathang* – *pasang* – *bher*
– *bherriya*
épi – *ndaow*
épine – *daruai*
épopée – *akayét*
érudit – *parajak*
escalier – *linyan*
esclave – *halun klaoh*
espace – *lawah* – *liwah*
espérer – *pachom* – *harap*
esprit – *atuw* – *yang*
essuyer – *uak*
est – *adih pur* – *timur* – *pur*
étang – *danaw*
éteindre – *cruh* – *padem*
étendre – *lang*
éternuer – *bhan*

ethnie – ꨚꨣꩆ *paran*
étoile – ꨝꨓꨭꩀ *batuk* – ꨝꨪꨓꨭꩀ *bituk*
étouffer – ꨌꨴꨭꩍ *cruh*
étrange – ꨆꨣꨬ *karei* – ꨌꨴꨪꩍ *crih*
étranger – ꨂꨣꩃ ꨌꨴꨪꩍ ꨚꨤꨬ *urang crih palei*
étudier – ꨠꨈꨴꨭ *magru*
eux – ꨇꨯꩊ ꨑꨭ *khaol nyu*
Ève – ꨨꨥ *hawa*
éventail – ꨝꨯꩍ ꨓꨕꨪꩀ *baoh tadik*
éventer – ꨓꨕꨪꩀ *tadik*
éviter – ꨢꨶ *yua*
exagérer – ꨚꨙꨶ *pandua*
excessivement – ꨙꨬ *ndei*
exciter – ꨧꨣꨭꩍ *saruh*
expliquer – ꨀꨤꩃ *alang* – ꨕꩍ ꨚꨢꩍ *dah payah* – ꨤꩃ *lang*
expression – ꨚꨙꨪꩅ *pandit*
exquis – ꨤꨪꨋꨯꩀ *lingaok*
extérieur – ꨤꨪꨋꨪꨥ *lingiw*
extraordinaire – ꨌꨴꨪꩍ *crih*

F

facile – ꨡꨶꩆ *mbuen*
faible – ꨤꨪꨠꩆ *liman*
faire – ꨀꨋꩇ *angap* – ꨋꩇ *ngap*
famille – ꨝꨓꨳꩆ *batian* – ꨝꩃꨧ *bangsa* – ꨠꨋꨥꩌ *mangawom*
fantôme – ꨞꨭꩅ *bhut*
faste – ꨠꨨꨯꨧꨣꨰ *mahésarai*
fatigué – ꨈꨵꨰꩍ *glaih* – ꨤꨪꨈꩍ *ligah*
faux – ꨠꨋꩀ *mangak* – ꨧꨭꩀ *suk* – ꨧꨶꨰꩊ *suail*
favorable – ꨠꨓꨶꨥ *matuaw*
femme – ꨆꨠꨬ *kamei* – ꨆꨭꨠꨬ *kumei*
– ꨆꨠꨬ ꨝꨪꨘꨰ *kamei binai* – ꨝꨪꨘꨰ *binai*
femme (jeune) – ꨕꨣ *dara*
femme (vieille) – ꨠꨭꩀ *muk*

femelle – *ina* – *binai*
fer – *pasei* – *bisei*
fermer – *karek* – *palaik* – *pik*
fesse – *taok*
festoyer – *payak* – *mbeng manyum*
fétide – *bruk*
feu – *apuei* – *puei*
feuille – *blah* – *la* – *hala*
fiel – *phik*
fille – *anâk* – *kamei* – *kumei*
– *dara* – *magait*
fils – *anâk*
fini – *blaoh* – *bih* – *luc*
finir – *kalaih* – *bih* – *luc*
flacon – *bilaok*
fleur – *bingu*
fleuve – *kraong*
flots – *rayak*
flûte – *mari* – *saranai*
foie – *hatai*
force – *prân yawa*
forêt – *glai* – *binân* – *ralong* – *rem*
– *hatan*
formule magique – *kadha kacuh bluh*
– *panuec nyamul* – *sunuw*
fort – *karo*
fortune – *patuah*
foudre – *katal*
foulard – *khan*
fourmi – *dem* – *hadem*
frais – *thet*
Français – *urang pareng*
France – *aia pareng*
frange – *jih* – *bruei*
frapper – *ataong*

frauder – *blek bleng*
frère (aîné) – *ai* – *sa-ai*
frère (cadet) – *adei* – *dei* – *mei*
froid – *la-an* – *li-un*
front – *dhei*
fruit – *abaoh* – *baoh*
fuir – *yua*
fumée – *athak* – *asak* – *sak*
fumer – *njuk pakaw*
funérailles – *ndam matai*

G

garçon – *kei* – *lakei* – *likei*
garder – *khik*
gâteau – *pei* – *manâng har*
gauche – *iw*
gecko – *pakaiy*
gémir – *caok*
gendre – *parat* – *matuw likei*
génie – *po* – *yang*
genou – *ta-uk*
gens – *bhap*
gingembre – *ganraong riya* – *laya* – *liya*
goinfre – *jhak mbeng*
gong – *céng*
gourmand – *arak* – *ranâk* – *ranâk mbeng*
goûter – *liah*
gouverner – *pakreng*
graine – *athar* – *asar*
graisse – *lamak* – *limâk*
grand – *praong* – *raya*
grand-mère – *cek* – *muk*
grand-père – *ong*
gras – *lamak* – *limâk*

gravir – *jak*
grenouille – *kap* – *kiép*
griffe – *kakuw*
griffer – *kabrac*
grimper – *ndik*
gris – *wen*
groupe – *manaok*
guéri – *kajep ruak*

H

habile – *gheh*
(s')habiller – *anguei*
habit – *aw*
habitude – *kana* – *tana*
hadji – *haji*
haïr – *amaoh* – *paramuk* – *limuk*
hamac – *ayun*
hameau – *palei*
haricot – *ratak*
harpe – *campi*
haut – *glaong*
hautbois – *saranai*
herbe – *harek*
hermétiquement – *klup*
heure – *tuk* – *wak*
heurter – *patuk*
hier – *kabruai* – *harei papruai*
histoire – *kadha* – *panuec*
homme – *kei* – *lakei* – *likei*
homme (jeune) – *dam* – *dem* – *likei dam*
honorer – *maliéng*
honteux – *maluw*
hôpital – *sang jru*
hôte – *tuai*

huile – *manyâk*
huit – *dalipan*
humain – *adam* – *urang* – *manuis* – *rang*
hurler – *aluw* – *luw*
hypocrite – *mangak*

I

Ibrahim – *birahim*
ici – *ni* – *pak ni* – *sani*
idiot – *gila*
il – *nyu*
ils – *khaol nyu* – *nyu*
île – *mbuen palau*
illicite – *akal*
image – *binguk*
imaginer – *caong* – *mbaik*
imam – *amâm* – *imam* – *mâm*
imposant – *machak*
impur – *lihin*
inaugurer – *pabak*
incinération – *ndam cuh*
Inde – *kaling*
indécis – *bidhon*
infâme – *lihin*
inférieur – *ala*
informer – *pathau*
injurier – *sap*
insolent – *praong pabah*
instrument de musique – *rabap mari*
insulter – *ca-aua* – *sap*
intact – *tamaow*
intègre – *tamaow*
intelligent – *krah dah*
interdire – *akhin*

interdit – ꨀꨇꨪꩆ ꨚꨆꩊ *akhin pakal* – ꨨꨣꩌ *haram*
interpréter – ꨤꩃ ꨀꩉ *lang ar*
inviter – ꨣꨯꩀ *raok*
invoquer – ꨃꨥ *ew* – ꨀꨇꩆ ꨧꨯꩃ ꨀꨓꨭꨥ *akhan saong atuw*
invulnérable – ꨆꨝꨬꩊ *kabel* – ꨎꨝꩉ *jabar*
islam – ꨀꨤꩌ *alam* – ꨀꨧꨤꩌ *asalam* – ꨁꨧꨤꩌ *islam*
islam « orthodoxe » – ꨁꨧꨤꩌ ꨝꨪꨣꨭꨥ *islam biruw*
ivoire – ꨝꨪꨤ *bila*
ivre – ꨠꨝꨭꩀ *mabuk*

J

jadis – ꨠꨆꩊ *makal*
jamais – ꨂꨚꩀ ꨠꨕ *upak mada* – ꨚꩀ ꨠꨕ *pak mada*
Jaraï – ꨎꨣꨰ *jarai*
jardin – ꨝꨬꩆ *ben*
jarre – ꨚꨝꨰꩈ *pabaiy* – ꨝꨵꨭ *blu*
jasmin – ꨠꨤꨪꩍ *malih*
jaune – ꨆꨑꨪꩀ *kanyik*
Java – ꨎꨥ *jawa*
je – ꨆꨱ *kau* – ꨕꨨꨵꩀ *dahlak*
jeter – ꨌꨝꨪꩀ *cabik*
jeter un sort – ꨀꨋꩀ *angak* – ꨀꨘꨳꨰ *aniai* – ꨁꨘꨳꨰ *iniai*
jeudi – ꨎꨪꩇ *jip*
jeune – ꨠꨕ *mada* – ꨣꨘꨰꩍ *ranaih*
jeunes – ꨕꩌ ꨕꨣ *dam dara*
jeûner – ꨀꨬꩀ *aek*
jeunesse – ꨔꨭꩆ ꨕꩌ ꨕꨣ *thun dam dara*
jinn – ꨀꨎꨪꩆ *ajin*
joindre – ꨌꨶꩀ *cuak*
jouer – ꨠꨁꩆ *ma-in*
jouer d'un instrument à cordes – ꨂꨶꩀ *uak*
jouer d'un instrument à vent – ꨀꨢꨭꩀ *ayuk* – ꨢꨭꩀ *yuk*
jour – ꨨꨣꨬ *harei*
joyeux – ꨍꨬꩍ ꨍꨰ *cheh chai* – ꨝꨭꩈ *buy*

jupe – *aban* – *ban*
jurer – *supah*
jusqu'à – *tel*
juste – *njep*

K

Kali – *muk juk*
Kapil/Kapila – *limaow kapil*
khmer – *kur*
kibla – *kabilat*
Koho – *kahaow*

L

là – *nan*
là-bas – *pak nan*
labourer – *li-aua*
laboureur – *urang li-aua*
langue – *dalah* – *sap*
Laos – *aia lao*
Laotien – *urang lao*
lapin – *tapai*
larme – *aia mata*
laver – *rao*
(se) laver – *manei hagei* – *racauw*
lécher – *liah*
leçon – *kadha* – *kadha bac* – *phun*
légèrement – *adar*
légume – *njem*
lentement – *chuai* – *thruai*
lettre – *akhar* – *baoh akhar*
leurrer – *pagat*
lever – *cak*
(se) lever – *tagok*

lèvre – *ca-mbuai*
lézard – *galaow*
licite – *halal*
lieu – *anih*
lièvre – *tapai*
lignée – *talei*
linga – *linga*
lit – *canâng* – *tanâng*
livre – *katap* – *kitap* – *tapuk*
loi – *adat*
loin – *atah*
lointain – *dhuai*
long – *dhai*
longévité – *yuh*
longtemps – *chuai* – *thruai* – *lawik*
– *liwik*
louer – *pah*
lourd – *trak*
lui – *nyu*
lui-même – *nyu eng*
lumineux – *dah*
lundi – *som*
lune *purami* – *bilan* – *yang can nâk*

M

magique – *nyamul*
Mahomet – *mohamat*
maigre – *liwang*
main – *tangin*
maintenant – *arak ni* – *urak ni* – *kini*
– *rak ni*
maïs – *tangey*
maison – *thang* – *baoh sang* – *rumah* – *sang*
maître – *gru*

majestueux – *machak*
malade – *pandik* – *ruak*
maladie – *hakik*
maladroit – *pataok*
Malais – *cawa*
Malaisie – *malayu*
mâle – *ok* – *tanaow*
mamelles – *tathuw*
manger – *mbeng*
manioc – *habei plom*
manquer – *su-phiep*
manuscrit – *tapuk*
mardi – *angar* – *ngar*
mare – *danaw*
mari – *pathang* – *pasang* – *parat*
mariage – *ndam likhah* – *lakhah* – *likhah* – *mbeng manyum*
(se) marier – *khing gep*
marmite – *gaok*
marre – *danaw*
matelas – *tul*
matin – *pagé*
mauvais – *jhak* – *bikal*
méchant – *jhak* – *jhak tian* – *sanak*
mécontent – *cawci*
La Mecque – *makah*
Médine – *madanah*
médire – *pajhak* – *bilei*
menacer – *pahue*
mendier – *likung mbeng*
mener – *duei*
menton – *kang*
mer – *tathik* – *tasik* – *manga*
mercredi – *but*
mère – *amaik* – *maik* – *ina*

merveilleux – *kadhir*
métier à tisser – *danâng manyim*
mettre – *caik* – *buh*
midi – *krâh pandiak*
mille – *ribuw*
milieu – *krâh*
ministre – *matri*
minuit – *krâh malam*
miroir – *kareh*
mœurs – *kana*
moi – *dahlak*
moi-même – *dahlak eng*
moins – *karang*
mois – *bilan* – *lan*
Moïse – *nabi mosa* – *mosa*
moisi – *bimao* – *ma-ih*
moitié – *binah* – *matâh*
moment – *arak* – *kal* – *rak*
mon – *dahlak*
monde – *dunya*
montagne – *ganung* – *cek*
monter – *gok* – *jak* – *tagok* – *ndik*
monticule – *mbuen*
morceau – *binah*
mordre – *kaik*
mosquée (bani) – *magik* – *sang magik*
mouche – *ruai*
mourir – *ngaing* – *nis tabha*
– *pik* – *matai* – *manak*
mouton – *pabaow*
muet – *malaow*
muezzin – *bilal*
mystérieux – *kadhir*

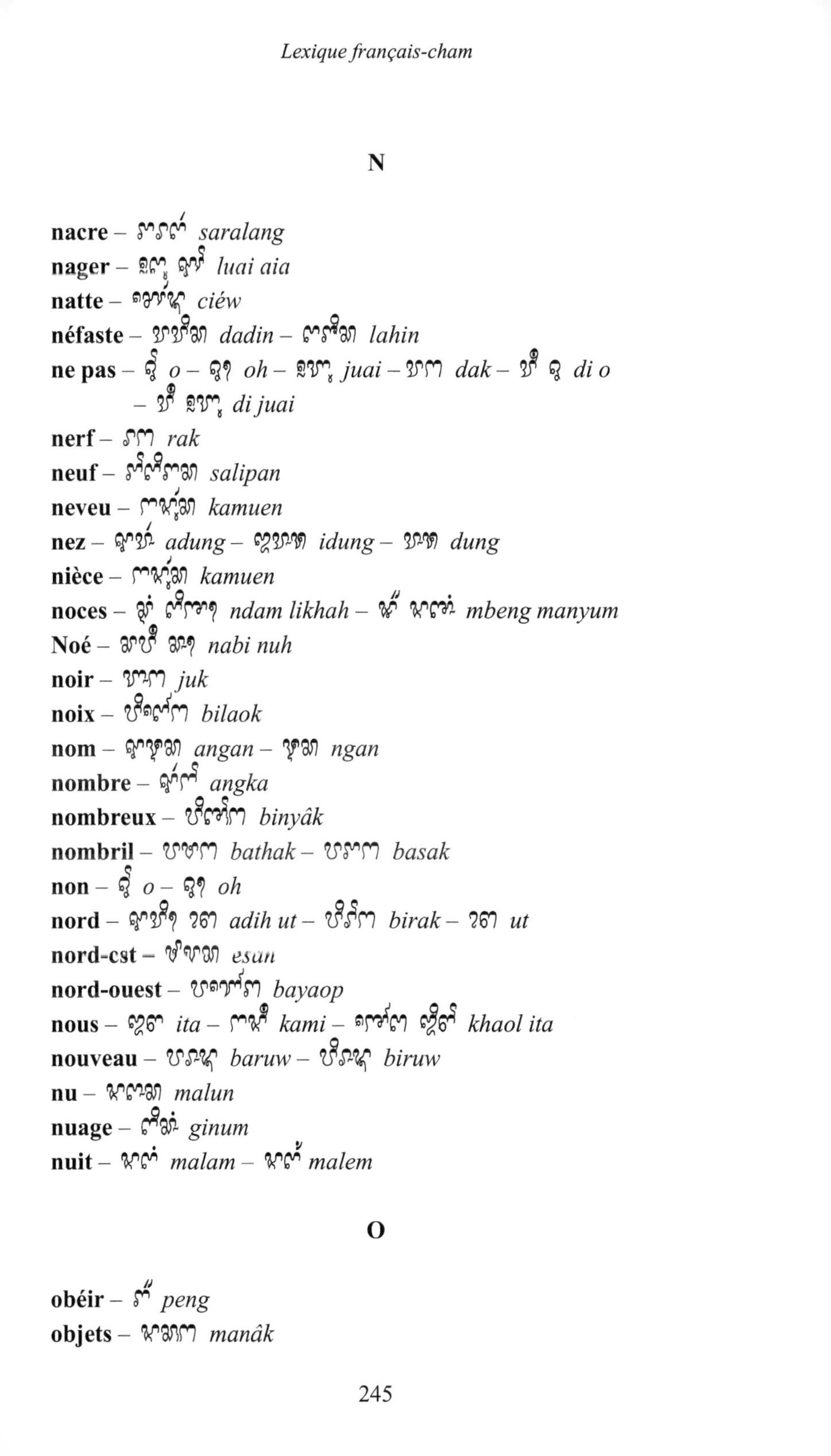

N

nacre – *saralang*
nager – *luai aia*
natte – *ciéw*
néfaste – *dadin* – *lahin*
ne pas – *o* – *oh* – *juai* – *dak* – *di o* – *di juai*
nerf – *rak*
neuf – *salipan*
neveu – *kamuen*
nez – *adung* – *idung* – *dung*
nièce – *kamuen*
noces – *ndam likhah* – *mbeng manyum*
Noé – *nabi nuh*
noir – *juk*
noix – *bilaok*
nom – *angan* – *ngan*
nombre – *angka*
nombreux – *binyâk*
nombril – *bathak* – *basak*
non – *o* – *oh*
nord – *adih ut* – *birak* – *ut*
nord-est – *esun*
nord-ouest – *bayaop*
nous – *ita* – *kami* – *khaol ita*
nouveau – *baruw* – *biruw*
nu – *malun*
nuage – *ginum*
nuit – *malam* – *malem*

O

obéir – *peng*
objets – *manâk*

obscurité – *sup maklem*
obstacle – *ajal*
obtenir – *hu*
occulte – *batin*
océan – *kulidong*
odeur – *mbuw*
offrir – *pakrâ* – *lamah* – *lin*
œil – *mata* – *baoh mata*
œuf – *abaoh* – *baoh* – *baoh manuk*
œuvre – *kariya*
offrir – *alin* – *limah*
oie – *langan* – *lingan*
oignon – *lasun* – *lathun* – *lisun*
oiseau – *cim* – *birung*
Omar – *amar*
on – *urang* – *khaol drei*
oncle – *cei* – *mik* – *wa*
ongle – *kakuw*
or – *mah*
oracle – *gaon*
ordinaire – *bhian*
oreille – *tangi*
origine – *asar*
orphelin – *matuei*
os – *talang*
ou – *hai*
où – *upak* – *ké* – *tao* – *pak* – *hatao* – *hapak* – *halei*
oublier – *wer*
ours – *caguw*
ouvrier – *tukang*
ouvrir – *kalaih* – *peh* – *mbac* – *mblak*
ouest – *adih pai* – *pai*
ouléma – *gru alim*

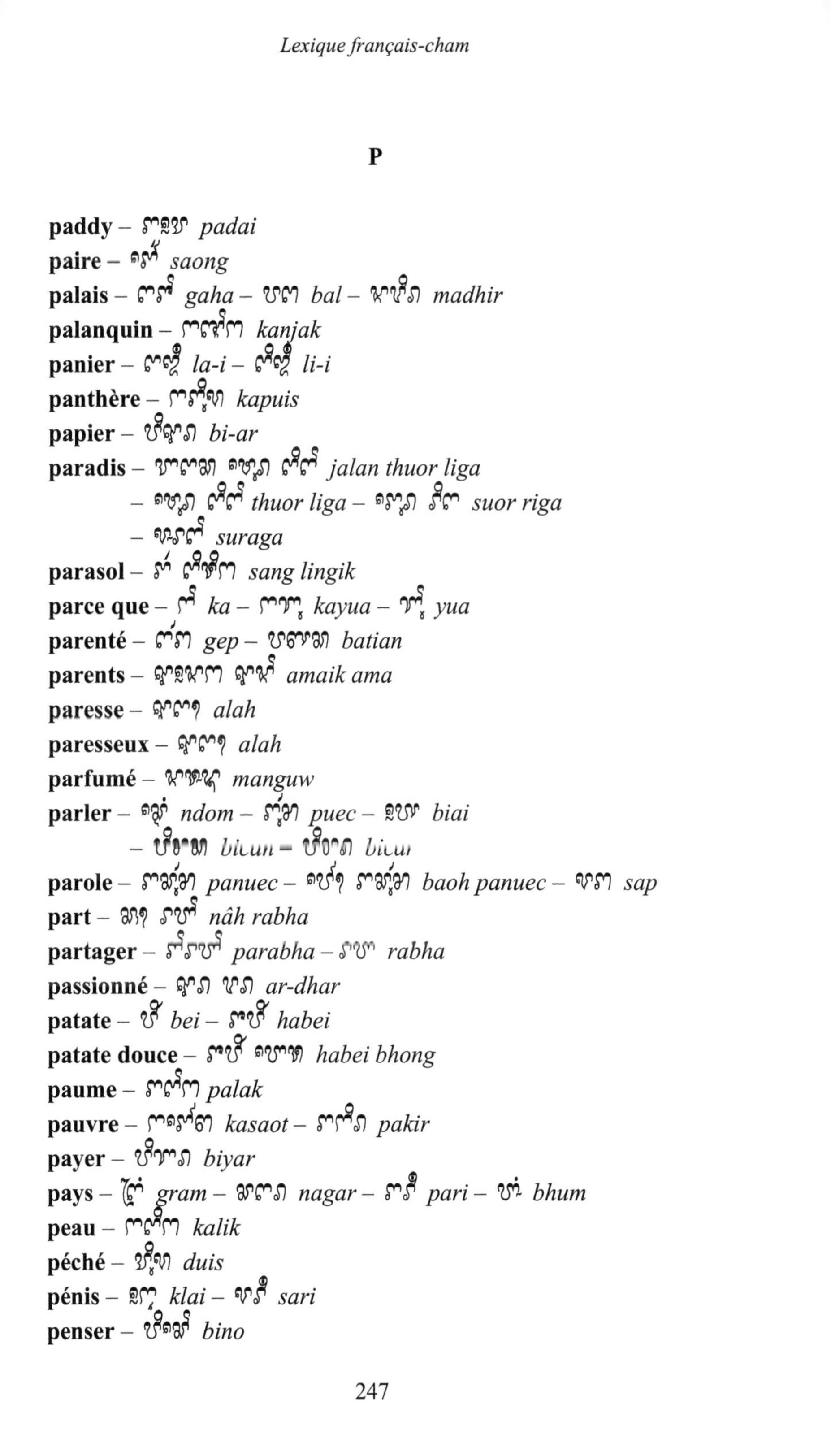

P

paddy – *padai*
paire – *saong*
palais – *gaha* – *bal* – *madhir*
palanquin – *kanjak*
panier – *la-i* – *li-i*
panthère – *kapuis*
papier – *bi-ar*
paradis – *jalan thuor liga*
– *thuor liga* – *suor riga*
– *suraga*
parasol – *sang lingik*
parce que – *ka* – *kayua* – *yua*
parenté – *gep* – *batian*
parents – *amaik ama*
paresse – *alah*
paresseux – *alah*
parfumé – *manguw*
parler – *ndom* – *puec* – *biai*
– *bican* – *bicar*
parole – *panuec* – *baoh panuec* – *sap*
part – *nâh rabha*
partager – *parabha* – *rabha*
passionné – *ar-dhar*
patate – *bei* – *habei*
patate douce – *habei bhong*
paume – *palak*
pauvre – *kasaot* – *pakir*
payer – *biyar*
pays – *gram* – *nagar* – *pari* – *bhum*
peau – *kalik*
péché – *duis*
pénis – *klai* – *sari*
penser – *bino*

percer – *cuk*
perdre – *lahik*
père – *ama*
personne – *urang* – *ra* – *rang*
petit – *anaih* – *asit* – *kadek* – *naih*
– *sit*
petite-fille – *tacaow*
petit-fils – *tacaow*
pétrole – *manyâk apuei*
peuple – *bhap* – *raduh*
peut-être – *nda*
philosophie – *sakarai*
pied – *takai* – *laiy*
piédestal – *canar*
pierre – *batuw* – *bituw* – *patuw*
piment – *amraik*
plaine – *tanran*
plaisanter – *cuak* – *pakrâ*
– *ndom pakrâ klao*
– *ndom ma-in*
plaisanteries – *panuec ndom cuak*
plat – *jam* – *mata*
plateau – *khai* – *talai* – *thong hala* (à bétel)
plein – *bak* – *rakak*
pleurer – *caok*
pleuvoir – *hajan*
pluie – *hajan*
plus – *mbluak* – *labaih* – *libaih*
Pnong – *binaong*
poésie – *ariya*
poil – *biluw*
poison – *aiem* – *jru mâk* – *bih*
poisson – *ikan*
poitrine – *tada*
poivre – *amraik kalu* – *kalu*

ponctuer – *kaing*
pondre – *mabaoh*
pont – *rabang* – *ribang*
porte – *mbeng*
porter – *pok* – *ba*
poser – *caik* – *padaok* – *buh*
pot à chaux – *pader*
pou – *katuw*
pouce – *ina tangin*
poule – *manuk*
pour – *ka* – *bi*
pourquoi – *njep hagait* – *ber* – *suber*
– *haber*
pourri – *ndaok* – *bhuec*
pousser – *kalek* – *cak*
pratique – *ligaih*
précieux – *binrik*
prendre – *mâk*
préparer – *caga*
près – *jaik* – *majaik*
presser – *tatek*
prêtre bani – *acar*
prêtre brahmaniste – *adhia* – *camanei*
– *katip* – *kadhar* – *pasaih*
– *paséh* – *maduen*
prétresse – *pajuw* – *muk pajuw*
prier – *lang kar*
prince – *patra*
princesse – *patri* – *bia*
proche – *jaik taphia* – *majaik*
produire – *manâh*
professeur – *gru pataow*
profond – *jalem*
prophète – *nabi*
(se) prosterner – *kakuh* – *jabat*

proverbes – ꨚꨗꨶꨮꩄ ꨢꨱ *panuec yaw*

province – ꨘꨈꩉ *nagar*

puant – ꨝꨴꨭꩀ *bruk*

pubis – ꨝꨪꨣꨯꩀ *biraok*

puce – ꨆꨓꨭꨥ *katuw*

pudique – ꨠꨤꨭꨥ ꨠꨤꨪꩅ *maluw malit*

puits – ꨝꨪꨋꨭꩆ *bingun*

pur – ꨎꩅ *jat*

(se) purifier – ꨚꨨꨌꨪꩍ *pahacih*

Q

quand – ꨨꨝꨳꨮꩆ *habién*

quatre – ꨚꩀ *pak*

quel – ꨨꨤꨬ *halei*

queue – ꨁꨆꨭ *iku*

qui – ꨔꨬ *thei*

quoi – ꨈꨰꩀ *gaik* – ꨈꨰꩅ *gait* – ꨨꨈꨰꩅ *hagait*

R

race – ꨀꨧꩉ *asar*

racine – ꨀꨉ *agha* – ꨉ *gha*

raconter – ꨀꨇꩆ *akhan* – ꨤꩀ *lak*

Radhé – ꨣꨙꨯ *randé*

Raglaï – ꨣꨈꨵꨰ *raglai* – ꨣ ꨈꨵꨰ *ra glai*

ramadan – ꨣꨠꨥꩆ *ramawan* – ꨣꨠꨭꨥꩆ *ramuwan*

ranger – ꨕꩀ *dak* – ꨣꨠꨪꩀ *ramik*

rapidement – ꨜꩀ *phak* – ꨧꨠꩉ *samar*

rappeler – ꨚꨕꨮꩉ *pader*

rassembler – ꨚꨓꨯꩌ *pataom* – ꨨꨣꨭꩂ *harung*

rat – ꨓꨆꨭꩍ *takuh* – ꨘꨭꩍ *nuh*

réciter – ꨎꩇ *jap*

récolte – ꨠꨘꨪꩀ *manik*

recouvrir – ꨚꨝꨮꩂ *pabeng* – ꨠꨌꨶꩀ *macuak*

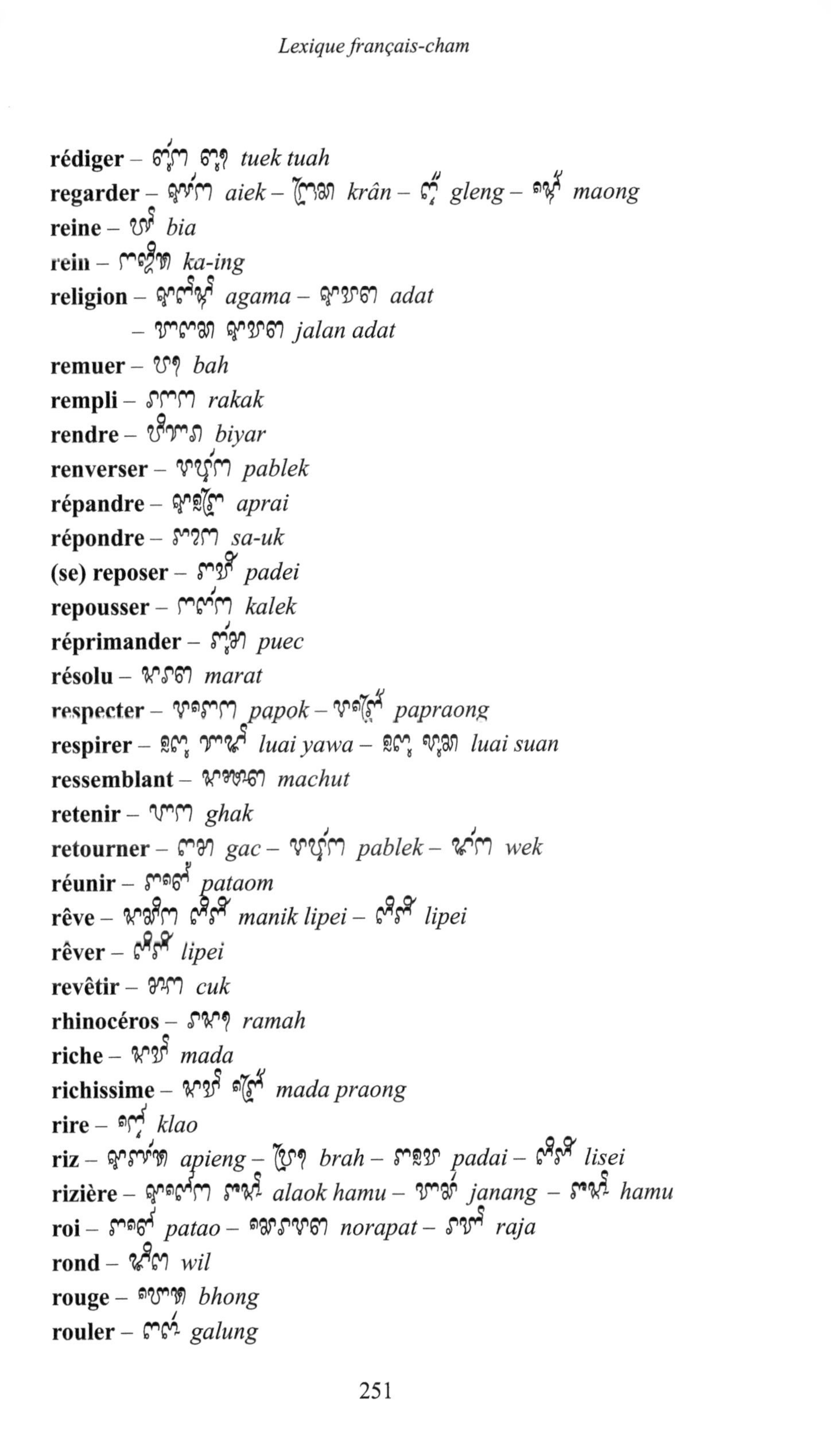

rédiger – *tuek tuah*
regarder – *aiek* – *krân* – *gleng* – *maong*
reine – *bia*
rein – *ka-ing*
religion – *agama* – *adat*
– *jalan adat*
remuer – *bah*
rempli – *rakak*
rendre – *biyar*
renverser – *pablek*
répandre – *aprai*
répondre – *sa-uk*
(se) reposer – *padei*
repousser – *kalek*
réprimander – *puec*
résolu – *marat*
respecter – *papok* – *papraong*
respirer – *luai yawa* – *luai suan*
ressemblant – *machut*
retenir – *ghak*
retourner – *gac* – *pablek* – *wek*
réunir – *pataom*
rêve – *manik lipei* – *lipei*
rêver – *lipei*
revêtir – *cuk*
rhinocéros – *ramah*
riche – *mada*
richissime – *mada praong*
rire – *klao*
riz – *apieng* – *brah* – *padai* – *lisei*
rizière – *alaok hamu* – *janang* – *hamu*
roi – *patao* – *norapat* – *raja*
rond – *wil*
rouge – *bhong*
rouler – *galung*

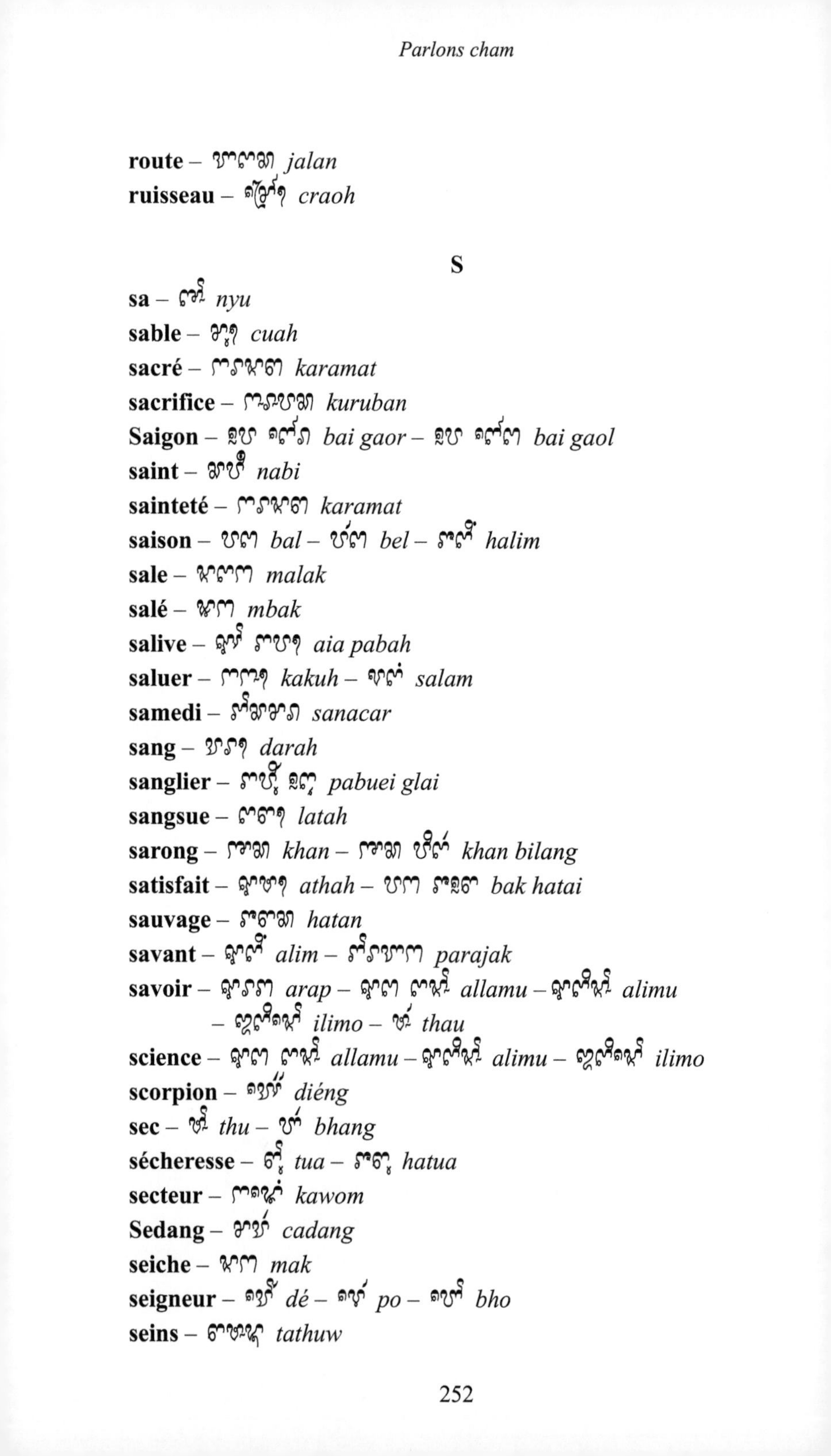

route – *jalan*
ruisseau – *craoh*

S

sa – *nyu*
sable – *cuah*
sacré – *karamat*
sacrifice – *kuruban*
Saigon – *bai gaor* – *bai gaol*
saint – *nabi*
sainteté – *karamat*
saison – *bal* – *bel* – *halim*
sale – *malak*
salé – *mbak*
salive – *aia pabah*
saluer – *kakuh* – *salam*
samedi – *sanacar*
sang – *darah*
sanglier – *pabuei glai*
sangsue – *latah*
sarong – *khan* – *khan bilang*
satisfait – *athah* – *bak hatai*
sauvage – *hatan*
savant – *alim* – *parajak*
savoir – *arap* – *allamu* – *alimu* – *ilimo* – *thau*
science – *allamu* – *alimu* – *ilimo*
scorpion – *diéng*
sec – *thu* – *bhang*
sécheresse – *tua* – *hatua*
secteur – *kawom*
Sedang – *cadang*
seiche – *mak*
seigneur – *dé* – *po* – *bho*
seins – *tathuw*

sel – *sara*
selon – *pak*
sentence – *pandit*
sept – *tajuh*
serpent – *ala* – *ula* – *la*
serrure – *kiér*
servante – *halun kamei*
servir – *rak cha*
serviteur – *halun* – *halun urang*
– *halun halak*
seulement – *kajeh*
seuil – *pabah mbeng*
silencieux – *krap*
simultané – *majrem*
singe – *kra*
six – *nem*
sœur (aînée) – *ai* – *sa-ai*
sœur (cadette) – *adei* – *dei* – *mei*
soi – *drei*
soie – *pataih*
soigner – *pajru*
soleil – *aditiak* – *yang adityak*
– *yang harei*
solide – *kajep* – *karo*
solitaire – *majua*
sombre – *maklem* – *sup*
sommeil – *panik* – *manik*
son – *nyu*
sorte – *mata*
sortir – *tabiak*
soucieux – *duh hatai*
soudain – *chak*
souffle – *yawa*
souffler – *ayuk* – *yuk*
soulager – *paduel*

soupçonner – ꨚꨖꨯꩆ *padhén* – ꨣꨞꨩ ꨨꨓꨰ *rabha hatai*
source – ꨌꨴꨯꨩꩍ *craoh* – ꨨꨤꨭꨥ *haluw*
sourcils – ꨚꨆꨴꨰꩃ *pakraing* – ꨝꨪꨤꨭꨥ ꨠꨓꨩ *biluw mata*
sourd – ꨤꨪꨋꨯꨩꩍ *lingaoh*
sourire – ꨆꨵꨯꨩ ꨆꨚꨭ *klao kapu* – ꨇꨪꩌ ꨆꨵꨯꨩ *khim klao*
souris – ꨓꨆꨭꩍ *takuh*
sous – ꨀꨤꨩ *ala*
se souvenir – ꨆꨘꩊ *kanal* – ꨕꨮꩉ *der* – ꨨꨕꨮꩉ *hader*
stylet – ꨆꨤꩌ *kalam*
stylo – ꨡꨭꩅ ꨠꨰꩄ *mbut maic*
sucre – ꨧꨣꨕꩃ *saradang*
sud – ꨀꨖꨪꩍ ꨕꩀ *adih dak* – ꨕꩀ *dak* – ꨠꨣꨯꨩꩃ *maraong*
sud-est – ꨧꨤꨓꩆ *salatan*
sud-ouest – ꨘꨰꨣꨓꨪ *nairati*
supposer – ꨡꨰꩀ *mbaik*
sur – ꨋꨯꨩꩀ *ngaok*

T

tabac – ꨚꨆꨥ *pakaw*
table – ꨎꨝꩆ *jaban* – ꨚꨝꩆ *paban*
tabou – ꨀꨇꨪꩆ ꨚꨆꩊ *akhin pakal*
taille – ꨆꨁꩃ *ka-ing*
tambour – ꨈꨘꨮꩃ *ganeng* – ꨈꨪꨘꩃ *ginang* – ꨝꨣꨘꩃ *baranâng* – ꨨꨈꩉ *hagar*
tante – ꨠꨪꩀ ꨘꨰ *mik nai* – ꨘꨰ *nai*
tarawi – ꨓꨤꨥꨪ *talawi*
tard – ꨤꨥꨪꩀ ꨠꨤꩌ *lawik malam*
tardif – ꨣꨤꨯꨩ *ralao*
tasse – ꨌꨥꩆ *cawan*
taureau – ꨤꨪꨠꨯꨩꨥ ꨓꨘꨯꨩꨥ *limaow tanaow*
temple – ꨆꨤꩆ *kalan* – ꨕꨘꨯꨩꩀ *danaok* – ꨝꨪꨠꨯꩃ *bimong*
tendon – ꨣꩀ *rak*
tendre – ꨤꨪꨒꨭꩅ *linjut* – ꨤꨠꨮꩆ *lamen* – ꨤꨪꨠꩆ *liman*
ténèbres – ꨧꩇ ꨚꨤꨭꩇ *sup palup* – ꨧꩇ ꨠꨆꨵꨮꩌ *sup maklem*

ténébreux – *maklem*

tenir – *pan*

terminer – *kalaih* – *talaih*

terrain – *alaok* – *tanâh*

terre – *tanâh* – *dar* – *bhummi* – *haluk*

testicules – *klu* – *baoh klu*

tête – *akaok* – *kaok* – *phun* – *haluw*

têtu – *binyâk*

Thailande – *siém*

thé – *aia caiy* – *caiy*

théière – *patik*

tigre – *ramaong* – *rimaong*

tique – *piak*

tirer – *duei*

tisser – *manyim*

toi – *hâ*

toi-même *hâ eng*

toit – *pabung*

tomate – *craong ndaiy*

tombeau – *kabur* – *kubur* – *tanum*

tomber – *klak* – *palaik* – *laik* – *laik trun* – *labuh* – *libuh*

ton – *hâ*

tonnerre – *grum*

tortue – *kara*

touffu – *aram*

tour – *kalan*

tourner – *ayeng*

tous – *abih drei* – *khaol* – *grep*

tout – *abih* – *grep*

tradition – *adat*

trahir – *pablek lok*

travail – *gruk* – *bruk*

travailler – *ngap gruk*

très – *ndei* – *reh* – *lo* – *hareh*

trésor – *gileng pariak*
tresser – *pak*
triangulaire – *klau mata*
tricher – *pagat* – *blek bleng*
trois – *klau* – *manyim*
trompe – *traom*
(se) tromper – *ndom suail* – *ndom suk*
– *salap*
tronc – *phun*
trône – *maligai*
trou – *libang*
truie – *pabuei binai*
tu – *hâ*
tuer – *pamatai*
tuile – *akiak* – *kiak*
turban – *khan* – *khan kel* – *khan jram*
– *khan matham taibi*
– *khan puah* – *tanyrak*

U

un – *sa*
une – *sa*
unir – *cuak*
univers – *prait tik*
urine – *aia ma-ik*
uriner – *ma-ik*
urne – *klong*
usage – *kana*

V

vache – *limaow binai*
vagin – *ating*
vagues – *rayak*

vaste – *gaol* – *raya*
vautour – *grek*
veau – *limaow anâk*
veine – *rak*
vendre – *pablei*
vendredi – *jama-at* – *suk*
venin – *bih ala*
venir – *mai*
vent – *angin*
ventre – *tian*
vessie – *sang ma-ik*
ver à soie – *kain*
vert – *hajaw*
vêtement – *aw* – *kaya anguei*
veuf – *likei biluw*
veuve – *kamei biluw*
vide – *thaoh*
vie – *ray*
vie future – *akhirat* – *akhirah*
vièle – *kanyi* – *rabap*
Vietnam – *aia yuen*
Vietnamien – *urang yuen*
vieux – *klak* – *taha*
village – *palei*
visage – *mbaok*
visiter – *raweng*
visiteur – *tuai*
vite – *samar*
vivre – *hadip*
voici – *ni*
voiler – *aom*
voir – *aiek* – *mboh*
voix – *sap*
vouloir – *caong*
vrai – *jat* – *biak*

Les villages chams du Ninh Thuận

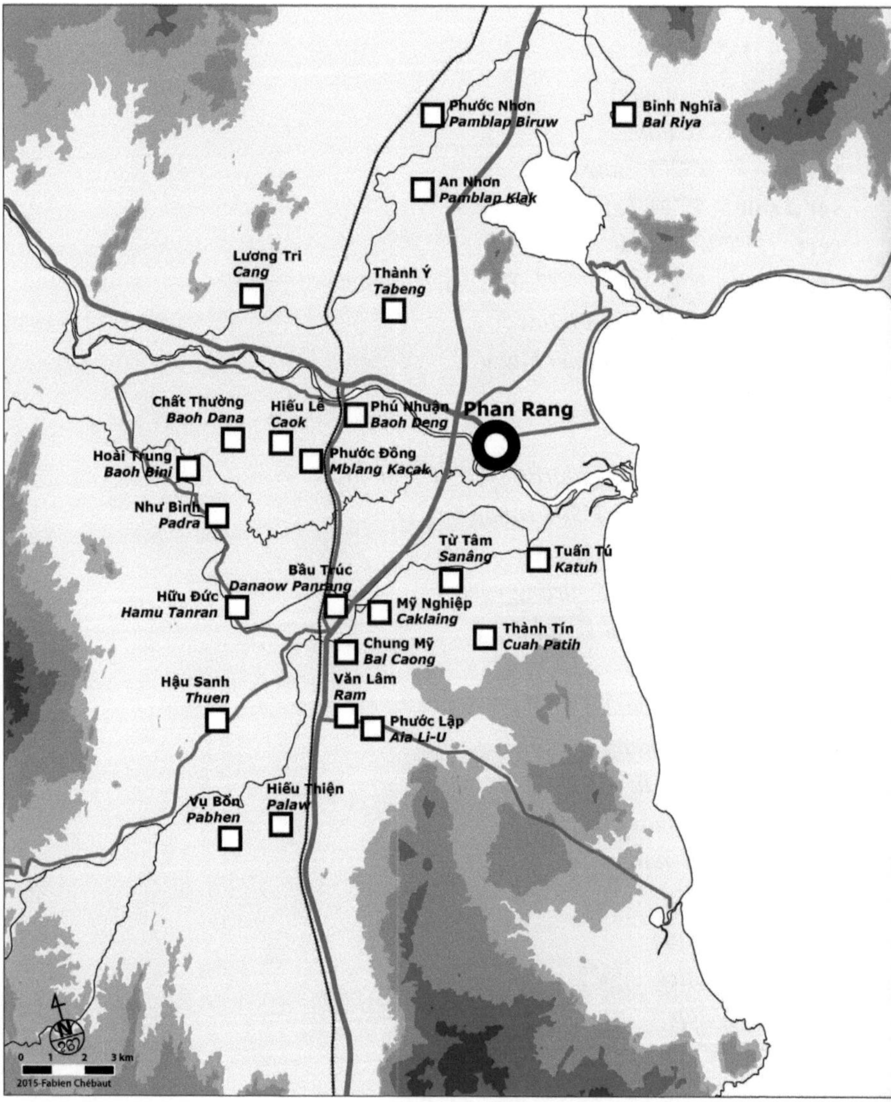

Où parler cham au Vietnam

Nom des lieux avec leur équivalent vietnamien

Les villes

Ia Trang ꨁꨩ ꨓꨴꩃ – Nha Trang (Khánh Hòa)
Hamu Lithit ꨨꨠꨭ ꨤꨪꨔꨪꩅ – Phan Thiết (Bình Thuận)
Panrang ꨚꨴꩃ – Phan Rang (Ninh Thuận)
Parik ꨚꨣꨪꩀ – Phan Rí (Bình Thuận)

Les villages chams de la province du Ninh Thuận

Baoh Bini ꨯꨝꩍ ꨝꨪꨗꨫ – Hoài Trung
Baoh Dana ꨯꨝꩍ ꨕꨘꨩ – Chắt Thường
Baoh Deng ꨯꨝꩍ ꨕꨮꩂ – Phú Nhuân
Bal Caong ꨝꩉ ꨯꨌꩂ – Chung Mỹ
Bal Riya ꨝꩉ ꨣꨪꨢꨩ – Bĩnh Nghĩa
Caklaing ꨌꨆꨵꨰꩃ – Mỹ Nghiệp
Cang ꨌꩃ – Lương Tri
Caok ꨯꨌꩀ – Hiếu Lễ
Cuah Patih ꨌꨶꩍ ꨚꨓꨪꩍ – Thành Tín
Danaw Panrang ꨕꨘꨱ ꨚꨴꩃ – Bầu Trúc
Dara ꨕꨣꨩ – Như Bình
Hamu Tanran ꨨꨠꨭ ꨓꨴꨘ – Hữu Đức
Katuh ꨆꨓꨭꩍ – Tuấn Tú
Mblang Kacak ꨡꨵꩃ ꨆꨌꩀ – Phước Đồng
Pabhan ꨚꨞꨘ – Vụ Bổn
Padra ꨚꨕꨴꨩ – Như Bình

Palao ꨚꨤꨯꨱ – Hiếu Thiện
Pamblap ꨚꨡꨵꩇ – An Nhơn
Pamblap Biruw ꨚꨡꨵꩇ ꨝꨪꨣꨭꨥ – Phước Nhơn
Patuh ꨚꨓꨭꩍ – Tuấn Tú
Ram ꨣꩌ – Văn Lâm
Tabeng ꨓꨝꨮꩂ – Thành Ý
Thuen ꨔꨭꨮꩆ – Hậu Sanh

Les villages chams de la province du Bình Thuận

Caner ꨌꨗꨮꩉ – Tịnh Mỹ
Caraih ꨌꨣꨰꩍ – Châu Hanh
Cawait ꨌꨥꨰꩅ – Lạc Trị
Dhaong Panan ꨖꨯꨱꩃ ꨚꨗꩆ – Hựu An
Hamu Akem ꨨꨠꨭ ꨀꨆꨮꩌ – Malâm Chàm
Karang ꨆꨣꩃ – Vĩnh Hanh
Ligaok ꨤꨪꨈꨯꨱꩀ – Bình Đức
Mali ꨠꨤꨪ – Pho Tri
Njer ꨒꨮꩉ – Thanh Khiết
Pabah Ribaong ꨚꨝꩍ ꨣꨪꨝꨯꨱꩃ – Trì Thái
Pajai ꨚꨎꨰ – Phú Hài
Panet ꨚꨗꨮꩅ – Hậu Quach
Paplom ꨚꨚꨵꨯꩌ – Tuy Tịnh
Sah Bingu ꨧꩍ ꨝꨪꨊꨭ – Mai Lãnh
Yok Yang ꨢꨯꩀ ꨢꩃ – Bình Hiếu

Chiffres

Estimations de Lộ Minh Trại, professeur de cham au Centre de langue chame de Phan Rang (2012) :

Les Chams sont 150 000 au Vietnam

- 70 000 au Ninh Thuận
  - – 40 000 chuh (brahmanistes)
  - – 20 000 bani
  - – 10 000 islam (nouveaux musulmans)
- 40 000 au Bình Thuận
- 40 000 dans le Sud, région de Châu Đốc en An Giang

Les Chams islam (de rite chafiite) :

- An Giang, région de Châu Đốc (12 696)
- Hồ Chí Minh ville (4 580)
- Tây Ninh (2 845)
- Ninh Thuận (1 791)
- Đồng Nai (1 679)
- Bình Dương (300)
- Bình Phước (270)

Les Chams bani :

- Ninh Thuận (22 745)
- Bình Thuận (16 428)

Les mosquées chafiites :

24 mosquées en An Giang
7 mosquées à Tây Ninh
4 mosquées au Ninh Thuận
16 mosquées à Hồ-Chí-Minh ville

Livres d'étude

Cinq livres en édition trilingue cham-malais-français indispensables pour étudier le cham aujourd'hui. Et bien sûr la grammaire de Moussay.

[illegible] *akayet*, les épopées chames :

Inra Patra

Dewa Mano

Um Marup

Poème

Dictons et proverbes

Grammaire

Bibliographie

Abréviations
BÉFEO : Bulletin de l'École française d'extrême-orient
ÉFEO : École française d'extrême-orient
EPHE : École pratique des hautes études

Langue et manuscrits chams

Aymonier, Étienne
1889 *Grammaire de langue chame*, Imprimerie coloniale, Saigon.

Aymonier, Étienne et Antoine Cabaton
1906 *Dictionnaire căm-français*, Ernest Leroux, Paris.

Brunelle, Marc
2005 *Eastern Cham Register: Phonetic, Phonological and Socio-linguistic Approaches*. Ph.D. Dissertation, Cornell University.
2008 « Diglossia, Bilingualism, and the Revitalization of Written Eastern Cham », *Language Documentation and Conservation* 2, 1.
2009a *Diglossia and Monosyllabization in Eastern Cham: a socio-linguistic study. Variation in Indigenous Minority Languages*, James Stanford and Dennis Preston (éds), John Benjamins.
2009b « Contact-induced change? Register in three Cham dialect ». *Journal of Southeast Asian Linguistics*, 2.
à paraître « Revisiting the expansion of the Chamic language family », *Proceedings of the International Conference of Champa*, Arlo Griffiths, Andrew Hardy and Geoffrey Wade, ISEAS.

Collectif
1995 *Từ điển Chăm-Việt* [dictionnaire cham-vietnamien], Nhà Xuất Bản Khoa Học Xã Hội [éditions des sciences sociales], Hanoi.

Lafont, Pierre-Bernard, Po Dharma et Nara Vija
1977 *Catalogue des manuscrits cam des bibliothèques françaises,* Publications de l'ÉFEO.

Groupe de recherche Cam
1977 « Essai de translittération raisonnée du cam », BÉFEO, vol.LXIV, p. 243-255.

Moussay, Gérard
1971a *Dictionnaire căm-vietnamien-français*, Centre culturel cham, Trung Tâm Văn-hoá Chăm, Phan Rang.
2002 *Dictons et proverbes chams*, avec Duong Tan Thi, collection manuscrits cam n°4, ÉFEO, Kuala Lumpur.
2006 *Grammaire de la langue cam*, Indes savantes/Missions étrangères de Paris, Paris.

Mus, Paul
1938 « Arrêté relatif à la transcription alphabétique de la langue chame », BÉFEO vol.XXXVIII, p.507-510.

Po Dharma
1981 *Complément au catalogue des manuscrits cam des bibliothèques françaises*, Publications de l'ÉFEO.

Po Dharma, Gérard Moussay, Abdul Karim (éds)
1997 *Épopée Inra Patra*, collection des manuscrits cam n°1, ÉFEO, Kuala Lumpur.
1998 *Épopée Dowa Mano*, collection manuscrits cam n°2, ÉFEO, Kuala Lumpur.
2000 *La princesse qui venait du Kelantan*, collection manuscrits cam n°3, ÉFEO, Kuala Lumpur.

Po Dharma, Nicolas Weber, Abdullah Zakaria bin Ghazali (éds)
2007 *Épopée Um Marup*, collection manuscrits cam n°5, ÉFEO, Kuala Lumpur.

Phú Văn Hẳn
1992 « Eastern Cham as a tone language », avec Jerold A. Edmondson et Kenneth J. Gregerson. *Mon-Khmer Studies* n°20, p.31-43.

Shine Toshihiko
2009 « The Symbolic Role of Literacy as a Standard to Distinguish the Raglai from the Cham », *Senri Ethnological Studies* n°74, p. 129-172, Masao Kashinaga (éd.).

Thành Phần
2007 *Danh mục thư tịch Chăm ở Việt Nam* [catalogue des manuscrits chams du Vietnam], Nhà xuất bản Trẻ, Hồ-Chí-Minh.

Thurgood, Graham
1999 *From Ancient Cham to Modern Dialects. Two thousand years of Langage contact and change*, University of Hawai'i Press, Honolulu.

Bibliographie générale

Abdoul-Carime, Nasir
2008 « L'historique de l'islamisation dans la basse-vallée du Mékong », in *Péninsule* n°56, p.31-50.

Amin Haji
2000 *Mối quan hệ giữa đạo Islam và đao Bani* [Relations entre la religion islam et la religion bani], mosquée de Văn Lâm (province du Ninh Thuận), texte manuscrit et photocopié, Văn Lâm.

Amor, Abdelfattah
1999 « Une enquête sur la situation religieuse au Vietnam », *Églises d'Asie* n° 289 du 16/06, Missions étrangères de Paris.

Aymonier, Étienne
1885 *Le Champa et les Chams*, Fonds de la société asiatique de Paris.
1891 *Les Tchames et leurs religions*, Ernest Leroux, Paris.

Baccot, Juliette
1968 *Syncrétisme religieux dans un village cham du Cambodge, On g'nur et Cay à O Russei*, thèse de doctorat non publiée, dirigée par Georges Condominas. Non publiée.

Baudesson (commandant)
1932 *Au pays des superstitions et des rites. Chez les Moïs et les Chams*, Plon, Paris.

Blengsli, Bjørn
2003 *The Cham, Religious diversity and change among Cambodia's Muslims*, mémoire d'anthropologie sociale, Norvège.

Bố Xuân Hổ
2001 *Mẫu hệ Chăm trong thời đại mới* [la matrilinéarité chame à l'époque moderne], publié par l'association de la littérature et des arts de la province du Binh Thuận.

Boisselier, Jean
1963 *La statuaire du Champa. Recherches sur les cultes et l'iconographie*, Publications de l'ÉFEO, Paris.

Cabaton, Antoine
1901 *Nouvelles recherches sur les Chams*, Ernest Leroux, Paris.
1906 « Notes sur l'islam dans l'Indo-Chine française », *Revue du monde musulman,* novembre, vol.I, n°1, p.27-47. Références dans le texte à partir de la réédition en ligne de l'article sur le site aefek.free.fr/bibliotheque, introduction de Nasir Abdoul-Carime.
1907 « Les Chams musulmans de l'Indo-Chine française », *Revue du monde musulman,* avril, Paris, vol.II , n°7, p.129-180 (consultable sur aefek.free.fr/bibliotheque).
1909 « Amulettes chez les peuples islamisés de l'Extrême-Orient », *Revue du monde musulman*, juillet-août, vol.VIII, n° 7, p.369-397 (consultable sur aefek.free.fr/bibliotheque).
1968 « L'islam en Indochine », in *Encyclopédie de l'islam* [1927], Brill, Leiden.

Chambert-Loir, Henri
1988 « Notes sur les relations historiques et littéraires entre Campa et monde malais », in *Actes du séminaire sur le Campa organisé à l'université de Copenhague le 23 mai 1987*, Paris, p.95-106.

Chébaut, Fabien
2006 *Proposition de recherche pour une étude de géographie historique du Campa du sud*, mémoire de Master 2, EPHE, Paris.

2013 *Une géographie historique du Campa du Sud : l'exemple du pays de Panrang (mi XVIIIe - début XXe siècle)*, thèse de doctorat, EPHE, V^e section.

Cœdès, George
1964 *Les États hindouisés d'Indochine et d'Indonésie*, De Boccard, Paris.

Collins, William
1996 « The Chams of Cambodia », in *Interdisciplinary Research on Ethnic Groups in Cambodia*, Center for Advanced Studies, Phnom Penh.

Creese, Helen
2001 « Ultimate Loyalties. The Self-Immolation of Women in Java and Bali », *Bijdragen tot de Taal-, Land- en Volkenkunde, Old Javanese texts and culture* n° 157, p.131-166.

Cuisinier, Jeanne
1965 « Le rituel familial à Bali », BÉFEO vol. LII n° 2, p.415-428.

De Féo, Agnès
2005a « Le royaume bouddhique face au renouveau islamique », *Cahiers de l'Orient* n°78, p.99-114.
2005b « Les Chams sot, dissidence de l'islam cambodgien », *Cahiers de l'Orient* n°78, p.115-124.
2006a « Transgressions de l'islam au Vietnam », *Cahiers de l'Orient* n°83, p.133-142.
2006b « Femmes du Tabligh en Asie du Sud-Est », *Cahiers de l'Orient* n°83, p.143-152.
2008 « Cuisine et Tabligh dans la voie d'Allah », *Horizons maghrébins* n°59, Presses universitaires du Mirail, Toulouse, p.186-196.
2009 « Les musulmans de Châu Đốc (Vietnam) à l'épreuve du salafisme », *Moussons* n°13-14, p.359-372.
2010a « Le Tabligh, un islam tranquillement conquérant », in *L'Asie du Sud-Est 2010*, sous la direction d'Arnaud Leveau et Benoît de Tréglodé, Lignes de repère/Irasec, p.61-73.
2010b « De l'Asie du Sud-Est à la banlieue parisienne : filmer les femmes en "burqa" », in *Eurasie* n°20, L'Harmattan, p.147-171.

2011 « Les Chams et la transformation du corps mort », *Actes du quatrième congrès du Réseau Asie-Pacifique,* Paris.

Dohamide et Dorohiêm
2004 *Bangsa Champa. Tìm về với một cội nguồn cách xa* [Le peuple cham, à la recherche des racines lointaines], Deacaef & Viet Foundation, California.

Dupaigne, Bernard
2015 *Les Chams hindouistes du Vietnam. Tissages rituels d'un royaume disparu*, éditions Sepia, Saint-Maur.

Durand, Eugène-Marie
1903a « Les Chams bani », BÉFEO vol.III, p.54-62.
1903b « Notes sur une crémation chez les Chams », BÉFEO vol.III, p.447-459.
1905 « Notes sur les Chams », BÉFEO vol.V, p.368-386.
1906 « La déesse des étudiants », BÉFEO vol.VI, p.279-290.
1907 « Notes sur les Chams », BÉFEO vol.VII, p.313-355.

Filliozat, Jean
1968 « Rites de crémation à Bali », *Comptes-rendus des séances de l'Académie des Inscriptions et Belles-Lettres*, p.72-81.

Finot, Louis
1901 « La religion des Chams d'après les monuments », BÉFEO vol.I, p.12-26.
1903 « Notes d'épigraphie V : Pānduranga », BÉFEO vol.III, p.630-648.

Forest, Alain
1991 « Cambodge : pouvoir de roi et puissance de génie », in *Cultes populaires et sociétés asiatiques, Appareils cultuels et appareils de pouvoir*, Alain Forest, Yoshiaki Ishizawa, Léon Vandermeersch (éds), L'Harmattan, Paris, p.185-222.
1992 *Le culte des génies protecteurs au Cambodge*, L'Harmattan.

Fuller, Christopher John
1992 *The Camphor Flame, Popular Hinduism and Society in India*, Princeton University Press, New Jersey.

Gay, Bernard
1988 « Vue nouvelle sur la composition ethnique du Campa » in *Actes du séminaire sur le Campa organisé à l'université de Copenhague le 23 mai 1987*, Paris, p.49-58.

Ibn Battûta
1997 *Voyages*, tome III, chapitre « L'Asie du Sud-Est et la Chine », La Découverte/Poche.

Kalus, Ludvik
2003 « Réinterprétation des plus anciennes stèles funéraires islamiques nousantariennes : I. Les deux inscriptions du Champa », *Archipel* 66, p.63-90.

Kersten, Carool
2006 « Cambodia's Muslim King: Khmer and Dutch Sources on the Conversion of Reameathipadei I, 1642-1658) », in *Journal of Southeast Asian Studies* 37, February, p.1-22.

Khin Sok
1988 *Chroniques royales du Cambodge (de 1417 à 1595)*, Publications de l'ÉFEO.
1991 *Le Cambodge entre le Siam et le Viêtnam (de 1775 à 1860)*, Publications de l'ÉFEO.
2002 *L'annexion du Cambodge par les Vietnamiens au XIXe siècle, d'après les poèmes du vénérable Bâtum Baramey Pich*, You Feng.

Labussière, A.
1880 « Rapport sur les Chams et les Malais de l'arrondissement de Chaudoc », *Excursions et reconnaissances*, t.II, n°6, p.373-380.

Lafont, Pierre-Bernard
1964 « Contribution à l'étude des structures sociales des Cham du Viêt-Nam », BÉFEO vol. LII, p.157-171.

Le Breton, Hippolyte
1924 *La province de Thanh-Hoa*, Imp. Kun Duc-Giang, Hanoi.

Lefèvre, Vincent
2002 « Le Champa » in *Arts du Vietnam*, catalogue de l'exposition

« La fleur du pêcher et l'oiseau d'azur », Catherine Noppe et Jean-François Hubert (éds), musée de Mariemont, Renaissance du livre, Belgique, p.129-144.

Lê Nhẩm

2003 « Về Cộng đồng Hồi giáo ở Việt Nam hiện nay » [À propos de la communauté musulmane dans le Vietnam contemporain], *Tạp chí Nghiên cứu tôn giáo* [Revue de recherche sur les religions], n°6.

Lepoutre, Amandine

2010 *Les archives royales du Pānduranga : étude des terrains agricoles de la province méridionale du Campā au XVIIIe siècle*, thèse de doctorat, Paris, EPHE, V^e^ section.

Leuba, Jeanne

1923 *Un royaume disparu. Les Chams et leur art*, préface de Louis Finot, Gérard Van Oest, Paris-Bruxelles.

Lombard, Denys

1987 « Le Campa vu du Sud », BÉFEO, vol.LXXVI, p.311-317.

1990 *Le Carrefour javanais. Essai d'histoire globale* : tome II « Les réseaux asiatiques », Éditions EHESS, Paris.

Mak Phoeun

1981 *Chroniques royales du Cambodge (de 1594 à 1677)*, Publications de l'ÉFEO.

1988 « La communauté Cam au Cambodge du XVe au XIXe siècle, historique de son implantation et son rôle dans la vie politique khmère », in *Actes du Séminaire sur le Campa organisé à l'université de Copenhague le 23 mai 1987*, Paris, p.83-93.

1990 « La communauté malaise musulmane au Cambodge de la fin du XVIe siècle jusqu'au roi musulman Râmâdhipatî Ier » in *Le monde indochinois et la péninsule malaise*, Kuala Lumpur, p.47-68.

1995 *Histoire du Cambodge de la fin du XVIe siècle au début du XVIIIe*, Publications de l'ÉFEO.

2003 « Note sur les premiers établissements des Cam et des Malais dans les provinces de Châu-dôc et de Tây-ninh (Sud du Vietnam) » in *Péninsule indochinoise et monde malais (Relations historiques et culturelles)*, ÉFEO, Kuala Lumpur, p.75-98.

Manguin, Pierre-Yves
1972 *Les Portugais sur les côtes du Viêt-Nam et du Campa. Études sur les routes maritimes et les relations commerciales, d'après les sources portugaises (XVIe, XVIIe, XVIIIe siècles)*, Publications de l'ÉFEO.
1979 « L'introduction de l'islam au Campa », *Études cam II*, BÉFEO vol.LXVI, p.255-287.
1981 « Une relation ibérique du Campa en 1595 », *Études cam IV*, BÉFEO vol.LXX, p.253-269.
2000 « Les cités-États de l'Asie du Sud-Est côtière. De l'ancienneté et de la permanence des formes urbaines », BÉFEO, tome I, p.151-175.

Maspero, Georges
1928 *Le Royaume de Champa*, Van Oest, Paris, réédition ÉFEO.

Maspero, Henri
1919 « La prière du bain des statues divines chez les Cams », in BÉFEO vol.XIX, p.1-6.

Mikaelian, Grégory
2004 « Éléments pour une relecture symbolique de la "marche vers le Sud" ou Nam Tiên », *Péninsule* n°48, p.123-137.

Montpensier (duc de)
1913 *Notre France d'Extrême-Orient*, Perrin, Paris.

Moréchand, Guy
1975 « Contribution à l'étude des rites funéraires indiens », BÉFEO vol. LXII, p.55-124.

Morice, Albert
1876 *Voyage en Cochinchine pendant les années 1872-73-74*, H. Georg, Lyon.

Mouhot, Henri
2010 *Voyage dans les royaumes de Siam, de Cambodge, de Laos et autres parties centrales de l'Indochine*, Arléa [1863].

Mouton, François
1970 *Le bois merveilleux du Sud. Esquisse de la déesse chame*

Poh Yan Ino Nogar. Contribution à l'étude des remèdes du Sud-Indochinois, le bois d'aloès et le bois d'aigle, E. Vitte, Lyon.

Mus, Paul

1929 « Études indiennes et indochinoises, III. Les balistes du Bàyon », in BÉFEO vol.XXIX, p.331-341.

1931a « La légende du seigneur des Flots », in « Études indiennes et indochinoises IV. Deux légendes chames », in BÉFEO vol. XXXI, p.39-102.

1931b « Les religions de l'Indochine », in *Exposition coloniale internationale de Paris*. Commissariat général, sous la direction de Sylvain Lévi, Société d'éditions géographiques, maritimes et coloniales, Paris, p.103-156.

1931c « Littérature chame », in *Exposition coloniale internationale de Paris*. Commissariat général, sous la direction de Sylvain Lévi, Société d'éditions géographiques, Paris, p.193-200.

1933 « Cultes indiens et indigènes au Champa », BÉFEO vol.XXXIII, p.367-410.

Musa Haji

2003 *Đời sống văn hóa – tập tục và xu hướng phát triển văn hóa của dân tộc Chăm Nam bộ* [La vie culturelle. Coutume et développement culturel des Chams du Sud], dactylographié, 14 pages.

Nakamura, Rie

1999 *Cham in Vietnam : Dynamics of Ethnicity*, PhD Social Anthropology, University of Washington. Non publié.

2008 « The Cham Muslims in Ninh Thuận Province, Vietnam », in *Islam at the Margins: The Muslims of Indochina*, Omar Farouk et Hiroyuki Yamamoto (éds), Center for Integrated Area Studies (CIAS), Kyoto University.

2009 « Awar-Ahier: Two Keys to Understanding the Cosmology and Ethnicity of the Cham People (Ninh Thuận Province, Vietnam) », in *Champa and the Archeology of My Son (Vietnam)*, Andrew Hardy, Mauro Cucarzi and Patrizia Zolese (éds), Nus Press, Singapore.

Népote, Jacques

1993 « Champa, propositions pour une histoire de temps long », *Péninsule* n°27, Olizane, p.53-187.

Ner, Marcel
1941 « Les musulmans de l'Indochine française », BÉFEO vol.XLI, p.151-200.

Ngô Văn Doanh
1991 « Notes sur les cérémonies funéraires des Jarai et des Bahnar (Centre Vietnam) », *Archipel* n° 42, p.39-45.

Nguyễn Manh Cuong et Nguyễn Minh Ngoc
2003 *Nguoi Cham, Nhung Nghien Cuu Buoc Dau* [Les Chams, prémisses d'une recherche], Nha Xuat Ban Khoa Hoc Xa Hoi, Hanoi.

Nguyễn Thế Anh
1991 « Thiên-Y-A-Na, ou la récupération de la déesse cam Pô Nagar par la monarchie confucéenne vietnamienne », in *Cultes populaires et sociétés asiatiques*, Alain Forest, Yoshiaki Ishizawa et Léon Vandermeersch (éds), L'Harmattan, p.73-86.

Nguyễn Thi Quoc Thanh
2007 « Le culte de la baleine dans le Centre Viet-Nam », *Péninsule* n°55, p.97-125.

Omar Farouk Bajunid
2002 « The Place of Jawi in Contemporary Cambodia », *The Journal of Sophia Asian Studies* n°20, p.123-148.
2008 « Recherche sur les ONG musulmanes à Phnom Penh au Cambodge », Report NIHU program, Islamic Area Studies, sur www.islam.waseda.ac.jp

Omar Farouk et Hiroyuki Yamamoto (éds)
2008 *Islam at the Margins: The Muslims of Indochina*, Center for Integrated Area Studies (CIAS), Kyoto University.

Parmentier, Henri
1901 « Caractères généraux de l'architecture chame », in BÉFEO vol.I, p.245-258.
1902 « Le sanctuaire de Po-Nagar à Nhatrang », in BÉFEO vol.II, p.19-54.
1906 « Nouvelles notes sur le sanctuaire de Pô-Nagar à Nhatrang », in BÉFEO vol.VI, p.291-300.

Parmentier, Henri et E.M. Durand
1905 « Le trésor des rois chams », BÉFEO, vol.V, p.1-46.

Phụ Bá Trung
2008 « Bani Islam Cham in Vietnam », in *Islam at the Margins: The Muslims of Indochina*, Omar Farouk et Hiroyuki Yamamoto (éds), Center for Integrated Area Studies (CIAS), Kyoto University.

Pires, Tomé
1967 *The Suma Oriental. An account of the East, from the Red Sea to Japan, written in Malacca and India in 1512-1515*, Kraus reprint, Liechtenstein.

Po Dharma
1982 « Notes sur les Cam du Cambodge : religion et organisation », in *Seksa Khmer* n°5, p.103-116.
1983 « À propos de l'exil d'un roi cam au Cambodge », BÉFEO 72, p.254-266
1987 *Le Panduranga (Campa) 1802-1835, ses rapports avec le Vietnam*, Publications de l'ÉFEO.
1990 « Deux princes malais au Champa, leur rôle dans la vie socio-politique et religieuse de ce pays » in *Le monde indochinois et la péninsule malaise*, Kuala Lumpur p.19-27.
1991 « Le déclin du Campa entre le XVIe et le XIXe siècles » in *Le Campa et le monde malais*, actes de la conférence internationale organisée à l'université de Berkeley, Californie, les 30 et 31 août 1990, Publications du Centre d'histoire et civilisations de la péninsule indochinoise, Paris, p.47-63.
1996 « Les Cam et les Malais au Cambodge : organisation socio-religieuse » in *La Khmérologie, connaissance du passé et contribution au renouveau du Cambodge*, Sorn Samnang (éd.), Conférence internationale d'études khmères, Phnom Penh, p.1081-1095.
1999 *Quatre lexiques malais-cam anciens rédigés au Campa*, ÉFEO.
2000 « L'Insulinde malaise et le Campa » in BÉFEO, vol.87, tome I, p.183-192.
2003a « L'idéologie de l'État vietnamien et les pratiques religieuses des Cam actuels de 1975 à 1988 » in *Religions et États en Indochine contemporaine*, Gilles Delouche (éd.), Publications du Centre d'histoire et civilisations de la péninsule indochinoise, Paris, p.77-92.

2003b « Le Campa dans le chapitre XIV de la version Raffles, *Ms 18 du Sejarah Melayu » in Péninsule indochinoise et monde malais, Relations historiques et culturelles*, ÉFEO, Kuala Lumpur, p.109-126.
2006 *Du FLM au Fulro. Une lutte des minorités du sud indochinois 1955-1975*, Les Indes savantes.

Quiroga de San Antonio, Gabriel
2009 *Les derniers conquistadores. La non-conquête du Cambodge*, traduit de l'espagnol par Antoine Cabaton, Anarchasis, Paris. [1914, sous le titre *Brève et véridique relation des événements du Cambodge*].

Reid, Anthony
1993 *Southeast Asia in the Age of Commerce*. Volume II : « Expansion and Crisis », Silkworm Books, Bangkok.

Robet, Lucie
1997 *De l'intégration des Cham au Cambodge*, mémoire de l'Institut d'études politiques d'Aix Marseille III, dirigé par Guy Drouot. Non publié.

Rondot, Philippe
1950 « Notes sur les Cham Bani du Ninh Thuận », *Revue des études islamiques,* Paul Geuthner, Paris.

Saindon, Marcelle
2000 *Cérémonies funéraires et postfunéraires en Inde*, Presses de l'université Laval-L'Harmattan, Québec-Paris.

Sauvaget, Jean (éd.)
1948 *Relation de la Chine et de l'Inde*, Les Belles Lettres, Paris.

Schweyer, Anne-Valérie
2004 « Po Nagar de Nha Trang (première partie) », in *Aséanie*, n°14, p.109-140.
2005a *Le Viêtnam ancien*, Les Belles lettres, Paris.
2005b « Po Nagar de Nha Trang (seconde partie). Le dossier épigraphique », in *Aséanie*, n°15, p.87-119.
2011 *Viêt Nam : Histoire Arts Archéologie*, Olizane, Genève.

Setudeh-Nejad, S.

2000 « The Encounter between Champa and Persia. Research on the Impact of West-Asiatic Cosmology in Southeast Asia », in *Spafa Journal*, vol.10, n°3, Bangkok, p.5-18.

Stevenson, Margaret Sinclair

1982 *Les rites des deux-fois-nés*, Le Soleil noir, Paris [1920].

Stock, Émiko

2004 *De l'hétérogénéité des Chams du Cambodge. Représentations identitaires au travers des diagrammes de protection magiques*, mémoire de Drea, Inalco, Paris. Non publié.

Taouti, Seddik

1985 « The Forgotten Muslims of Kampuchea and Viet Nam » in *Readings on Islam in Southeast Asia*, Ahmad Ibrahim, Sharon Siddique, Yasmin Hussain (éds), Institute of Southeast Asian Studies, Singapour, p.193-200.

Taylor, Nora

1991 « La sculpture tardive du Campa et son complément malais », in *Le Campa et le monde malais*. Actes de la conférence internationale sur le Campa et le monde malais, Paris, p.77-88.

Taylor, Philip

2004 *Goddess on the Rise. Pilgrimage and Popular Religion in Vietnam*, University of Hawai'i Press, Honolulu.

2007 *Cham Muslims of the Mekong Delta. Place and Mobility in the Cosmopolitan Periphery*, ASAA and University of Hawai'i Press, Honolulu.

Thành Phần

2006 « Matrilineal Rule of the Cham people in Vietnam », in *Hakusan Review of Anthropology,* Japon, p.3-18.

Thành Phần et Ikemoto Yukio

2008 « Ethnic Minority People and Tourism in Vietnam: The Traditionnel Textile in Bình Thuận Province », in *Journal of Ritsumeikan Social Sciences and Humanities,* Japon, p.67-97.

Trần Ngọc Thêm
2001 *Recherche sur l'identité de la culture vietnamienne*, Thế Giới, Hanoi.

Trần Thị Liên
2009 « La question religieuse au Việt Nam », in *Vietnam contemporain,* sous la direction de Benoît de Treglodé, Irasec/Indes savantes.

Trankell, Ing-Britt
2003 « Songs of Our Spirits : Possession ans Historical Imagination among the Cham in Cambodia », *Asian Ethnicity*, vol.4, n°1.

Vandermeersch, Léon et Jean-Pierre Ducrest (éds)
1997 *Le Musée de sculpture cam de Đà Nẵng*, éditions de l'AFAO (Association française des amis de l'Orient), Paris.

Vickery, Michael
1990 « Comments on Cham Population Figures », *Bulletin of Concerned Asian Scholars* 22, n°1, January-March, p. 31-33.
2004 « Champa revised », in *A Symposium on New Scholarship on Champa*, NUS Singapour.
2005 « Histoire du Champa », in *Trésor d'art du Vietnam, la sculpture du Champa Ve-XVe siècles*, catalogue du musée Guimet, Paris, p.23-35.

Weber, Nicolas
2003 « Ariya Tuen Phaow : le soulèvement antivietnamien d'un seigneur malais au Panduranga-Campa à la fin du XVIIIe siècle » in *Péninsule indochinoise et monde malais*, Po Dharma et Mak Phoeun (éds), ÉFEO, Kuala Lumpur, p.127-166.
2014 *Histoire de la diaspora cam*, Les Indes Savantes, Paris.

Zain, Mohamad
1990 *Contribution à l'histoire du Panduranga (Campa)*, thèse de doctorat dirigée par Pierre-Bernard Lafont, EPHE, Paris.

Zaleha Syed Hassan, Sharifah
1994 « Some preliminary remarks on the role and status of women in the matrilineal societies of Champa and Negeri Sembilan », in *Adat Perpatih Melayu-Champa*, Malaisie, p.115-125.

Le nouveau musée cham de Phan Rang (2012)

Table des matières

Langues
aux éditions L'Harmattan

Dernières parutions

ARABE (L') DANS TOUTES SES FORMES
Méthode d'initiation à l'écriture et à la lecture – DVD inclus
Kenanah Faisal
Préface de Michel Neyreneuf ; Calligraphies de Faisal Kenanah
Envie d'apprendre à écrire et à lire ces caractères qui semblent si mystérieux ? Curieux de connaître les bases de la langue arabe ? Ce manuel très simple et accessible à tous guide l'apprenant pas à pas et lui offre un suivi personnalisé grâce à 300 exercices filmés et corrigés. Il permet non seulement de maîtriser l'écriture et la lecture, mais également d'acquérir le vocabulaire, les expressions du quotidien et quelques proverbes illustrés en calligraphie. (DVD inclus).
(29.50 euros, 150 p.)
ISBN : 978-2-343-04590-0, ISBN EBOOK : 978-2-336-36437-7

DICTIONNAIRE THÉMATIQUE FRANÇAIS-TIBÉTAIN DU TIBÉTAIN PARLÉ (Langue standard)
Volume 2 : L'Homme, fonctions sensorielles et langage
Sous la direction de Anne-Marie Blondeau, Fernand Meyer, Françoise Robin, Namgyal Lhadze et Tenzin Samphel
Ce deuxième volume, consacré au vocabulaire lié à l'homme, traite du langage et des fonctions sensorielles. Il déborde la terminologie propre aux cinq sens de la tradition occidentale et fournit, quand cela est nécessaire, le sixième sens de la tradition bouddhique indo-tibétaine. Chaque terme français est proposé dans sa traduction en tibétain parlé et littéraire, et peut être suivi d'une glose linguistique, grammaticale ou sociologique. Les entrées sont complétées par des expressions apparentées et des proverbes.
(34.00 euros, 314 p.)
ISBN : 978-2-343-04396-8, ISBN EBOOK : 978-2-336-36410-0

PARLONS ABKHAZE – Une langue du Caucase
Malherbe Michel
L'abkaze a la réputation d'être l'une des langues les plus difficiles du Caucase, pourtant réputées pour leur complexité. On se souvient que l'Abkhazie, riveraine de la mer Noire, jadis partie intégrante de la Géorgie, est devenue indépendante après la guerre menée par la Russie en 1992. Toutefois, son indépendance n'a été reconnue que par quatre États : la Russie, le Nicaragua, le Vénézuela et Nauru.

Peu connu, ce pays mérite d'être exploré, aussi bien pour sa langue que pour sa culture.
(Coll. Parlons, 22.00 euros, 226 p.)
ISBN : 978-2-343-04462-0, ISBN EBOOK : 978-2-336-36041-6

BÉTÉ (LE) PAS À PAS
Un livre pour apprendre à lire et à écrire le bété
Zoko Habib
Le bété est une langue africaine parlée dans le sud-ouest de la Côte d'Ivoire. Ce livre est un outil pratique et convivial pour apprendre le bété. Il offre un panorama important de la richesse de cette langue. L'apprentissage des sons est très progressif : de la lettre à la syllabe, de la syllabe au mot, du mot à la phrase, de la phrase au texte. Dans un style tonique, l'auteur met en scène l'alphabet bété accompagné d'illustrations en couleur pour donner plus de relief.
(15.00 euros, 80 p.)
ISBN : 978-2-343-04579-5, ISBN EBOOK : 978-2-336-35950-2

PARLONS MAYA CLASSIQUE
Déchiffrement de l'écriture glyphique (Mexique, Guatemala, Belize, Hondura)
Hoppan Jean-Michel
Forte de plusieurs millions de locuteurs, la famille de langue maya est l'une des principales familles de langues amérindiennes vivantes. C'est aussi celle dont on connaît le plus de témoignages écrits remontant à l'époque antérieure à l'arrivée des Européens en Amérique, transmettant ainsi de précieuses informations sur l'histoire précolombienne et sur les états anciens de la langue. Cet ouvrage est une introduction à la lecture des textes en maya classique et est enrichi d'un DVD : «Les Mayas, le calendrier et le 21/12/2012».
(Coll. Parlons..., 36.00 euros, 338 p., Illustré en couleur)
ISBN : 978-2-343-03546-8, ISBN EBOOK : 978-2-336-35948-9

PARLONS XOKLENG / LAKLANO
Langue indigène du sud du Brésil
Alves Junior Ozias
Cet ouvrage présente l'histoire d'indigènes du sud du Brésil, les Xokleng, qui s'appellent eux-mêmes les laklano, et qui furent chassés «comme des animaux» par des chasseurs connus sous le nom de burgeiros aux XIXe et XXe siècles. Ces indigènes ont inspiré la fondation du Service de protection des indigènes du Brésil (SPI). Sauvée par l'indigéniste Eduardo Hoerhann à partir de 1914, cette tribu de 536 individus vit aujourd'hui dans une réserve de la région de José Boiteux, à l'intérieur de Santa Catarina, au sud du Brésil.
(Coll. Parlons..., 25.00 euros, 250 p.)
ISBN : 978-2-343-03627-4, ISBN EBOOK : 978-2-336-35881-9

TAMOUL (LE) PARLÉ (DVD inclus)
Chanemougas Soundiram
Vous êtes débutant ou faux débutant ? Cette méthode de langue progressive a été conçue pour vous aider à lire et à parler le tamoul, ainsi que pour vous permettre de vous débrouiller dans toutes les situations de la vie quotidienne. Chaque leçon

comprend un dialogue, sa traduction, des points de grammaire, de vocabulaire, un exercice de traduction ou un exercice de grammaire. Les leçons enregistrées sur le DVD permettent d'apprendre à prononcer le plus correctement possible.
(29.00 euros, 288 p.)
ISBN : 978-2-343-01072-4, ISBN EBOOK : 978-2-296-53935-8

DICCIONARIO COMUNICATIVO DEL ESPAÑOL
Soy competente
Tiako Youadjeu Christian
Este libro es un conjunto integrado de saberes encaminados hacia el desarollo de la competencia comunicativa del aprendiz. Verdadera gramática en usa, este programa de estudios, que abarca los campos de la vida familiar y social, del bienestar, de la salud y del medio abiente, los mass media, de la comunicación, la vida económica y la ciudadanía, integra une plétora de elementos léxicos de uso frecuente y propicia así la habilidad discursiva en estos cinco ambitos imprescindibles de la vida social.
(Harmattan Cameroun, Coll. Harmattan Cameroun, 15.00 euros, 130 p.)
ISBN : 978-2-343-00926-1, ISBN EBOOK : 978-2-296-53916-7

PARLONS KABIYÈ
Togo
Roberts David
Le kabiyè est parlé par plus d'un million de personnes dans les monts des environs de la ville de Kara, dans le nord du Togo. Cet ouvrage fait partager la langue kabiyè et la culture qu'elle véhicule.
(Coll. Parlons..., 36.00 euros, 362 p.)
ISBN : 978-2-343-00026-8, ISBN EBOOK : 978-2-296-53597-8

PARLONS BALOUTCHE
Malherbe Michel, Naseebullah
Le baloutche est une langue indo-européenne proche du persan et parlée par près de 7 millions de personnes sur un vaste territoire, qui couvre 43 % de la surface du Pakistan ainsi qu'une province de l'Iran et une vaste zone au sud de l'Afghanistan. La langue est cependant rarement écrite, ce qui développe de nombreuses variétés dialectales. L'ouvrage a choisi un baloutche «moyen», compréhensible sur l'ensemble du domaine.
(Coll. Parlons..., 14.00 euros, 132 p.)
ISBN : 978-2-343-00069-5, ISBN EBOOK : 978-2-296-53126-0

DICTIONNAIRE TSIGANE
Dialecte des Sinté – français-tsigane /tsigane-français
De Gouyon Matignon Louis
Les Tsiganes établis en Europe de l'Ouest se donnent le nom de Sinté. Leur langue se trouve aujourd'hui menacée. Le but de cet ouvrage, témoignage historique mais aussi culturel, est de préserver, et dans un même temps de présenter au plus grand nombre, la grande diversité et la richesse de la langue des Sinté.
(25.00 euros, 246 p.)
ISBN : 978-2-336-00096-1, ISBN EBOOK : 978-2-296-50720-3

PARLONS CORÉEN
(Édition revue et augmentée)
Malherbe Michel, Tellier Olivier
Premier ouvrage de la collection» Parlons», qui compte plus de 180 titres publiés à ce jour, cette édition élargie comprend un lexique coréen-français, indique comment procéder pour écrire les lettres du hangul avec l'informatique et s'enrichit de photos.
(Coll. Parlons..., 26.50 euros, 266 p.)
ISBN : 978-2-296-99095-1, ISBN EBOOK : 978-2-296-50116-4

PARLONS ROUTOUL
Caucase, Daghestan
Makhmudova Savetlana
Les Routouls sont un peuple du Daghestan, cette République caucasienne de Russie des bords de la mer Caspienne. Ils sont au nombre de 35 000 environ, mais les bons locuteurs de la langue sont peut-être seulement 20 000. Le routoul est apparenté au tchétchène. Ce n'est que l'une des quelque 40 langues du Daghestan, considérée par les Arabes comme la « montagne des langues ».
(Coll. Parlons..., 17.00 euros, 164 p.)
ISBN : 978-2-296-99107-1, ISBN EBOOK : 978-2-296-50225-3

INITIATION À L'ARABE PARLÉ AU MAROC
(Nouvelle édition)
Jalaly Az Eddine
Vous projetez d'apprendre l'arabe parlé au Maroc, niveau de langue employé pour les besoins de la vie de tous les jours (on parle d'arabe dialectal) ; l'objet de ce manuel est l'initiation à ce niveau. Pour le non-arabophone, l'apprentissage des deux niveaux (littéral et dialectal), bien entendu en fonction de ses besoins, s'impose comme une évidence. Destiné aux arabisants, étudiants ou confirmés, aux populations issues de l'immigration, aux expatriés européens, il permet également un travail en autoapprentissage. (CD inclus).
(35.00 euros, 288 p.) ISBN : 978-2-296-96810-3

GUIDE DE CONJUGAISON EN FANG
Akomo-Zoghe Cyriaque Simon-Pierre - Préface de Claver Bibang
Ce livre est un précis qui tente de simplifier l'art de conjuguer en fang. Il répond parfaitement à l'exigence qui consiste à mettre en place une série d'ouvrages scolaires et parascolaires dans le but de vulgariser la langue fang et la rendre plus accessible auprès des locuteurs. Voici un document pionnier dans les études linguistiques relatives à la langue fang en Afrique centrale.
(Coll. Harmattan Cameroun, 14.00 euros, 130 p.)
ISBN : 978-2-296-99263-4

L'HARMATTAN ITALIA
Via Degli Artisti 15; 10124 Torino
harmattan.italia@gmail.com

L'HARMATTAN HONGRIE
Könyvesbolt ; Kossuth L. u. 14-16
1053 Budapest

L'HARMATTAN KINSHASA
185, avenue Nyangwe
Commune de Lingwala
Kinshasa, R.D. Congo
(00243) 998697603 ou (00243) 999229662

L'HARMATTAN CONGO
67, av. E. P. Lumumba
Bât. – Congo Pharmacie (Bib. Nat.)
BP2874 Brazzaville
harmattan.congo@yahoo.fr

L'HARMATTAN GUINÉE
Almamya Rue KA 028, en face
du restaurant Le Cèdre
OKB agency BP 3470 Conakry
(00224) 657 20 85 08 / 664 28 91 96
harmattanguinee@yahoo.fr

L'HARMATTAN MALI
Rue 73, Porte 536, Niamakoro,
Cité Unicef, Bamako
Tél. 00 (223) 20205724 / +(223) 76378082
poudiougopaul@yahoo.fr
pp.harmattan@gmail.com

L'HARMATTAN CAMEROUN
BP 11486
Face à la SNI, immeuble Don Bosco
Yaoundé
(00237) 99 76 61 66
harmattancam@yahoo.fr

L'HARMATTAN CÔTE D'IVOIRE
Résidence Karl / cité des arts
Abidjan-Cocody 03 BP 1588 Abidjan 03
(00225) 05 77 87 31
etien_nda@yahoo.fr

L'HARMATTAN BURKINA
Penou Achille Some
Ouagadougou
(+226) 70 26 88 27

L'HARMATTAN SÉNÉGAL
10 VDN en face Mermoz, après le pont de Fann
BP 45034 Dakar Fann
33 825 98 58 / 33 860 9858
senharmattan@gmail.com / senlibraire@gmail.com
www.harmattansenegal.com

L'HARMATTAN BÉNIN
ISOR-BENIN
01 BP 359 COTONOU-RP
Quartier Gbèdjromèdé,
Rue Agbélenco, Lot 1247 I
Tél : 00 229 21 32 53 79
christian_dablaka123@yahoo.fr

648108 - Avril 2016
Achevé d'imprimer par

1livre.com
du rêve à la réalité !